Cena do crime: violência e realismo no Brasil contemporâneo

Karl Erik Schøllhammer

Cena do crime:
violência e realismo no Brasil contemporâneo

1ª edição

CIVILIZAÇÃO BRASILEIRA

Rio de Janeiro
2013

Copyright © 2013, Karl Erik Schøllhammer

CIP-BRASIL. CATALOGAÇÃO NA PUBLICAÇÃO
SINDICATO NACIONAL DOS EDITORES DE LIVROS, RJ

S391c
Schollhammer, Karl Erik
Cena do crime: violência e realismo no Brasil contemporâneo / Karl Erik Schollhammer. – 1. ed. – Rio de Janeiro: José Olympio, 2013.
340 p.; 21 cm

ISBN 978-85-200-1184-3

1. Literatura brasileira – História e crítica. 2. Artes plásticas. 3. Arte e filosofia. I. Título.

13-06777

CDD: 701
CDU: 7.01

EDITORA AFILIADA

Todos os direitos reservados. Proibida a reprodução, armazenamento ou transmissão de partes deste livro, através de quaisquer meios, sem prévia autorização por escrito.

Este livro foi revisado segundo o novo Acordo Ortográfico da Língua Portuguesa.

Direitos desta edição adquiridos pela
EDITORA CIVILIZAÇÃO BRASILEIRA
Um selo da
EDITORA JOSÉ OLYMPIO LTDA
Rua Argentina 171 – 20921-380 – Rio de Janeiro, RJ – Tel.: 2585-2000

Seja um leitor preferencial Record.
Cadastre-se e receba informações sobre nossos lançamentos e nossas promoções.

Atendimento e venda direta ao leitor:
mdireto@record.com.br ou (21) 2585-2002

Impresso no Brasil
2013

Sumário

Prefácio   7

1. A cena do crime: reflexões sobre um palco do contemporâneo   11
2. A violência como desafio para a literatura brasileira contemporânea   39
3. Linguagens contemporâneas da violência   103
4. Realismo afetivo: evocar realidade além da representação   155
5. As políticas do realismo   187
6. Memórias de delinquência e sobrevivência   205
7. Expressão da crueldade e crueldade da expressão   223
8. As práticas de uma língua menor e as duas gagueiras   255
9. O espetáculo, o gesto e o profano   289
10. Performance e literatura: perspectivas e contradições   303
11. Para uma crítica do realismo traumático   319

Prefácio

A violência é uma realidade com a qual todo brasileiro vive ou tenta viver. Às vezes nosso comportamento se condiciona a tal ponto que se acomoda nesse estranho convívio, aceitando-o e vivendo um estado prolongado de exceção. Lidamos diariamente com as causas e os efeitos diretos e indiretos da violência, acompanhamos assiduamente as barbaridades apresentadas nas manchetes dos jornais, e não passamos um dia sem nos preocupar com esse problema. Quem mora numa cidade grande como o Rio de Janeiro sempre toma precauções ao sair e chegar em casa, ao abrir a janela do carro, ao utilizar um caixa eletrônico; o carioca, como os habitantes de outras metrópoles brasileiras, respira um ambiente em que a violência está sempre presente, como um insistente barulho de fundo que nunca se dissipa por completo. Assim a violência se impõe e virou um elemento permanente do cotidiano e, de modo mais fundamental, da cultura nacional e das expressões artísticas e literárias.

Narrar a violência ou expressá-la em palavras e imagens são maneiras de lidar com ela, de criar formas de proteção ou de digestão de suas consequências, dialogando com ela mesmo sem a pretensão de explicá-la ou de esgotar sua compreensão. Há algo na violência que não se deixa articular explicitamente, um cerne que escapa e que nos discursos oficiais da justiça, da criminologia, da sociologia, da psiquiatria e do jornalismo nunca é vislumbrado. Na literatura e nas artes o alvo principal é esse elemento enigmático e fugidio presente tanto na dor que ela produz quanto na brutalidade cega e irracional do ato violento, e a expressão torna-se uma maneira de se aproximar da violência e ao mesmo tempo de se proteger dela.

Todos temos um repertório de histórias mais ou menos absurdas em que a violência irrompe no cenário urbano, algumas mais traumáticas do que outras, algumas vividas por nós, outras vividas por parentes, amigos ou conhecidos. Existe uma dimensão anedótica da violência que circula de forma muito mais intensa do que sua presença na mídia. Escutamos com atenção esses "causos" violentos em reuniões de amigos e de família, e participamos trocando informações sobre o "assalto do dia"; recebemos e enviamos e-mails de alerta contra uma nova modalidade de sequestro sempre com uma mistura de horror e fascinação. Desejemos ou não, respiramos violência por todos os poros na cidade. É uma realidade terrível e ao mesmo tempo uma densa argamassa que aglutina a comunidade, não só pelo medo e pela preocupação comuns, mas também por um certo gozo perverso da exposição à qual nos submete.

Este livro é resultado de uma pesquisa levada a cabo nos últimos anos sobre a presença da violência e do crime nas artes e na literatura brasileiras. Procurei entender como a realidade da violência, profundamente ligada à realidade das grandes cidades que se desenvolvem na segunda metade do século XX, se impõe como um grande desafio para a literatura e para as artes ao mesmo tempo que revela um caminho de renovação e reformulação de conteúdos e de suas expressões. Por meio de uma série de estudos e de exemplos específicos, o livro procura mostrar que a violência, há muito embutida na cultura nacional, sempre constituiu e persiste como um conteúdo de difícil apreensão para as formas tradicionais de narrar e representar o que é viver em uma grande cidade brasileira.

1. A cena do crime: reflexões sobre um palco do contemporâneo

Cercado por uma fita de plástico o espaço adquire significado de exceção, nada entra e nada sai da cena do crime. A demarcação focaliza a atenção dentro de seus limites e congela o tempo para abrir a perspectiva do passado. Marcas de giz são traçadas no chão, resíduos coletados em sacos plásticos, marcas de pneus ou sapatos são fotografadas para futura análise. Esses são os procedimentos próprios dos técnicos forenses que todos reconhecemos pela insistência com que o cinema, a TV e a ficção policial os retratam. A popularidade do gênero mostra que a "cena do crime" ocupa um lugar de preferência na encenação da realidade contemporânea pela mídia. Mas qual é o ganho heurístico desse olhar legal sobre a realidade? O que se vê quando se enquadra o mundo como espaço de um crime? Inaugura-se assim uma hermenêutica legal que possui raízes pelo menos desde o início da modernidade e que convida a ler o mundo como se lê um texto e ler o texto como se investiga uma cena de crime. O filósofo Vilém Flusser observou que as palavras "crítica" e "criminalidade" originam-se do grego *"krinein"* e do latim *"cernere"*, que significa algo como "quebrar" no sentido de "romper-se" e "cometer um crime".[1] Olhar para o mundo como se olha para a cena de um crime é, portanto, uma atitude tipicamente moderna, uma atitude "crítica", de distanciamento reflexivo e de intervenção sempre medida por uma certa violência necessária. É no espírito iluminista comum, continua Flusser, que quem "lê criticamente um texto considera quem escreve um criminoso e comete crimes contra ele".[2] O leitor crítico investiga o texto como índice de uma mentira que se esconde entre as linhas e que pode ser flagrado e denunciado como uma ideologia, um inconsciente ou um preconceito. Mas o crítico também se comporta como um criminoso porque não aceita a mão estendida de quem escreve; pelo contrário, usa o texto para chegar ao escritor e dilacerá-lo desde dentro.

Na literatura moderna, a figura do detetive ganhou destaque ao produzir uma nova coerência no universo ficcional, permitindo que se partisse da hipótese ideal de uma relação intrínseca entre todas as ações, suas circunstâncias e consequências. Assim, o otimismo racional se infiltrava na ficção moderna ao mesmo tempo que surgia a suspeita de um elo nefasto entre essa ideia da razão e um lado sóbrio do mal, explorado por exemplo no livro de Thomas de Quincey *On Murder Considered as One of the Fine Arts*, de 1827. Nessa sátira a ironia é dirigida à definição

---

[1] Vilém Flusser, *A escrita*, p. 103.
[2] Ibidem, p. 103.

kantiana da beleza artística como reflexo de um prazer desinteressado e indiferente quanto ao tema e à finalidade. Se o prazer estético do belo não depende do conteúdo, até a execução de um crime, um assassinato, pode ser objeto de um juízo estético. Ao mesmo tempo Thomas de Quincey fazia alusão à ideia "maldita", de Marquês de Sade a Baudelaire, de uma criatividade particular do mal. Essa suspeita acompanha a literatura e as artes durante séculos e ainda hoje pode-se escutar nesse espírito: "O crime está de alguma maneira em todo tipo de narração. Narrar é uma maneira de cometer um crime, pois, se você sabe fazer bem, pode deixar o leitor numa condição mental que pode ser criminosa." As palavras são da premiada autora sueca Sara Stridsberg, que em 2010 lançou um livro — *Darling River* — em que reescreve a história de Lolita, personagem principal do romance de Nabokov, refletindo sobre como "o verdadeiro crime em *Lolita* não é o crime legal óbvio cometido por Humbert Humbert ao estuprar Lolita. É a beleza com a qual Nabokov descreve o desejo que é o crime".[3] Mas o crime não envolve só o autor. Para citar novamente Vilém Flusser, essa suspeita que recai sobre a potência (criminosa) da beleza produz conhecidas figuras de críticos na modernidade em que uma cumplicidade criminosa se divide entre autor e leitor. O crime se impõe numa figura de leitura, uma espécie de alegoria constitutiva que espelha a relação entre o leitor e a obra naquela do homem diante do mundo, ambas submetidas à "hermenêutica da suspeita" que organiza a imagem da modernidade:

---

[3] Entrevista de Eva Eistrup com Sara Stridsberg em Eistrup, "Et forførende smukt helvede", p. 15.

Quem lê criticamente um texto considera quem escreve um criminoso e comete crimes contra ele. O todo é banhado numa atmosfera criminalística. O leitor torna-se um detetive ou um assassino, e pode ser que — como em muitos romances policiais — o próprio detetive seja o assassino. Quem escreve é sempre um criminoso porque sempre mente, até mesmo quando não está ciente disso. O leitor crítico o investiga como autor do crime, na medida em que ele reconhece o criminoso, na contradição das linhas, em si, em seu contexto, em seu inconsciente, a partir de suposições. Assim ele descobre que aquilo que o escritor considera verdadeiro de fato é uma ideologia de classe, uma sublimação ou até mesmo um preconceito que se pode apreender objetivamente.[4]

A racionalidade do detetive foi idealizada no século XIX por Edgar Allan Poe na figura de C. Auguste Dupin, protagonista dos três contos — "O assassinato da rua Morgue" (1841), "O mistério de Marie Rogêt" (1842) e "A carta roubada" (1844) — que inauguram o gênero policial e principalmente um modo de raciocínio detetivesco mais intuitivo e hipotético que seria seu traço criativo, em contraste com a simples lógica policial que o aproxima da construção singular dos enredos ficcionais modernos. Para Poe, o olhar de Dupin representava uma leitura racional dos signos do mundo inspirada na congruência da ficção, assim como a própria ficção, em particular o enredo do "conto de raciocínio", representava o alcance ideal desse mesmo princípio lógico. O detetive era o leitor ideal e o contraponto perfeito do princípio de

---

[4]Vilém Flusser, *A escrita*, p. 103.

composição do enredo narrativo, apresentado na resenha da coletânea *Twice-told Tales*, de Nathaniel Hawthorne, publicada em maio de 1842 na revista *Broadway Journal*. Essa "filosofia da composição" narrativa de Poe encontraria sua versão teórica contemporânea nas propostas de Wolfgang Iser e Umberto Eco de um leitor participativo na experiência hermenêutica da realização da obra. Na perspectiva da lógica racional do detetive, assumida pelo leitor à procura de uma compreensão integral da história, o crime, de certa maneira, ocupa o eixo central como o enigma por trás do qual um sentido e uma verdade sobre os fatos podem ser encontrados. Assim, o conto e o romance policial em seu momento inaugural expressavam um otimismo cientificista e positivista, projetando uma visão da literatura como ferramenta na busca de conhecimento da realidade. O século XX, menos otimista, sem dúvida, criou detetives perdidos nesse labirinto do mal e do crime por meio de enredos que de diversas formas confundiam os limites entre o detetive, o criminoso e a vítima. No conto "A morte e a bússola", do livro *Ficções* (1944), de Jorge Luis Borges, o detetive se dá conta de que tinha razão, o próximo assassinato aconteceria no lugar e na data por ele perfeitamente calculados. Confiando nas evidências dos crimes anteriores e com lógica implacável, ele consegue prever e chegar à cena do crime na quinta Triste le Roy, na tentativa de evitar o quarto assassinato. O que não tinha previsto era que as evidências enganam e que a vítima seria ele mesmo, preso numa rede de interpretações habilmente tecida pelo inimigo Red Scharlach. Sem confiança no cálculo dedutivo, a morte e o crime selam de novo o lugar talvez vazio do enigma e o corpo da vítima, o cadáver, converte-se no espaço de trânsito entre o que aconteceu, os fatos que causaram a morte e o que acontecerá em consequência dela. Assim, a crise do detetive como agente da racionalidade do século XIX torna-se emblema de uma narrativa cética que questiona tanto a integridade do sujeito da ação quanto o alcance de sua razão. Surge daí uma cegueira por parte do sujeito em busca da verdade, e o crime passa a ocupar na narrativa policial o ponto focal dessa limitação de conhecimento, interrompendo a ilusão de uma coerência causal entre os acontecimentos e suas condições. Como consequência, a própria temporalidade narrativa é colocada em questão na cesura entre a causa e o efeito que não será mais suturada por uma explicação final. O romance *O caso Morel* (1973), de Rubem Fonseca, é no Brasil um exemplo de narrativa que se compõe *a posteriori*, na tentativa frustrada de Morel de chegar à explicação da morte violenta de sua namorada, da qual é acusado, e na impossibilidade de penetrar o enigma do acontecimento que interrompe a continuidade entre o "antes" e o "depois". Morel não se lembra do que aconteceu e a narrativa que ele mesmo constrói indica finalmente que o assassino é ele, mas sem revelar o sentido do fato, sem explicar por quê. É precisamente esse ponto enigmático que o cadáver ocupa na cena do crime contemporânea, um lugar de trânsito entre o que aconteceu e suas marcas, entre uma causa e sua consequência, entre a privacidade do corpo e a violência latente do espaço público, e finalmente entre a vida do sujeito e a compreensão de sua inserção na história.

Tomo como exemplo principal dessa nova função do cadáver na cena do crime uma série de trabalhos da artista mineira Rosângela Rennó, intitulada *Apagamentos* e que consiste na apropriação de fotografias feitas pela polícia técnica legista, retrabalhadas pela artista através de recortes, sequenciamento, ampliações, numa nova cenografia de apresentação que dramatiza a tensão entre os vazios e o flagrante dos corpos. Tal como aparece na capa do livro no qual a obra é apresentada, trata-se de um "resgate de rostos e cenas anônimos, revelando crimes e tragédias particulares". É "um 'documento da amnésia': cenas que por pouco não foram apagadas" e que aqui ressuscitam com "ares de ficção literária".[5] Há uma coerência clara entre esse trabalho e os trabalhos anteriores da artista, em que também havia apropriação de fotografias de arquivos retrabalhadas e remontadas dentro das propriedades específicas do projeto. Como nas obras *Vulgo* (1998-1999) e *Cicatriz* (1996-2003), o material usado em *Apagamentos* foi resgatado de arquivos oficiais, mas o impulso criativo da obra não é a reconstrução exemplar da memória institucional das prisões brasileiras por meio de pesquisa e restauração arqueológica de fotografias de identificação de corpos. As fotografias reutilizadas nessa obra foram feitas por fotógrafos policiais visando à preservação da cena do crime e das evidências, com o único objetivo de servir à montagem do processo de acusação. Trata-se portanto de imagens feitas com uma temporalidade definida, e restritas ao uso legal nas persecuções públicas. Quando as imagens não servem ao processo jurídico, não têm utilidade, e a partir do momento que são desvinculadas do processo penal tornam-se imagens anônimas

---

[5] Rosângela Rennó, *Fotoportátil volume 3*, capa.

e aparentemente ilegíveis, destinadas ao esquecimento. Nesse sentido o valor desse arquivo específico não remete apenas à arqueologia institucional e disciplinária, mas adquire uma existência limítrofe entre sua função pública e o anonimato particular, entre a memória forense e o processo amnésico inevitável da sociedade. Parece que as fotos estão aí para parar e congelar o tempo numa *stasis* entre a vida e a morte. Inserem-se na descontinuidade e adiam o processamento biológico e também histórico dos fatos para criar a possibilidade investigativa e processual num espaço em estado de exceção, demarcado e exclusivo, que logo será restituído ao uso comum. Assim, é possível identificar esse processo com uma compreensão da história e da memória histórica ligada ao crime e ao desastre; na leitura dessa obra de Rennó, a "cena de crime" irrompe como uma figura-chave, fundamental para a compreensão da relação contemporânea com o real e com a história. A artista utiliza fotografias de técnicos legistas australianos anônimos e organiza as imagens em quatro séries: *Apagamentos 1, 2, 3* e *4*, sendo que cada série é construída por meio da montagem das imagens em novos recortes, reagrupadas em duas séries paralelas que ora são puramente descritivas, ora aludem a certa lógica narrativa do que ali aconteceu — o crime e sua razão. Os objetos aparecem como pistas, evidências ou provas possíveis de um evento do passado, inscrito no vazio do cenário e deixando as marcas de sua ausência. Mesmo que a montagem aponte para uma possibilidade de reconstrução ficcional (drama passional, latrocínio, assassinatos em série?), nenhuma resposta é oferecida; o que se evidencia é o que não está mais ali. Assim, o lugar do crime alegoriza a grande paixão do nosso tempo, o sumiço da história cujos restos se tornam documento do pós-histórico. No prefácio da publicação do projeto,[6] Paulo Herkenhoff compara os procedimentos de Rosângela Rennó com a técnica de colagem e montagem de Magritte e com um certo "desencadeamento sadiano" (Bataille) ou estética antropofágica; procedimentos que acentuam o dilaceramento da totalidade visual e sua posterior composição fetichista. Porém, a possibilidade de remontar o quebra-cabeça respondendo ao "quem-fez-isso" — a origem do crime — não oferece aqui a satisfação normalmente dada pela mídia em suas inúmeras encenações de crimes do passado. Pelo contrário, o elemento ficcional torna-se a condição fundamental da compreensão do evento real, convertendo o crime em crime verdadeiro (*"true crime"*), na medida em que se assemelha à ficção.[7] Em vez de uma exibição do evento e da possibilidade de sua reconstituição, a artista nos mostra os índices de seu apagamento, sinais da destruição nos cenários vazios da história.

Foi Walter Benjamin que nos famosos ensaios "Pequena história da fotografia", de 1931, e "A obra de arte na época de sua reprodutibilidade técnica", de 1934-1935, observou que as fotografias de Eugène Atget das ruas desertas de Paris, feitas por volta de 1900, pareciam registros de uma cena de crime. Benjamin comenta essas imagens da cidade com as seguintes palavras:

---

[6] Ibidem.
[7] Mark Seltzer, *True Crime — Observations on violence and modernity.*

> Também esse local é deserto. É fotografado por causa dos indícios que ele contém. Com Atget, as fotos se transformam em autos no processo da história. Nisso está sua significação política latente. Essas fotos orientam a recepção num sentido predeterminado. A contemplação livre não lhes é adequada. Elas inquietam o observador, que pressente que deve seguir um caminho definido para se aproximar delas.[8]

Para Benjamin essa tendência na fotografia corresponde à passagem do predomínio do retrato, o último reduto da aura, à preferência pela paisagem urbana, e se converte em exemplo do recuo do valor de culto (da aura) diante do valor de exposição (do fetiche). Indica o início da desauratização da arte e da estetização geral da vida cotidiana sob influência do capitalismo tardio. Recentemente o diagnóstico foi reinterpretado por Giorgio Agamben[9] como uma tendência que acaba eliminando a possibilidade de profanar a sacralizada estética do objeto de arte. Etimologicamente, a profanação significa, segundo Agamben, a liberação do objeto do templo do estético (*pro-fanum*) e a reinvenção de sua utilidade perdida. Eliminada a fronteira entre o sagrado e o profano, entre o aurático e o não aurático, entre o estético e o não estético, entre o encenado e o obsceno, entre a arte e a cultura estetizada geral, as condições para uma intervenção artística se transformam radicalmente. No entanto, a leitura que Agamben faz de Benjamin enfatiza a importância da

---

[8] Walter Benjamin, "A obra de arte na era de sua reprodutibilidade técnica", in *Magia, arte, técnica e política*, p. 174-175.
[9] Giorgio Agamben, *Profanações*.

perda como chave de compreensão da condição da arte na modernidade industrializada, e procura encontrar um recurso de resistência no auge da alienação, como no gesto irônico do olhar direto e desafiador para a câmera de uma atriz pornô. Mas Benjamin parece, nesse texto, assumir uma leitura mais radical do que a leitura de Agamben sugere, pois encontra a possibilidade concreta de intervenção pelo exemplo de uma denúncia. Descrever a paisagem urbana como uma cena de crime significa denunciar um crime que aqui só se torna perceptível na ausência. O lugar do crime é o "templo" contemporâneo do passado, uma sacralização do perdido que reinscreve a morte na cultura pela figura da transgressão da lei. Mas de que crime estamos falando? Do crime da modernidade a que se refere Hillis Miller[10] ou do "crime perfeito" alegado por Jean Baudrillard?[11] Sem vítima, sem criminoso e sem motivo? O assassinato da realidade pela aparência?

Os dois intérpretes de Benjamin certamente devem ser estudados para entender o argumento; vale sublinhar que apontam ambos para uma crise do sentido, uma crise da representação talvez, mas num sentido radical, como a percepção de um mundo fora do eixo. A radicalidade da fotografia de Atget, que se antecipa a técnicas posteriores utilizadas pelos surrealistas, reside, segundo Benjamin, na potência de despertar a suspeita de uma atrocidade da cultura moderna sem definição clara, um crime sem uma vítima visível e sem uma acusação explícita. Essa possibilidade está ligada ao estranhamento que perturba a

---
[10] Joseph Hillis Miller, *Ilustration*.
[11] Jean Baudrillard, *The Perfect Crime*.

estabilidade simbólica e ameaça a legibilidade que garante uma compreensão natural do sentido das imagens. Assim acontece uma ruptura que provoca a impossibilidade de "ler" e entender a imagem da realidade urbana. Sua compreensão das representações fotográficas não dispensa mais a legenda textual, que, pela primeira vez, torna-se uma prática obrigatória nas revistas ilustradas. O esvaziamento dos cenários simbólicos nas fotografias de Atget reflete, nessa perspectiva, um desafio de compreensão e legibilidade da dinâmica histórica. Poderíamos entender a imagem fotográfica da cidade em analogia com o rosto do homem da multidão sobre o qual Edgar Allan Poe diz que "*Es laest sich nicht lesen*", ou seja, é ilegível pois perdeu sua distinção, tornou-se anônimo, o rosto de todos e de ninguém, sem profundidade ou singularidade. Para Poe, ele é a expressão direta do "gênio do crime". E é seguindo esse raciocínio que Benjamin coloca a questão: "Mas existe em nossas cidades um só recanto que não seja o local de um crime? Não é cada passante um criminoso? Não deve o fotógrafo, sucessor dos áugures e arúspices, descobrir a culpa em suas imagens e denunciar o culpado?"[12] Lembramos que os áugures eram adivinhos e os arúspices, os sacerdotes que prediziam o futuro por meio da leitura das entranhas das vítimas, o que nos remete à analogia fisionômica entre o corpo físico e o corpo social e também à ideia antiga da "autópsia" como a ação de ver com os próprios olhos e, mais tarde, observar a alteração dos órgãos no exame médico-legal. O que interessa em nosso

---

[12] Walter Benjamin, "Pequena história da fotografia", in *Magia e técnica, arte e política*, p. 107.

contexto é que Benjamin, ao determinar essa ruptura entre imagem e texto, observa a produção crescente de explicações e legendas produzidas pela mídia como "indicadores de caminho" que oferecem um paliativo para a crise representativa que aqui se põe em evidência. As legendas, falsas ou verdadeiras, se tornam necessárias, diz Benjamin, numa situação em que o "efeito de choque paralisa o mecanismo associativo do espectador",[13] impossibilitando a leitura e abrindo caminho para outros dispositivos de interpretação. É nesse lugar descontínuo do choque que o esvaziamento do sentido é consumado, ao deixar o cenário abandonado como uma cena de crime da qual se procurou apagar todo vestígio. O que sobra é a reminiscência de algo que não está mais ali, o crime: "O crime é um fato da espécie humana, um fato desta espécie apenas, mas é sobretudo o aspecto secreto, impenetrável e escondido. O crime esconde, e as coisas mais terríveis são aquelas que nos escapam."[14]

É nessa perspectiva que se pode entender o forte fascínio que a cena do crime exerce sobre artistas e escritores, pois ela dialoga com o enigma do humano em seu sentido profundo, excessivo e inaugural. Existe na visão de Bataille um elo forte entre a arte e o crime; a exploração além dos limites do conhecimento humano cria uma afinidade inquietante entre os dois. Na cena do crime encontramos essa afinidade no aspecto espetacular que os dois eventos podem ganhar. É claro que o criminoso na maioria das vezes procura ocultar seus atos, mas é exatamente na

---

[13] Ibidem, p. 107.
[14] Georges Bataille, *Le procès de Gilles de Rais*, p. 17.

alquimia entre o ocultamento do criminoso e a revelação do técnico legista que o aspecto espetacular recupera sentido. Lá onde o criminoso tenta apagar seus vestígios, o técnico forense coloca-os em evidência reconstruindo sua relação intrínseca. Rosângela Rennó se coloca, de certa maneira, no lugar do legista. Ao incorporar a narratividade da reconstituição forense, a artista expõe o arquivo fotográfico pela lógica da investigação interativa que se depara com as marcas da violência presentes nos seus vestígios visuais. O curador de arte Ralph Rugoff destaca a existência de uma *estética forense* que perpassa grande parte da arte contemporânea, e a define como aquela que coloca o espectador numa posição semelhante à de um antropólogo ou cientista forense, "obrigando-nos a juntar os pedaços de modo especulativo para criar histórias que se mantêm invisíveis para o olhar".[15] Também é insistente a referência aos espaços expositivos da arte contemporânea como uma cena de crime; a analogia pode ser observada em muitas obras. Em 1997, a exposição intitulada *Scene of the Crime*, sob curadoria do mesmo Rugoff, uniu 39 artistas californianos com obras produzidas entre a década de 1960 e o final do século XX, incluindo nomes como Edward Kienholz, Bruce Nauman, Jackson Pollock, Cindy Sherman e Duane Hanson, entre muitos outros. Embora circunscrita à produção norte-americana e em particular californiana, a exposição de Rugoff aponta um fenômeno contemporâneo importante, mas que se verifica de forma muito mais acentuada na arte moderna. Sem dúvida, um dos exemplos mais conhecidos é a obra

---

[15] Ralph Rugoff, *Scene of the Crime*, p. 62.

CENA DO CRIME

Étant Donnés, de Marcel Duchamp, descoberta após a morte do artista, em 1968, e montada em 1969, conforme o desejo testamentário de Duchamp, no Philadelphia Museum of Art, sob a supervisão de Anne d'Harnoncourt e Paul Matisse. A obra foi realizada na década de 1940, provavelmente entre 1947 e 1949, quando Duchamp vivia em Nova York, e pode ser descrita como uma instalação em três dimensões, composta pela escultura de um corpo feminino nu, aparentemente vítima de estupro e de uma violenta mutilação. Na instalação, o corpo está deitado na relva de uma floresta na qual corre uma cascata de água ao fundo; a mulher, que segura na mão uma lamparina de gás, é exposta de maneira a acentuar a relação erótica, o voyeurismo e a cumplicidade perversa do espectador com o cenário, que só é visível através de uma pequena abertura numa porta que encerra a instalação. Por se tratar de uma cena de aparente crime que explora a sexualidade inerente à contemplação artística, a obra de Duchamp causou e continua causando muita polêmica entre os críticos. Estudos mais recentes enfatizam que um caso notório de assassinato não resolvido, acontecido em Los Angeles em 1947, provavelmente teria inspirado Duchamp, diretamente ou através dos depoimentos do amigo Man Ray, que morava na mesma cidade. Trata-se da morte da atriz Elizabeth Short — conhecida como Dália Negra por sua estonteante beleza e cabeleira negra —, cujo corpo foi encontrado mutilado, torturado e cortado na altura da cintura em dois pedaços que parecem ter sido expostos deliberadamente num terreno baldio da Norton Avenue, em Los Angeles. Para Duchamp, um surrealista fascinado por imagens de corpos dilacerados, o caso certamente despertava grande interesse, e podemos encarar *Étant Donnés* como uma réplica ao assassinato, uma exploração do enigma por trás do crime não resolvido. Entretanto, um livro publicado em 2003[16] apresenta uma hipótese mais picante que envolve Man Ray de maneira direta no crime. Em *Black Dahlia Avenger: The True Story*, Steve Hodel, ex-detetive do Departamento de Polícia de Los Angeles, alega que seu pai, George Hodel, foi o assassino de Elizabeth Short, com quem tinha um relacionamento e que acabou matando por motivos de vingança. Steve Hodel junta uma série de evidências contra o próprio pai que, embora não confirmadas pela justiça californiana, são muito eloquentes. Entre outras coisas, o autor mostra que George Hodel, além de fotógrafo, tinha conhecimento de práticas cirúrgicas e era amigo próximo de Man Ray, com quem havia trabalhado em várias ocasiões, inclusive como modelo. O autor alega que Hodel tinha muita afinidade com Man Ray e com os surrealistas e que teria cometido o assassinato e exposto o cadáver numa posição diretamente inspirada na obra de Man Ray *Le Minotaur*, de 1936, e, ainda, que teria cortado a boca da vítima de orelha a orelha em homenagem a *Les Amoureaux*, obra de 1934 do mesmo artista. Apesar da extravagância da teoria, os argumentos de Hodel são fortes e explicariam por que Man Ray abandonou Los Angeles logo depois do assassinato. Se a hipótese da relação, mesmo que indireta, de Ray com o crime for verdadeira, a obra de Duchamp não é apenas uma meditação artística sobre um evento da vida real, mas um exemplo de como a vida imita a arte e

---

[16]Steve Hodel, *Black Dhalia Avenger*.

de como ambas se entrelaçam, tumultuando as fronteiras entre ética e estética.

No estudo sobre o caso do garoto Pierre Rivière,[17] o filósofo francês Michel Foucault aprofunda de modo semelhante o aspecto jurídico-legal da categoria de autoria para além da questão de direitos autorais, até um ponto em que a autoria do ato criminoso e a autoria da escrita se confundem. Pierre Rivière matou a mãe e os dois irmãos para defender o pai, e uma das peças do processo foi o próprio relato de Rivière, preparado minuciosamente com a finalidade de explicar sua razão e, de certa maneira, consumar o fato. Não se tratava de uma confissão; o discurso antecipou e condicionou a ação de modo a ser envolvido diretamente como uma espécie de arma do crime. Em outros casos, como por exemplo nos filmes *Blow-Up*, de Michelangelo Antonioni, e *O contrato do desenhista*, de Peter Greenaway, a meditação sobre o entrelaçamento entre arte e crime parece apontar para a indecidibilidade do fato criminoso. No filme de Antonioni a dúvida se desfaz com a desaparição da evidência na obra de arte (na fotografia superampliada do fotógrafo Thomas a realidade do cadáver se desfaz na uniformidade amorfa dos pixels). No caso de Greenaway, é o artista que, sem saber, produz a evidência do assassinato por meio dos desenhos que realiza de uma bela casa e de seus jardins, e acaba sendo morto em ritual de sacrifício pelos cúmplices do crime.

No Brasil, encontramos alguns exemplos nas artes plásticas elaborados como intervenções performáticas na

---

[17] Michel Foucault, *Eu, Pierre Rivière, que degolei minha mãe, minha irmã e meu irmão*.

realidade social brasileira. Entre 1969 e 1970, o artista luso-brasileiro Artur Barrio realizou uma ação, ou o que ele chamava de uma "situação/trabalho", intitulada *Trouxas ensanguentadas*. Em plena ditadura militar sob o Ato Institucional Número 5 (AI-5), o artista realizou uma performance que simulava cadáveres despachados com vultos de carne e lixo, embrulhados em trapos sangrentos e jogados na rua, despertando inquietação e alarme público. A primeira ação aconteceu numa exposição no Museu de Arte Moderna, no Rio de Janeiro, em 1969, em que expunha um fardo com jornal, espuma de alumínio, um saco de cimento velho e, posteriormente, um pedaço de carne, donde provinha o sangue. Ficou em exposição na área interna do museu durante um mês e, nesse período, os visitantes fizeram toda sorte de intervenção no "lixo". Ao encerrar a exposição, o artista colocou o material na área externa do museu, onde o objeto não identificado rapidamente chamou a atenção da polícia, que entrou em contato com a instituição. Em abril de 1970, Barrio retomou a ação nas ruas do Rio de Janeiro e espalhou quinhentas trouxas que continham: "Sangue, Pedaços de unhas, Saliva (escarro), Cabelos, Urina (mijo), Merda, Meleca, Ossos, Papel higiênico, utilizado ou não, Modess, Pedaços de algodão usados, Papel úmido, Serragem, Restos de comida, Tinta, Pedaços de filme (negativos)."[18] Finalmente, Barrio repetiu as *Trouxas ensanguentadas* uma terceira vez, na manifestação Do Corpo à Terra, parte da mostra Objeto e Participação, realizada em Belo

---

[18] Artur Barrio, *http://arturbarrio-trabalhos.blogspot.com.br/2008_10_01_archive.html*.

Horizonte, entre 17 e 21 de abril de 1970, no Parque Municipal. Com as ações de Barrio, a repressão da ditadura militar e a violência criminosa ganharam ao mesmo tempo realidade material metafórica com as indicações dos corpos desovados. Os sacos despachados podiam de fato ser confundidos com corpos mortos e realmente continham material orgânico como sangue e dejetos humanos. Criou-se assim uma performance em lugares públicos, terrenos baldios, beiras de rios, parques, ruas desertas — lugares em que aparições de corpos eram frequentes no período entre 1964 e 1985. Em outras obras, Barrio explorou a sensação orgânica da carne viva e da decomposição — como por exemplo no *Livro de carne*, de 1979 —, mas a força de *Trouxas ensanguentadas* vinha exatamente do fato de manter a verossimilhança e a presença do corpo humano em ações cujas reproduções fotográficas ainda hoje conseguem confundir o espectador. Entretanto, é claro que o aspecto metafórico de crítica à realidade da repressão violenta era amplamente presente na geração de artistas das décadas de 1970 e 1980, como Rubens Gerchman, Antonio Dias e Antonio Manuel, que tomavam a crítica política como objeto principal de suas obras. *Desvio para o vermelho* (1967-1984), de Cildo Meireles, é um exemplo de uma outra inflexão crítica, mais alegórica, que, produzindo um ambiente trivial de um quarto numa moradia comum todo banhado em vermelho, fazia alusão poderosa porém totalmente indireta à violência implícita no cotidiano social da época. Podemos finalmente mencionar uma obra do artista Carlos Zílio, que, em 1973, depois de liberado de três anos de prisão política por seu envolvimento com a clandestinidade, fez uma obra chamada *Identidade ignorada*, que consiste numa fotografia em preto e branco, com fundo escuro, na qual, preso no dedão do pé de um cadáver, vemos um cartão de papel com a inscrição: "Identidade ignorada." Na recente série *Saunas*, de Adriana Varejão, a alusão ao cenário do crime é discreta porém inconfundível, evidenciada nos espaços assépticos e esvaziados, por exemplo, no quadro O *hóspede*, nas manchas deixadas por um corpo não mais presente.

No caso do trabalho de Rennó, o *a priori* forense deve ser compreendido na perspectiva temporal, isto é, como apelo para a posteridade da violação, seja por seu caráter rememorativo (*Nachträglich*) seja pelo fechamento da cena do evento sempre já (*dejà toujours*) acontecido. A fotografia forense se esforça em criar uma impessoalidade ritual no exercício de mapear, registrar e descrever o lugar do crime. São procedimentos que almejam congelar o tempo numa situação que parece se realizar sobre o abismo entre vida e morte. O método forense de registro busca assim imobilizar toda atividade humana no tempo, devolvendo vida aos objetos anônimos e aos corpos mortos. Percebemos que algo aconteceu nesse espaço, mas não sabemos exatamente o quê nem como. No ato de destacar, celebrar e sacralizar o lugar do crime como intocável, a liturgia criminalística acaba por converter o espaço numa espécie de espaço negativo, estranho ao espaço organizado da vida comum e fantasmagoricamente perseguido por vultos e sombras. A imagem forense fixa o real em sua precariedade, enfocando as pistas condenadas a desaparecer, e assim se torna um documento do esquecimento ou do apagamento. Cria uma inversão entre o privado e o público, em que a banalidade do mais cotidiano, ganha um sentido legal e o arquivo torna-se dispositivo de exibição. Parece que a imagem forense oferece um novo sentido aos objetos banais do cotidiano, que então adquirem uma significação atrofiada, como pistas, mas ao mesmo tempo expondo o sem sentido ao qual se reduz a história melodramática observada aqui apenas em seus efeitos ulteriores.

Há no modo como Rennó dispõe e expõe as imagens um contraste forte entre a calma aparente dos lugares fotografados e os acontecimentos que causaram a suspensão de sua realidade corriqueira. São espaços comuns destituídos de sua utilidade cotidiana, que permanece lembrada nos objetos úteis e na banalidade de sua disposição. A fixação fotográfica do cotidiano oferece um fundo flagrante para a violência e o crime que aqui teve lugar. Assim, o olhar forense dramatiza o lugar comum pela própria demarcação dos espaços em "cenários" do cotidiano sem oferecer o preenchimento melodramático dos acontecimentos. Há uma tensão entre as imagens entrecortadas que ora exibem lugares sem identidade própria, sem significação aparente, ora espaços que são supersignificados pela presença de um corpo, um cadáver, em posição que atrai e centraliza a atenção, ressignificando o conjunto. As séries de Rosângela Rennó são formadas por frações de imagens recortadas que acentuam a falta do conjunto narrativo, inserindo ao mesmo tempo algo latente nos espaços anônimos e vazios. A artista extrai o aspecto melodramático das imagens que flagram a violência exibindo o cadáver, o sangue da ferida e a arma, mas sem sensacionalismo e sem apelo passional. Em vez de explorar a dimensão traumática dos atos, a montagem e o sequenciamento que ela cria na composição das fotos se desvencilham temporalmente da violência ocorrida e privilegiam o não dito ao enquadrar o drama no contexto da banalidade cotidiana. O conjunto das fotografias foi atravessado pelo crime e pela morte, mas a decomposição da história elimina o impacto do trauma, deixando apenas suas marcas legais e documentais, prestes a serem definitivamente arquivadas.

Contextualizada na produção de Rennó, a obra *Apagamentos* apresenta analogias claras com outros de seus trabalhos mas também diferenças significativas. O interesse pelos arquivos privados e públicos é mantido, mas essa obra corta a relação com uma perspectiva histórica e cultural claramente definida. O público não terá pistas suficientes para identificar o lugar e o contexto das fotos. Em trabalhos anteriores — *Atentado ao poder (Via Crucis)* (1992), *Candelária* (1993), *Imemorial* (1994), *Vulgo* (1998-1999), *Cicatriz* (1996-2003), entre outros — havia uma clara determinação histórica e política dos temas frequentemente relacionados, às vezes com vocação de denúncia, à história institucional brasileira. Aqui, não encontramos nenhum índice nacional, sabemos pelo catálogo apenas que as fotografias são australianas, e uma vaga historicidade preservada pela técnica fotográfica permite depreender que datam da década de 1950 ou 1960. A apropriação das fotografias não é feita por uma perspectiva exterior de discussão e debate crítico, mas de modo a acentuar os vazios e não ditos do ocorrido no seu momento de desaparecimento. Não há nenhuma acusação, nem vontade explícita de resolver, apontar ou punir o responsável pelo crime. Se o assassino foi capturado não interessa à artista, ela não está à procura do culpado nem seguindo a trilha dos detetives e da polícia em busca da verdade. Pelo contrário, a obra se introduz na história do crime expondo as lacunas do explicável e transgride a preservação do cenário, santuário do mistério do crime, revelando o aspecto simples, banal e miserável do ato, que por isso mesmo se evidencia duplamente trágico. Trágico porque interrompeu as vidas daquelas pessoas e porque não pode recuperar ali sentido nenhum; somente é possível expor a ferida amarga sem possibilidade de redenção. Rennó se afasta do tema romântico do pacto entre o artista e o mal, desenvolvido nos escritos de Thomas de Quincey, Baudelaire, Edgar Allan Poe e Oscar Wilde, que por meio da transgressão visavam a se apropriar do segredo da imaginação e da criação. A obra de Rennó produz um outro tipo de cumplicidade com o criminoso. A apropriação das fotos de arquivo e sua reutilização por si só já beiram a ilegalidade, pois transgridem as regras de confidencialidade do material de arquivo, em geral, e dos direitos de autoria e de privacidade, em particular. Assim, o crime já está inscrito no procedimento artístico, da mesma maneira que o uso de drogas era indicado pelas *Cosmococas* (1973) de Hélio Oiticica e Neville d'Almeida, uma vez que eram prova material da posse de cocaína. Em outras palavras, o gesto artístico de Rennó, ao se apropriar do material de arquivo, transgride sua utilização institucional e assim, de certa maneira, libera esse material do "mal de arquivo" e da tendência contemporânea de acumular memória, na medida em que apaga sua textualidade documental e o converte em documento desse apagamento. No ato de resgatar um evento do passado a obra não devolve sua identidade histórica, mas evidencia e historiciza seu apagamento. Trata-se aqui talvez de um paradoxo similar ao analisado por Benjamin a respeito das imagens surrealistas que ele percebia como inscritas na mesma lógica alienadora das técnicas representativas do choque, oferecendo, entretanto, uma "saudável alienação" que se diferencia do uso midiático da alienação por seu caráter subversivo. Mas de que maneira uma alienação pode curar a outra? De que maneira o efeito de choque pode se diferenciar de uma cultura do choque? E como pode uma estética do trauma representar uma alternativa à cultura traumática? Distinguimos aqui a cultura do trauma daquela experiência fundamental de choque que, segundo Walter Benjamin, entre outros, define a própria modernidade — o choque perceptivo da mudança, da velocidade, da desagregação e da alienação. A visão contemporânea da cultura traumática ultrapassa a cultura moderna do choque. Em vez de caracterizar um impacto exterior sobre o sujeito, como o choque provocado pelas frenéticas transformações da modernidade, a cultura traumática é vista como uma cultura de interiorização do impacto em que fica difícil discernir o exterior e o interior, a percepção e a fantasia, o físico e o psíquico e até mesmo a causa e o efeito. A estética do trauma recorre de fato a uma figura bem conhecida da estética moderna, o sublime kantiano, que funciona como transcendência da experiência estética na derrota das faculdades do juízo. Mas no trauma não se trata de uma derrota das faculdades sensíveis diante das exigências da razão, senão de uma derrota do espírito diante do sensível em sua materialidade mais baixa, degradada, repulsiva, violenta e terrível da possível experiência humana. Nessa perspectiva, a estética do trauma certamente se identifica com uma arte e uma literatura que radicalizam o efeito chocante e que, ao ativar o poder estético negativo, procuram romper a anestesia cultural da realidade espetacular, propondo um choque do real, que já não pode ser integrado ou absorvido no próprio espetáculo. O olhar da estética forense de Rennó, no entanto, parece se deslocar dessa identificação com o trauma à procura de sua potência transgressiva, por um lado, mas, por outro, também se afasta da identificação melodramática e sentimental com os fatos ocorridos. Comparada por exemplo com a série *Morgue* (1992), de Andrés Serrano, ou com *Glassman* (1994), de Joel-Peter Witkin, que utilizam fotografias de um Instituto Médico-Legal para tentar fazer o corpo traumatizado "falar", e que pretendem explorar a curiosidade do público em torno do cadáver e da ferida, a obra de Rennó recua diante dessa tentação, abrindo mão de explorar a violência própria das imagens. A série é muito diferente, por exemplo, de *Atentado ao poder (Via Crucis)*, de 1992, que mergulhava fundo no lado abjeto dos corpos mortos e mutilados. Em várias obras anteriores — *Cicatriz*, *Vulgo* — o corpo também é um arquivo de poder, controle e subjetivação cujas inscrições dialogam com as linguagens da obra. O que, por sua vez, é explorado na série *Apagamentos* não é a fascinação pelas inscrições no corpo, nem pelo corpo aberto ou dilacerado, objeto privilegiado de uma cultura popular e midiática do trauma como nos seriados tipo *CSI*.

Esta obra mais recente de Rosângela Rennó pode ser considerada parte do que foi chamado de uma estética forense[19] que aparece no afastamento da chamada "era do testemunho" e da primazia que deu ao trauma e à memória. Na sensibilidade forense o escopo tem sido orientado pelo objeto como parte de uma "cultura jurídical imersa na matéria e nas materialidades, no código e na forma, e na apresentação da investigação científica por especialistas".[20] Acompanhando este argumento devemos entender o paradigma forense como uma mudança do foco sobre o testemunho subjetivo, sobre memória e trauma, para a emergência da "coisa", frequentemente os restos humanos, como uma nova forma de evidência e fato jurídico que apela à exposição científica para se colocar em discurso. Se o testemunho era caracterizado pelas marcas do trauma em seu relato subjetivo, nas falhas e sintomas de sua linguagem, a evidência forense precisa ser verbalizada e exposta discursivamente pelos especialistas científicos, e desse modo inaugura uma nova sensibilidade cultural com consequências políticas, estéticas e éticas para a significação dos objetos, principalmente os restos humanos, as ossadas e os vestígios, que se tornam capazes de "falar" e expressar o que realmente aconteceu e com quem. Assim, a evidência forense identifica uma nova condição sob a qual os objetos se tornam visíveis e audíveis como evidência e frisa a maneira pela qual o fato jurídico é construído e compreendido.

Nas fotos apropriadas e aproveitadas por Rennó, os corpos são importantes e ocupam posições estratégicas

---

[19] Thomas Keenan e Eyal Weizman, *Mengele's Skull — The Advent of a Forensic Aesthetics*.
[20] Eyal Weizman, *Forensic Architecture: Notes from Fields and Forums*, Documenta, p. 6.

nas montagens. Numa das séries a imagem do corpo masculino é repetida com um efeito de redundância cuja força não advém da dramaticidade do trauma e de sua repetição. As feridas não são expostas e a dor da violência não é explorada; muito pelo contrário, o corpo se confunde com outra mobília sem sentido. Numa das fotos, o cadáver da mulher é coberto na cama num ato de pudor que pode ter sido do próprio assassino, mas também dos policiais. Desse modo a cena revela uma situação de pós-trauma em que a própria dramaticidade da situação desapareceu. Os interiores que as imagens mostram resultam obscenos porque o evento legitima a revelação do mais banal do cotidiano para um olhar público, e o resultado é um ambiente revestido pateticamente de um ar funerário que não consegue chorar em luto nem desejar o passado, pois tudo está apenas a um passo de desaparecer.

Referências bibliográficas

AGAMBEN, Giorgio. *Profanações*. São Paulo: Boitempo, 2007.
BATAILLE, Georges. *Le procès de Gilles de Rais*. In: *Œuvres complètes*, vol. X. Paris: Gallimard, 1970-1982.
BAUDRILLARD, Jean. *The Perfect Crime*. Londres: Verso, 1997.
BENJAMIN, Walter. "A obra de arte na era de sua reprodutibilidade técnica". In: *Magia e técnica, arte e política*. São Paulo: Brasiliense, 1994. (Obras escolhidas, vol. 1.)
_____. "Pequena história da fotografia". In: *Magia e técnica, arte e política*. São Paulo: Brasiliense, 1994. (Obras escolhidas, vol. 1.)
DERRIDA, Jacques. *Mal de arquivo: uma impressão freudiana*. Rio de Janeiro: Relume Dumará, 2001.

EISTRUP, Eva. "Et forførende smukt helvede." *Weekendavisen*, n. 32, 13 ago. 2010.

FLUSSER, Vilém. *A escrita: há futuro para a escrita?* São Paulo: AnnaBlume, 2010.

FOUCAULT, Michel. *Eu, Pierre Rivière, que degolei minha mãe, minha irmã e meu irmão.* São Paulo: Graal, 2007.

HARRISON, Marguerite Itamar. "Lamentando o esquecimento da Memória: as instalações fotográficas de Rosângela Rennó". *Cadernos de Letras da UFF*. Dossiê: Letras e Direitos Humanos, n. 33, p. 37-58, 2007.

HILLIS MILLER, J. *Ilustration*. Boston: Harvard University Press, 1992.

HODEL, Steve. *Black Dahlia Avenger: The True Story*. Nova York: Harper Collins Publishers, 2006.

KEENAN, Thomas e WEIZMAN, Eyal. *Mengele's Skull — The Advent of a Forensic Aesthetics*. Berlim/Frankfurt A.M.: Sternberg Press/Portikus, 2012.

NELSON, Mark e BAYLISS, Sarah Hudson. *Exquisite Corpse: Surrealism and the Black Dahlia Murder*. Nova York: Bulfinch Press, 2006.

RENNÓ, Rosângela. *Fotoportátil volume 3*. São Paulo: Cosac-Naify, 2005.

RUGOFF, Ralph. *Circus americanus*. Londres: Verso, 1995.

_____. *Scene of the Crime*. Cambridge: MIT Press, 1997.

SELTZER, Mark. *True Crime: Observations on Violence and Modernity*. Londres: Routledge, 2006.

WEIZMAN, Eyal. *Forensic Architecture: Notes from Fields and Forums*. Documenta (13). Ostfilden: HatjeCantz, 2012.

Sites:

http://arturbarrio-trabalhos.blogspot.com.br/2008_10_01_archive.html. Acessado em: 24/5/2013.

2. A violência como desafio para a literatura brasileira contemporânea

Na noite de sábado, dia 21 de março de 2009, um grupo de cerca de cinquenta traficantes da Rocinha tentou invadir a Ladeira dos Tabajaras, em Copacabana, na disputa pelos pontos de venda de entorpecentes na Zona Sul do Rio de Janeiro, iniciando uma guerra entre facções que deixou vários bairros da cidade em estado de emergência durante os dias seguintes, com tiroteios nas ruas e um número ainda desconhecido de mortos. Como hoje se sabe, esse dia foi um marco na pacificação das favelas do Rio, por meio da ocupação e implantação nos morros de mais de vinte Unidades de Polícia Pacificadora, que desafiaram o poder do narcotráfico e estabilizaram os crescentes índices de crime e violência pela primeira vez desde a volta da democracia em 1985. O crime organizado da venda de drogas e armas sofreu durante os últimos anos um enfraquecimento visível na paisagem urbana do Rio de Janeiro, e nomes como Comando Vermelho, Terceiro Comando e Amigos dos Amigos começaram a perder sua mística nas comunidades mais pobres da cidade. Mas, ainda que o poder ostensivo desses grupos tenha desaparecido, isso não significa que o crime acabou. Novas formas de tráfico e distribuição estão se desenvolvendo para garantir a venda das drogas, e surge um novo tipo de crime, que não depende necessariamente de armamento pesado. Além disso, em outros municípios e estados, indivíduos que já não se sentem protegidos na capital se reagrupam, provocando um crescimento nas estatísticas do crime fora do Rio de Janeiro.

Naquele dia de março de 2009, entretanto, parecíamos estar vendo apenas mais uma dessas cenas de violência que há muito se converteram em rotina no Brasil. Segundo os dados de uma pesquisa de 2007, 91% dos brasileiros consideravam que a violência estava aumentando em números e adquirindo uma brutalidade cada vez mais espantosa. Os números de vítimas da violência chegaram a 45 mil por ano; só no estado do Rio de Janeiro morreram, segundo a Reuters, 19.381 pessoas entre 2004 e 2007, e o assassinato tornou-se a causa de morte mais frequente de jovens do sexo masculino com idades entre 15 e 24 anos.

Se as estatísticas continuam assustando, a banalização dessas mortes e dos crimes violentos não parecia ter limites. Em fevereiro de 2007, um roubo de carro à mão armada causou a morte trágica de um garoto de 6 anos, João Hélio, que foi arrastado pelas ruas ao não conseguir se soltar do cinto de segurança. Em dezembro de 2006, um ônibus interestadual foi atacado por criminosos e sete passageiros foram queimados vivos. Em março de 2005, 29 moradores inocentes foram vítimas de uma chacina na

Baixada Fluminense, realizada por um grupo de policiais militares e civis. A lista de crimes espetaculares dessa natureza é longa, e quem, na década de 1990, pensou ter visto o bastante com as chacinas em Acari, no Rio de Janeiro (1990), na penitenciária do Carandiru, em São Paulo (1992), na Candelária e em Vigário Geral, no Rio de Janeiro (1993), com o massacre dos índios Yanomamis, em Roraima (1993), com a chacina de Taquaril, em Belo Horizonte (1996), e com o massacre em Eldorado dos Carajás, no Pará (1996), ainda se espanta com a sequência brutal dos crimes no início do novo século.

Também podemos registrar mudanças "qualitativas" no caráter do crime no Brasil. Nos últimos anos, a violência já começa a mostrar no interior do país a mesma gravidade que nas zonas urbanas do eixo Rio de Janeiro-São Paulo. Em alguns lugares fomos testemunhas de ataques contra policiais, funcionários carcerários e bombeiros motivados apenas por retaliação e ódio e dirigidos por grupos como o PCC — Primeiro Comando da Capital — de dentro das prisões, desencadeando um movimento carcerário que envolveu mais de 70 prisões. Entre os dias 12 e 20 de maio de 2006, uma série de ataques contra policiais e bombeiros causou 493 mortes por arma de fogo em São Paulo, entre as quais as de 46 servidores públicos e 109 pessoas identificadas pela polícia como criminosos, fato logo interpretado pelo cineasta Sérgio Rezende no filme *Salve Geral* (2009). Em dezembro, 24 pessoas morreram durante um ataque semelhante no Rio de Janeiro e em março de 2007, num período de oito dias, 12 policiais foram vítimas de fuzilamentos nas ruas da cidade. Nos últimos meses de 2012, os ataques contra a polícia em

São Paulo voltaram às manchetes, com a morte de mais de cem policiais. Ao mesmo tempo, na periferia da cidade, proliferavam chacinas de civis. Assim, de uma perspectiva nacional, a relativa pacificação do crime organizado no Rio de Janeiro durante os últimos anos vem acompanhada de um aumento na criminalidade em outras capitais do país e, no caso de São Paulo, de uma volta aos confrontos armados entre a polícia e suspeitos de delinquência com caráter de execuções e vingança.

A intenção deste ensaio, porém, não é discutir o fenômeno da violência brasileira do ponto de vista sociológico ou político. Ele pretende refletir sobre o papel da violência na produção artístico-cultural e literária dos últimos anos. Nos meios de comunicação de massa a violência encontrou um lugar de destaque e, com seu fascínio ambíguo, um misto de atração e rejeição, tornou-se uma mercadoria de valor, explorada em graus mais ou menos problemáticos. Não vamos aqui repetir as denúncias contra essa exploração ou entrar na discussão sobre a possível influência negativa de sua divulgação obscena, mas simplesmente constatar que a violência representada tanto na mídia quanto na produção cultural deve ser considerada um agente importante nas dinâmicas sociais e culturais brasileiras. Precisamos reconhecer os objetos estéticos da violência na sua relação com o processo geral de simbolização da realidade social, já que participam de maneira vital e constitutiva desta mesma realidade.

É preciso, no entanto, antes de tentar aproximar violência e cultura no Brasil contemporâneo, fazer uma advertência inicial. Não temos a ambição de *explicar* o fenômeno histórico da violência no Brasil nem de dar conta da pluralidade de seus parâmetros culturais, sociais e econômicos. Tampouco pretendemos *caracterizar* a cultura brasileira através do fenômeno da violência como elemento definidor da identidade nacional e intrínseco a ela. Quando estabelecemos uma relação entre a violência e as manifestações culturais e artísticas, é para sugerir que a representação da violência manifesta uma tentativa viva na cultura brasileira de interpretar a realidade contemporânea e de se apropriar dela, artisticamente, de maneira mais "real", com o intuito de intervir nos processos culturais.

Entender o papel da violência na cultura esbarra logo de partida no mito da *cordialidade* e da não violência do brasileiro,[1] mas vale notar que, já nos primeiros trabalhos sobre o tema,[2] o antropólogo Ruben George Oliven lembra a violenta repressão dos movimentos populares — como o Quilombo dos Palmares, a Cabanada, a Balaiada, Canudos, Contestado, os Muckers e a revolta da Chibata — e ressalta o cotidiano da ordem escravocrata, marcado pela violência, concluindo que esse mito da "índole pacífica do brasileiro conseguiu se desenvolver apesar destas evidentes manifestações de violência no cotidiano brasileiro e só foi extirpado depois de 1964",[3] quando a violência começou a ser considerada um problema nacional, embora fosse associada primordialmente ao aumento da delinquência da classe baixa, ignorando o caráter repressivo dos órgãos de segurança.

---

[1] Marilena Chauí, "O mito da não violência do brasileiro: um mito interessantíssimo".
[2] Ruben George Oliven, *Violência e cultura no Brasil*.
[3] Ibidem, p. 14.

Os anos 1960 e 1970: o malandro revoltoso

O medo da violência e sua aparição nos discursos sobre a realidade brasileira começam já na década de 1950, mas ganham plena visibilidade apenas nos anos 1970. Nesse primeiro momento, a representação da violência é marcada por dois componentes sociopolíticos determinantes. Por um lado, a violência foi considerada um resultado negativo do milagre econômico e do entusiasmo desenvolvimentista brasileiro, que desencadeou um crescimento explosivo dos centros urbanos e de suas populações, sobretudo no Rio de Janeiro e em São Paulo, e que em poucas décadas transformou o Brasil agrário e coronelista num país predominantemente urbano, com todos os problemas sociais decorrentes de uma urbanização problemática. Em 1960, 45% da população brasileira residia em áreas urbanas, e até o final do século este número cresceu para 78%. Surgiu uma nova realidade suburbana que já nos anos 1950 começou a ser retratada em obras pioneiras do Cinema Novo: *Rio Zona Norte* e *Rio 40 Graus*, de Nelson Pereira dos Santos.

Numa crônica de 1962, Clarice Lispector expressou uma reação revoltada contra a tendência de recrudescimento da violência e sua repressão diante da execução do criminoso Mineirinho, apelido de José Miranda Rosa, depois de uma procura intensa que envolveu mais de trezentos policiais. Mineirinho era fugitivo do Manicômio Judiciário, onde cumpria pena de 104 anos, e acabou crivado de balas, tendo seu corpo sido desovado à margem da estrada Grajaú-Jacarepaguá, no Rio de Janeiro. O fato foi matéria de todos os jornais cariocas e a crônica da escritora convoca à reflexão ética sobre o perigo da inumanização repressiva do crime, além de um reconhecimento do véu romântico que ainda cobria o criminoso para o populares, por representar uma resistência contra uma vida injusta. Clarice comenta primeiro a reação inconformada, porém ambígua, da empregada ao ouvir a notícia sobre a morte do Mineirinho, considerado uma espécie de Robin Hood pelas comunidades pobres ou pelo menos uma pessoa que ainda tinha uma forte identificação com essa origem. Ele é um delinquente, mas seu crime ainda tem um quê de revolta espontânea: "Sua assustada violência. Sua violência inocente — não nas consequências, mas em si inocente como a de um filho de quem o pai não tomou conta. Tudo o que nele foi violência é em nós furtivo, e um evita o olhar do outro para não corrermos o risco de nos entendermos."[4] Diante disso a escritora externa sua própria revolta contra a execução espectacularizada do bandido, contra a aplicação de uma violência desmesurada do sistema, e amplia essa questão ética num profundo mergulho na relação com o criminoso como o "outro": "Esta é a lei. Mas há alguma coisa que, se me fez ouvir o primeiro tiro com um alívio de segurança, no terceiro me deixa alerta, no quarto desassossegada, o quinto e o sexto me cobrem de vergonha, o sétimo e o oitavo eu ouço com o coração batendo de horror, no nono e no décimo minha boca está trêmula, no décimo primeiro digo em espanto o nome de Deus, no décimo segundo chamo meu irmão. O décimo terceiro tiro me assassina — por que eu sou

---

[4]Clarice Lispector, *Para não esquecer*, p. 102.

o outro. Porque eu quero ser o outro."[5] Assim, a análise de Clarice ainda vê na violência delinquente um gesto de liberdade e se preocupa com a crescente escalada da violência policial e sistêmica que anunciava o que estava por vir.

Nas décadas de 1960 e 1970, a violência veio associada à condição política da chamada "Revolução de 64", cujo rótulo romântico encobria um golpe militar que interrompeu o processo democrático, dando início a um longo período de autoritarismo político e de lutas clandestinas contra o regime. As manifestações artísticas dessa realidade adquiriam facetas plurais e complexas. Entre elas, interessa destacar uma interpretação da escalada da violência social como uma *alegoria* da oposição espontânea à situação antidemocrática do país e não apenas como um sintoma negativo da crise de legitimidade desencadeada pelo processo sociopolítico autoritário. Nessa perspectiva encontramos entre as primeiras manifestações contra o regime militar alguns exemplos das artes plásticas que, no âmbito de uma orientação neofigurativa ou neo-objetiva, fortemente inspirada no movimento internacional da *pop art*, começavam a incluir nas obras fragmentos do cotidiano, da imprensa e das representações oficiais com teor político de denúncia. Em 1965 foi inaugurada a exposição Opinião 65, no Museu de Arte Moderna do Rio de Janeiro, e no ano seguinte, na Opinião 66, Rubens Gerchman apresentou uma obra emblemática: *A bela Lindoneia: um amor impossível*, um retrato de uma jovem assassinada, um drama passional tirado de uma manchete

---

[5] Ibidem, p. 104.

de jornal. Dessa forma, a arte pop brasileira revelava seu engajamento político ao incluir o cotidiano urbano violento, explorando sua forma midiática. O momento coincide com as primeiras manifestações do movimento musical Tropicália, liderado pelos músicos baianos Caetano Veloso e Gilberto Gil. Caetano escreveu uma canção inspirada no quadro de Gerschman, que foi reproduzido na capa do disco. Outro artista, Hélio Oiticica, que havia encabeçado a oposição neoconcretista ao construtivismo positivista predominante na década de 1950, desenvolveu, ao longo dos anos 1960, um trabalho artístico em contato direto com a cultura popular das escolas de samba dos morros cariocas, principalmente do morro da Mangueira. Em 1963 esse engajamento se refletiu na série *Bólides* — obras de intervenção, também chamadas de "transobjetos", visando estimular a participação direta do espectador. Durante suas visitas ao morro da Mangueira, Oiticica ficou amigo de Manuel Moreira (1914-1964), um traficante de maconha da Favela do Esqueleto, vizinha da Mangueira, que era mais conhecido como Cara de Cavalo e se envolveu num episódio que marcaria a história da violência e do crime organizado no Rio de Janeiro. Moreira era um criminoso da velha escola, vendia maconha mas também era rufião e dava proteção ao popular Jogo do Bicho. Um dos bicheiros que Moreira extorquia em troca dessa proteção reclamou para o detetive Milton Le Cocq, que na época já tinha organizado um grupo secreto dentro da polícia para matar criminosos que escapavam da justiça. Acompanhado de alguns colegas, armou uma cilada para Moreira num dos pontos de jogo, mas, percebendo a presença dos policiais, Moreira tentou fugir de táxi e no tiroteio que se seguiu ele atingiu o detetive Le Cocq, que caiu morto. A vingança dos colegas de Le Cocq foi implacável; armou-se uma grande operação com a participação de 4 mil policiais em quatro estados. Quando finalmente foi encontrado, em Cabo Frio, Cara de Cavalo foi sumariamente executado, cravado por 52 disparos, 25 apenas na região do estômago. Os policiais cobriram depois o corpo com um cartaz de caveira pintada, e o incidente encerrou uma época de banditismo romântico no Rio e foi o ponta-pé inicial para a famosa organização secreta "Scuderie Le Cocq" e a expansão pelo estado e pelo país afora dos grupos de extermínio. Até perder importância na década de 1990, durante duas décadas de atividade criminosa, a "Scuderie Le Cocq" foi considerada responsável por pelo menos trinta assassinatos políticos e em média 1.500 homicídios por ano.

Hélio Oiticica criou, dois anos depois, uma homenagem ao amigo Cara de Cavalo com o *Bólide Caixa 18, Poema Caixa 2*, que continha fotografias do bandido morto, executado com apenas 22 anos, depois de uma longa perseguição policial. A obra de Oiticica consistia numa caixa sem tampa, cujo interior revelava quatro fotos do bandido perfurado por tiros, estirado no chão com os braços estendidos formando uma cruz. Um véu transparente cobria a caixa e o corpo fotografado, e num saco de pigmentação no fundo estava inscrito: "Aqui está e aqui ficará. Contemplai seu silêncio heroico." Hélio expressou nessa ocasião seu objetivo artístico com precisão: "Eu quis homenagear o que penso que seja a revolta individual social: a dos chamados marginais. Tal ideia é muito perigosa, mas algo necessário para mim. Existe um contraste, um aspecto ambivalente no comportamento do homem marginalizado: ao lado de uma grande sensibilidade está um comportamento violento, e muitas vezes, em geral, o crime é uma busca desesperada de felicidade."[6] Muito se tem falado sobre a visão romântica, exposta por Oiticica, da marginalidade criminosa, naquele momento vista como expressão de uma revolta espontânea contra um regime autoritário. Menos atenção foi dada ao comentário implícito do artista sobre a exploração pública e midiática da morte do criminoso. No catálogo de 1968 da exposição "O Artista Brasileiro e Iconografia de Massa", organizada por Frederico Morais e pela Escola Superior de Desenho Industrial e realizada no MAM/RJ, Oiticica aprofunda os motivos da homenagem neste sentido:

> O que quero mostrar, que originou a razão de ser de uma homenagem, é a maneira pela qual essa sociedade castrou toda possibilidade da sua sobrevivência, como se fora ela uma lepra, um mal incurável — imprensa, polícia, políticos, a mentalidade mórbida e canalha de uma sociedade baseada nos mais degradantes princípios, como é a nossa, colaboraram para torná-lo o símbolo *daquele que deve morrer*, e digo mais, *morrer violentamente*, com todo requinte canibalesco... Há como que um *gozo social* nisto, mesmo nos que se dizem chocados ou sentem "pena".[7]

Na exposição, Oiticica explorava duas figuras: *o "herói anti-herói"*, encarnado por Cara de Cavalo; e o *"anti-herói*

---
[6]Paulo Sérgio Duarte, *Anos 60*, p. 63.
[7]Hélio Oiticica, "O herói anti-herói ou o anti-herói anônimo", *Sopro 45*.

anônimo", com o exemplo do ladrão de banco Alcir Figueira da Silva, que se suicidou em 1966, às margens do rio Timbó, para não ser preso após o assalto a um banco frustrado pela chegada da polícia (*Jornal do Brasil*, Rio de Janeiro, 17/10/1968). No *Bólide-caixa n° 21 B44*, a imagem do anti-herói morto aparece no fundo de uma caixa coberta por uma tela em que está escrito "por que a impossibilidade?". É também de Alcir a foto estampada no estandarte "Seja Marginal/Seja Herói", que em outubro 1968 foi criado para um show, na boate carioca Sucata, de Gilberto Gil, Caetano Veloso e os Mutantes. Em 1968, Cara de Cavalo reaparece em outro Bólide; trata-se do *B56 Bólide-caixa 24 "Caracara de Cara de Cavalo"*, que traz uma fotografia do rosto do criminoso em tamanho natural. Ao olhar para dentro da caixa, o espectador se vê "cara a cara" com o marginal.

Oiticica aproveitava ampliações das fotografias de imprensa dos mortos reproduzidas no *Jornal do Brasil*, e sua montagem da bólide com Cara de Cavalo cria uma dissimulação cenográfica da brutalidade da imagem envolvida numa aura religiosa de *pietas* que faz lembrar quadros clássicos como O *toureiro morto,* de Manet, e assim se distancia criticamente do flagrante expositivo da imprensa e leva as imagens para uma dimensão simbólica mais preocupada com o fazer do signo e sua exploração pela arte.

No mesmo ano de 1968, Gerschman voltou com um quadro em que Lindoneia, vítima inocente da violência social, foi substituída pelos *Desaparecidos 2*, supostas vítimas da repressão política do regime. Em *A imagem da violência* (1968), de Antonio Manuel, a manchete de jornal tornava-se o conteúdo explícito de denúncia política. Percebemos a despedida de um tipo romântico de bandido, simbolizado pelo malandro, um tipo de marginal que vive na margem da lei, sobrevivendo do meretrício, do jogo do bicho e de pequenas vendas de maconha. O malandro brasileiro é um andarilho (mal andar: malandro), um homem sem compromisso, um tipo picaresco que se comporta como um peixe nas águas do samba, do carnaval, do jogo e das favelas, sempre no limite da lei, mas nunca em total oposição a ela. A época o identifica em nomes como Mineirinho, Carne Seca, Sete Dedos, Rainha Diaba e Cara de Cavalo. Segundo esse mito folclórico tipicamente brasileiro, o malandro sobrevive em função do seu talento individual e não da organização criminosa, é avesso ao batente, bom de briga e rápido na faca, mas raramente usa arma de fogo, evita o confronto direto e prefere o "jeitinho", a fuga ou a boa conversa, mantendo o equilíbrio ou, segundo Antonio Candido, a "dialética" entre ordem e desordem. O malandro, que se reconhece por atuar sempre com certa graça, charme, apesar da sua falta de moral e sociabilidade, permanece como figura característica da marginalidade do morro, do samba e do jeitinho "fora da lei" tipicamente brasileiro. Na cultura brasileira, segundo Antonio Candido, sua figura — das *Memórias de um sargento de milícias,* de Manuel Antônio de Almeida, do folclórico Pedro Malasartes até o Macunaíma modernista e a música popular das décadas de 1930 e 1940 — aparece como uma imagem de um modo particular e nacional de ser.

Também foi em 1968 que Rogério Sganzerla lançou o despudorado *O bandido da luz vermelha,* filme em que pintava o retrato de um assaltante, assassino e estuprador com toques líricos que exploravam a ambígua imagem de atração e espanto. No mesmo espírito, o diretor Antônio Carlos Fontoura recuperou o mundo boêmio do bairro da Lapa, no Rio de Janeiro, no filme *Rainha Diaba*, sobre uma mítica figura do submundo carioca, Madame Satã, que durante os anos 1970 reaparece em manifestações politicamente mais conscientes, como a peça de Chico Buarque e Ruy Guerra *Ópera do malandro*. Essa tradução nacional da alegoria brechtiana retratava o malandro como aquele bandido que, simultaneamente à transgressão da ordem, resguarda a independência de uma cultura popular brasileira.

Em *Carnavais, malandros e heróis* (1979) — que mais tarde se tornaria referência de leitura sobre o Brasil —, o antropólogo Roberto DaMatta desenhou o perfil de três tipos sociais brasileiros: o renunciante, o malandro e o caxias, correspondendo a três manifestações públicas representativas da ordem social brasileira: a procissão religiosa, o carnaval e o desfile militar. Curiosamente, o renunciante, como Antônio Conselheiro, Padre Cícero e o justiceiro do cangaço, é opositor ao estado por renúncia total. O malandro, por sua vez, pela legitimidade que oferecia a um certo uso particular da violência na oposição social ao sistema feudal agrário, representava uma segunda figuração do "bom bandido". O livro de Roberto DaMatta dava continuidade a uma série de estudos sociológicos e antropológicos[8] do cangaço brasileiro realizados durante os anos 1970, fortemente tributários dos traba-

---

[8]Rui Facó, *Cangaceiros e fanáticos*.

lhos de Hobsbawm sobre o banditismo como rebeldia anticapitalista, que renovaram o interesse em torno de figuras históricas como Lampião e Maria Bonita, Antônio Conselheiro e outros personagens das grandes revoltas rurais do início do século XX.

Os mesmos personagens apareceram com novas características em filmes do Cinema Novo como *Deus e o diabo na terra do sol* e *O dragão da maldade contra o santo guerreiro*, de Glauber Rocha, que davam continuidade ao já clássico *O cangaceiro*, de Lima Barreto. Ficou claro que, na interpretação dos artistas da época, tanto a figura do malandro quanto a do cangaceiro recebiam outra dimensão política. O submundo do crime e da violência recuperava legitimação por indicar alegoricamente a revolta espontânea que sinalizasse uma possibilidade revolucionária de violência política. Além de denunciar os mecanismos sociais por trás da violência e, portanto, a responsabilidade implícita do Estado autoritário, aparecia na literatura, nas artes plásticas e no cinema uma exposição nua e crua de uma nova realidade do crime e da violência que às vezes continha certo romantismo em relação ao banditismo, tanto no campo quanto nas grandes cidades.

Enquanto isso, a conjunção entre luta armada política e crime organizado acontecia na prática, como conta William da Silva Lima em sua autobiografia *Quatrocentos contra um: a história do Comando Vermelho*, em consequência da convivência durante os anos 1970 entre os presos políticos e os delinquentes sociais na prisão de segurança máxima de Ilha Grande, dando origem à organização criminosa chamada inicialmente de Falange

Vermelha e, posteriormente, Comando Vermelho. Essa organização, no início, assumiu certos princípios da luta armada para garantir uma relação de apoio entre presos e a contravenção em liberdade, mas rapidamente converteu-se numa base de poder que possibilitava a crescente venda de cocaína nas favelas cariocas através de uma rede de distribuição e de armamento, seguindo estratégias militares e clandestinas.

Na literatura da época costuma-se distinguir duas tendências de representação da violência: o neorrealismo jornalístico e o "brutalismo".[9] A primeira pode ser vista como uma reação ao AI-5, de dezembro 1968, que impôs um regime de censura à liberdade de expressão. Alguns profissionais da imprensa voltaram-se para o romance documentário, encontrando na ficção o meio de retratar os fatos reais sobre a violência criminosa, driblando assim as restrições impostas pela censura do país nas redações dos jornais. A literatura se afastava do desafio estético e assumia um tom de franca denúncia da violência emergente nos subúrbios das grandes cidades, por exemplo, no livro *A república dos assassinos*, de Aguinaldo Silva (1976), no qual são relatadas as atividades dos "esquadrões da morte" em Duque de Caxias e Belford Roxo, na Baixada Fluminense, e que formulava uma crítica explícita ao envolvimento da polícia e dos órgãos da justiça com as atividades do crime organizado. Encontramos nesse documentarismo a proposta de traduzir a realidade das favelas e da marginalidade no âmbito literário, mas talvez o maior

---

[9] Flora Süssekind, *Literatura e vida literária*, e Regina Dalcastagnè, *O espaço da dor*.

sintoma de sua fragilidade literária seja que esses romances tenham encontrado maior sucesso em adaptações para o cinema e a televisão do que entre o público de leitores. Um bom exemplo é o filme *Lúcio Flávio, o passageiro da agonia* (1979), dirigido por Hector Babenco e baseado no livro *Eu matei Lúcio Flávio*, de José Louzeiro, em uma parceria que mais tarde foi responsável pela principal denúncia do problema dos meninos de rua, com o filme *Pixote, a lei do mais fraco* (1980).

No entanto, foi outra vertente, inaugurada ainda em 1963 por Rubem Fonseca com a antologia de contos *Os prisioneiros*, que deixou influência mais marcante na literatura urbana brasileira. Com esse livro Fonseca promove uma prosa denominada por Alfredo Bosi (1975) de "brutalismo", caracterizada pelos temas e pelos enredos sempre amarrados à violência social e conduzidos por personagens marginalizadas típicas das grandes cidades cuja realidade é marcada por criminosos, delinquentes e policiais corruptos. Foi a inversão do ponto de vista sobre o crime e a violência que causou o maior estranhamento nessa ficção que não falava dessa realidade a partir de um distanciamento moral, mas expressava sua experiência diretamente. Às vezes a linguagem era a da própria marginalidade criminosa, que eliminava qualquer distanciamento moral em relação ao tema.

O governo Médici havia proibido os meios de comunicação de divulgar "qualquer exteriorização considerada contrária à moral e aos bons costumes". Segundo o general, a censura se dirigia contra as ofensas à "moral comum" daqueles que "estimulam a licenciosidade, insinuam o amor livre e ameaçam destruir os valores morais da sociedade, obedecendo a um plano subversivo que põe em risco a segurança nacional". Era nessa perspectiva que a relação entre revolta social e ameaça política era percebida pelos censores do governo, o que levou à censura de *Feliz Ano Novo* (1996), coletânea de contos de Fonseca acusada de "incentivar a violência".

Ao mesmo tempo havia, nessa literatura, um elemento que radicalizava a expressão das motivações políticas do momento, numa tentativa de compreensão de uma realidade social excluída, que procurava representar a reação da classe média urbana às ameaças criadas pelas crescentes desigualdades sociais: assaltos, sequestros e assassinatos. Nessa perspectiva, a ficcionalização literária da época pode ser compreendida em termos de ressimbolização da violenta realidade emergente dos confrontos sociais no submundo das grandes cidades. A recriação literária de uma linguagem coloquial "chula", desconhecida pelo público de leitores, representava a vontade de superar as barreiras sociais da comunicação e, ao mesmo tempo, imbuir a própria linguagem literária de uma nova vitalidade para poder superar o impasse do realismo tradicional diante da moderna realidade urbana. Antes de Fonseca, autores como Antônio Fraga e João Antônio tinham dirigido sua atenção à realidade dos submundos urbanos, dedicando-se à recriação dos seus personagens em um projeto de aproximação da realidade brasileira. Mas a exigência de João Antônio de mais "realismo" na literatura era limitada, comparada com a prosa inovadora de Fonseca e a apropriação expressiva de uma crueldade violenta das grandes cidades e de suas personagens. Sem recorrer ao extremo neonaturalismo de João Antônio,

Fonseca cria um estilo pungente e cru, quase pornográfico, na sua impiedosa exposição de todas as feridas da mente humana. Seus textos nunca se restringem ao aspecto social e conseguem aprofundar os paradoxos da existência humana, provocando a aparição das origens do mal que os perturba. Em "Passeio noturno" um executivo rico e bem-sucedido sai à noite em sua Mercedes para atropelar pedestres sem motivo aparente. O lado enigmático do ato gratuito forma parte da violência revelada nos contos de Fonseca, e transparece como um elemento que nos anos 1980 se complexifica e passa a caracterizar a presença da violência em obras de outros autores, como João Gilberto Noll (*O cego e a dançarina*, 1980) e Caio Fernando Abreu (*Morangos mofados*, 1982), nas quais o crime é revelado na perspectiva enigmática do próprio caráter humano.

Para os personagens de Fonseca não existe nenhuma dimensão de esperança política na rebeldia dos marginais da sociedade. Do ponto de vista individual, os personagens são despidos impiedosamente de qualquer heroísmo engajado. Num dos contos mais famosos do escritor, o bandido romântico adquire uma acidez inesperada de revolta individual, e a violência do "cobrador" é apenas uma maneira de saldar as dívidas que a sociedade de consumo tem com os excluídos. "Estão me devendo comida, boceta, cobertor, sapato, casa, automóvel, relógio, dentes, estão me devendo. Um cego pede esmolas sacudindo uma cuia de alumínio com moedas. Dou um pontapé na cuia dele, o barulhinho das moedas me irrita."[10] Depois de uma carreira de vingador inconformado com os ícones

---
[10]Rubem Fonseca, *Contos reunidos*, p. 492.

da sociedade desigual e estimulado por uma amante terrorista que o convence da ação violenta organizada, o "cobrador" finalmente encontra sua verdadeira vocação. O conto termina, ironicamente, com a premonição inquietante da canalização de todo o ódio da desigualdade social num ato terrorista contra as instituições da sociedade, sem diálogo com o sistema político.

O bandido desenhado por Fonseca não é mais o malandro, cuja infração lhe permitia viver na marginalidade para o bom funcionamento da sociedade, esquivando-se das obrigações sociais, embora no fundo fosse totalmente dependente dela. Percebemos a emergência de um novo tipo de bandido para quem a marginalidade, o crime e a violência são uma condição de existência e identidade, um protesto cego e injustificável que só pode ser entendido como o avesso da perda de legitimidade das instituições sociais e de suas premissas democráticas. Esse novo bandido é jovem, malnutrido, com dentes ruins, analfabeto e sem opções, como milhões de brasileiros nascidos nas décadas de 1970 e 1980. Mora numa favela ou na periferia da cidade, e muito jovem passa a integrar as quadrilhas do tráfico de drogas, no início trabalhando apenas como avião ou fogueteiro. Ainda adolescente, ganha uma arma, e com a arma vêm um tênis novo, poder aquisitivo, garotas, poder na comunidade e uma expectativa de vida cada vez mais curta. O novo bandido é o resultado de uma nova ordem do crime em que não predomina mais o mercado restrito da maconha, puxado pelo malandro, mas o mercado da cocaína, de circulação financeira muito maior, garantido por quadrilhas fortemente armadas, que passam a constituir o poder informal nos morros da cidade.

CENA DO CRIME

Em *Cidade partida* (1993), de Zuenir Ventura, livro em que o autor retrata a realidade do crime no subúrbio de Vigário Geral, o chefe do tráfico de drogas, Flávio Negão, é descrito da seguinte maneira:

> O chapéu de jóquei virado para o lado, a camisa de listas azuis largas, horizontais, uma bermuda azul e um par de pernas arcadas que acaba numa sandália havaiana laranja seriam impróprios para identificá-lo como o poderoso chefão do local, a não ser pelo celular pendurado na cintura. Fisicamente, ele é um molecote do tipo que, num assalto, provoca como primeira reação a vontade de dizer: *Não enche o saco, garoto*.[11]

Os anos 1980 e 1990

Se a década de 1970 já tinha mostrado um aumento quantitativo do crime nas cidades brasileiras, causando um sentimento público de insegurança e medo da violência na classe média acossada em condomínios fechados e prédios cercados de grades e seguranças particulares, os anos 1980, com a volta da democracia direta no plano político, são marcados pelo aperfeiçoamento do tráfico de drogas, pelos sequestros, assaltos a transportes de valores e ousados assaltos a bancos. O novo perfil do crime pesado garantia a presença do capital de investimento do tráfico e tornava possível a sua manutenção graças ao poderoso armamento militar introduzido nas favelas cariocas. A insegurança nas

---
[11] Zuenir Ventura, *Cidade partida*, p. 78.

ruas aumentava com o aumento de assaltos armados e a aceleração de latrocínios e assassinatos, somados à flagrante ineficiência das polícias brasileiras. O bandido dos novos tempos é um assassino frio ou um soldado do tráfico ainda em plena adolescência, sem os valores de honra e ética marginal do seu antecessor na malandragem. Nos últimos anos da década, o Comando Vermelho começa a perder hegemonia e se divide em facções cada vez menores e mais violentas, que radicalizam as guerras internas entre bandidos, permitindo um crescimento estrondoso do crime e o surgimento de um sentimento geral de banalização da violência. Uma série de batalhas espetaculares entre grupos de bandidos pelo poder e contra as forças da Polícia Militar em favelas do Rio de Janeiro, como as ocorridas no morro Dona Marta, coloca a nova era do crime organizado nas primeiras páginas dos jornais e nos noticiários da televisão, impregnando a memória popular de imagens trágicas como a de Carla, do morro Dona Marta, uma menina de 14 anos se exibindo orgulhosamente armada para a guerra. De novo foi o artista Rubens Gerchman, com a série de quadros *Registro policial*, iniciada no início dos anos 1980, quem chamou atenção para a mudança da realidade da violência urbana, agora mais difusa, irracional e espetacularizada. Mais tarde, o jornalista investigativo Caco Barcellos escreveu a biografia *Abusado: o dono do morro Dona Marta* (2004), sobre o traficante Marcinho VP. Barcellos narra a história das guerras das décadas de 1980 e 1990,[12] revelando que os

---

[12]João Camillo Penna, "Marcinho VP: Um estudo sobre a construção do personagem".

confrontos quase militares com o crime organizado nos morros cariocas, os altos índices de execuções efetuadas pelos corpos especiais da polícia em ações contra os marginais e as chacinas frequentes nos subúrbios de São Paulo refletiam um novo mundo do crime em que o alto grau de profissionalização do tráfico de drogas era acompanhado de um recrutamento de "soldados do movimento" cada vez mais jovens, cujo sangue-frio se equiparava ao alto risco de vida. Do ponto de vista dos jovens das camadas sociais mais baixas, o tráfico de drogas começava a representar uma opção de vida, não pelos motivos econômicos, mas muito mais por representar uma contestação de risco de uma realidade percebida como injusta. Desenvolvia-se em torno da opção delinquente uma cultura de reivindicação dessa contestação que resultava produtiva em associação vicária a esse risco e a essa luta sem causa, criando fenômenos de abrangência cultural muito maior nas comunidades carentes, como o funk,[13] o surfismo de trem e o arrastão.[14]

No Brasil, a ambivalência entre ocultação e exposição oportunista da morte se reproduzia na mesma época das

---

[13] Micael Herschmann, "A imagem das galeras Funk na imprensa".
[14] O processo de retorno à democracia durante os anos 1980 também abria para uma reflexão na literatura sobre a violência política ligada à opção pela luta armada contra a ditadura, que foi discutida e revisada em romances de cunho memorialista e autobiográfico como *A casa de vidro* (1979), de Ivan Ângelo, *O calor das coisas* (1980), de Nélida Piñon, *Os Carbonários* (1981), de Alfredo Sirkis, e *O que é isso, companheiro?* (1981), de Fernando Gabeira. Não só foi um momento de autocrítica e revisão das posturas e opções na luta contra a ditadura, mas também um testemunho da memória mais violenta e traumática das prisões políticas e dos porões de tortura do regime militar que evidenciou uma realidade ainda presente em muitos centros carcerários no país (Jaime Ginzburg, "Escritas da tortura").

décadas de 1960 a 1980 na diferença entre a mídia impressa supostamente "séria" cujo alvo era a classe média e os jornais que circulavam nas classes mais populares, com características dos tabloides sensacionalistas europeus e americanos. Na primeira, a censura e a autocensura encobriam a crueldade de uma situação histórica cada vez mais determinada pela violência social e política, enquanto, nos segundos, a morte em si virou uma atração explícita que se traduzia na publicação de fotografias de cenas de morte às vezes sem nenhum contexto explicativo plausível ou justificado. O valor dessas imagens que circulavam em jornais como O Povo e O Dia, no Rio de Janeiro, se reduzia ao efeito chocante, e o público não era poupado de nenhum detalhe macabro. Essas fotos que pareciam tiradas por fotógrafos forenses ou policiais com frequência eram resultado de uma prática de rotina nas redações desses jornais. Mandavam fotógrafos para acompanhar o serviço público de recolhimento de cadáveres, um caminhão de lixo macabro, o chamado rabecão, que levava os cadáveres para o Instituto Médico Legal nos casos em que uma ambulância não fazia sentido e mais procedimento policial ou médico era dispensável. Muitas vezes tratava-se de mortos solitários por causas mais ou menos naturais e também de cadáveres encontrados sem identificação, vítimas de liquidações ou de violência arbitrária, jogados em terrenos baldios, mortes cuja investigação resultava impossível ou sem interesse para a polícia. Nas redações dos jornais essas fotos, muitas vezes de desconhecidos e sempre de bairros pobres ou favelas, eram expostas com pequenos textos explicativos sem nenhuma relação com os fatos reais ou reproduzindo os rumores e o conhecimento popular em torno dos casos que os repórteres levantavam nos locais. A maioria das histórias contava dramas de ciúme, vingança e crime, e refletia uma realidade de violência crescente que determinava as condições de vida de uma grande parte da população metropolitana do país. Em outros casos ficava claro que os motivos por trás dos crimes eram políticos. Os chamados grupos de extermínio, o mais famoso formado pelo detetive Mariel Mariscot — um dos chamados "12 Homens de Ouro da Polícia Carioca" —, se disseminaram por todo o Brasil. Em geral, os seus integrantes eram agentes das polícias civil e militar, juízes, militares, bombeiros e criminosos. Atuavam livremente nas periferias das grandes cidades brasileiras nas décadas de 1970 e 1980, eliminando pessoas indesejáveis por motivos vários, assumiam com frequência a responsabilidade e justificavam seus atos com o aumento da mesma violência endêmica da qual faziam parte. Vendiam o serviço de segurança e proteção para empresários e lojistas da vizinhança e se tornavam com facilidade instrumentos da repressão política para fazer os trabalhos mais sujos. Principalmente na década de 1970, os grupos de extermínio convertiam localidades do estado do Rio de Janeiro, como Duque de Caxias e Belford Roxo, nas áreas mais violentas do mundo, com estatísticas de mortes que se equivaliam ou superavam os focos de guerra contemporâneos. Com cobertura de políticos e empresários, os grupos de extermínio eram frequentemente organizados pela própria polícia e operavam com a finalidade de matar bandidos e supostamente garantir a segurança nos bairros periféricos da cidade. Em realidade seguiam interesses próprios ou se vendiam a quem mais oferecesse e funcionavam sob a cobertura de justiceiros como quadrilhas armadas que perseguiam objetivos econômicos ou políticos sem o controle da lei. Essa tradição é antiga no Brasil e continua existindo em formas variadas, atualmente, dentro dos grupos de milicianos que operam em muitos bairros periféricos e favelas do Rio de Janeiro.

Nas décadas de 1980 e 1990 a presença dos grupos de extermínio se confundia com a escalada da violência em si, e as estatísticas de assassinatos subiam de maneira exponencial. Para os moradores das favelas e das regiões periféricas e para os habitantes da cidade em geral, essa realidade era visível no alto número de corpos não identificados desovados em lugares mais ou menos públicos e cujas mortes nunca receberam nenhuma atenção da polícia, principalmente se eram homens jovens, negros e pobres.[15] Entre 1983 e 1995 a taxa de homicídios aumentou 288,8% no Rio de Janeiro e chegou, em 1995, a 70,6 homicídios por 100 mil habitantes.[16] É sob a influência desta realidade que a artista plástica Rosângela Rennó convidada em 1992 a criar uma obra relacionada com o *Earth Summit* ou Conferência das Nações Unidas sobre o Meio Ambiente e o Desenvolvimento — ECO 92 —,

---

[15] "Em 1983 o Brasil ostentava uma taxa de 13,8 homicídios em 100 mil, enquanto a taxa de Rio de Janeiro era de 15,9: 16% maior. Já no final do período, a taxa do estado pulou para 61,9; aumento de 288,8%, o que levou o Rio de Janeiro a encabeçar, por vários anos, o ranking nacional da violência, com motor-chefe na sua RM, que cresce 345,8%, 13,3% ao ano. Essa taxa faz que a RM do Rio de Janeiro também lidere o conjunto das RM do país, com sua taxa, em 1995, de 70,6 homicídios em 100 mil habitantes." Julio Jacobo Waiselfisz, *Mapa da violência 2012 — Os novos padrões da violência homicida no Brasil*, p. 184.
[16] Ibidem.

realiza o projeto *Atentado ao Poder: Via Crucis*, composto por uma série de fotografias em 15 pranchas com 13 fotos de homens assassinados nas duas semanas em que se deu a reunião de líderes mundiais. As fotos foram originalmente publicadas em dois jornais populares (*O Povo na Rua* e *A Notícia*), veículos que lançavam mão de fotografias tiradas em cenas de crime, frequentemente por fotógrafos que acompanhavam a colheita de cadáveres pelo Instituto Médico Legal. Na montagem da artista, as fotos são ampliadas e colocadas numa série que começa e se encerra com duas pranchas pretas. Por trás são iluminadas por uma luz fosforescente que deixa um halo verde sair das separações entre as pranchas. Todas as fotos são montadas "em pé" e os mortos colocados em posição vertical, dando-lhes um aspecto fantasmagórico, em posição ereta e com gestos congelados de uma dança macabra. A qualidade rústica das reproduções acentua o caráter de fotos apropriadas; sem dúvida trata-se de fotos de imprensa reproduzidas em baixa resolução, o que provoca um efeito de espanto pela exposição sórdida de mortes violentas, feridas abertas, vísceras ou miolos expostos e membros quebrados. Em todas as imagens o sofrimento de uma violência extrema está gravado e o olhar do fotógrafo está ali para desvelar esse momento de agonia e deixá-lo como uma espécie de mensagem sinistra para o espectador. Não são fotos com a distância clínica de um olhar forense nem procuram chegar a uma explicação científica dos eventos fatais como no registro policial. Pelo contrário, reduzem todas as circunstâncias narrativas a um prelúdio banal que perde interesse comparado ao sofrimento que as imagens, apesar de seu terror, não podem representar, mas que de alguma maneira está invisivelmente depositado exatamente na ferida, no sangue derramado, na abertura da pele e no corpo dilacerado. É fácil para o espectador chegar à conclusão de que todas as vítimas provavelmente foram cúmplices e coniventes com a mesma violência que acabou sendo seu destino. Todos são homens, pobres e provavelmente moradores de favelas ou da periferia da cidade, lugares em que se nasce vítima e em que o crime se impõe mesmo sobre quem não colabora diretamente com ele. A violência é banal, disse Hannah Arendt, e sua banalidade se inscreve na falta de emprego, educação e outras opções. Por que foram assassinados? Não sabemos, obviamente; talvez fossem culpados de algum delito na comunidade e tenham sido devidamente "justiciados" pela lei da retaliação; talvez tenham sido executados por criminosos rivais, talvez por policiais operando à margem da lei; talvez apenas estivessem no lugar errado no momento errado. Em todo caso, sua vida era condicionada pela violência, e para um jovem brasileiro, negro ou mestiço nesse grupo social, o homicídio continua sendo a causa estatística mais provável de morte. Na apropriação da artista, o foco retoma o aspecto espantoso da exposição da morte, o choque que se dá no encontro com essa visão direta do trauma. A primeira parte do título — "Atentado ao poder" — aponta para a subversão da violência e a denúncia implícita de falta de ordem e proteção cívica para essa população, mas também joga com a proximidade com "atentado ao pudor", abreviação de um tipo de ofensa do Código Penal brasileiro: *Atentado Violento ao Pudor*, AVP, que normalmente descreve toda violência sexual diferente do estupro.

CENA DO CRIME

Assim a artista aponta para o que Baudrillard costumou chamar de Pornografia da Morte, alegando que o sexo em nossa cultura já não é depositário do enigma que catalisa a construção discursiva do sexo e de sua liberação; em seu lugar, a morte de certa maneira é a última fronteira da representação e do discurso, o que explica o fascínio por trás desse tipo de imagem. Política, sexo e violência encontram juntos expressão na obra de Rennó, que optou por levar uma visualidade chocante socialmente segregada para dentro das instituições de arte e jogar com a ambiguidade fundamental da imagem da morte. A segunda parte do título — "Via Crucis" — refere-se diretamente à Via Sacra cristã e a suas 14 estações do sofrimento e da morte de Jesus; entretanto, a obra consiste em 13 fotos numa sequência que se inicia com uma prancha preta, a primeira "imagem" pela enumeração, e se encerra com uma prancha preta sem número, mostrando como são 14 imagens e que a última em preto retoma a primeira numa circularidade sem fim que descreve a condição humana sem perspectiva de redenção. Este não é o único fator de estranhamento presente na obra. Por trás das imagens, emerge um halo verde fluorescente, que reforça a tensão macabra dos corpos, ao mesmo tempo que cria um elo irônico com o texto que paira acima delas: "The earth summit" ("A cúpula da terra").

Em casos notórios como as chacinas de Acari (1990), da Candelária (1993) e de Vigário Geral (1993), as ligações perigosas entre policiais, esquadrões da morte, justiceiros e o próprio tráfico foram expostas na imprensa nacional e internacional e desencadearam mobilizações contra a violência urbana em ONGs e movimentos cívicos que continuam até hoje, como o Viva Rio, contra a violência e a favor de um processo de reforma interna dos corpos policiais.

A década foi marcada por intervenções militares na guerra contra o tráfico, duros golpes judiciais contra a máfia do jogo do bicho e uma relativa moralização das polícias Militar e Civil que, inicialmente, quase eliminou a indústria do sequestro que fora uma praga no Rio de Janeiro durante os anos 1980. Em 1998, o sociólogo Luiz Eduardo Soares assumiu a Secretaria de Segurança Pública do governo de Garotinho, no Rio de Janeiro, e com ele veio a esperança de que as forças policiais finalmente passariam pelas reformas necessárias. Mas a ilusão durou pouco. Antes de completar dois anos na função, Soares, intimado por grupos poderosos da polícia, teve que ceder e sair não só do governo como também do país por um período. A experiência foi relatada no livro *Meu casaco de general* (2000), em que Soares evidenciou a profundidade dos laços de corrupção no governo do Rio de Janeiro.[17]

No meio literário surgiram duas obras cuja originalidade estava intimamente ligada à nova realidade da violência e à maneira flagrante de expô-la. Em 1995, a jovem escritora paulista Patrícia Melo lançou seu segundo livro, *O matador*, que se tornaria um fenômeno de vendas. Patrícia Melo já tinha ganhado aplausos pelo livro de estreia, *Acqua Toffana* (1994), mas com *O matador*

---

[17]No livro *Elite da Tropa*, escrito em colaboração com dois policiais militares, Luiz Eduardo Soares conta o outro lado da história num relato sobre o dia a dia do BOPE, o Batalhão de Operações Policiais Especiais, e as práticas ilegais e transgressoras cometidas na guerra contra o tráfico.

explicitou a vontade de se inscrever no contexto literário brasileiro como a verdadeira herdeira da prosa brutalista de Rubem Fonseca. O personagem principal do mundo ficcional de Patrícia Melo é Máiquel, jovem suburbano de São Paulo que se torna um matador de aluguel, justiceiro e exterminador de desafetos da grande sociedade paulista. Seu primeiro "cliente" é o dentista Doutor Carvalho, personagem resgatado do conto "O cobrador", de Fonseca, que depois de levar um tiro na perna se muda para São Paulo e reaparece no romance de Patrícia como agenciador de assassinos. *O matador* é uma espécie de *romance de formação* pelo avesso, mostrando o processo de embrutecimento de um homem que começa a matar por acaso para em seguida tornar-se cúmplice da alta sociedade como carrasco informal com direito a vida fácil e proteção da polícia, mas incorporado no processo de banalização da violência que finalmente o leva à autodestruição. Apesar da agilidade do texto, da composição narrativa com ritmo de filme de ação, com flashes rápidos e cortes alucinantes, a obra de Patrícia Melo apresenta uma diferença fundamental em relação às obras mencionadas previamente. Em nenhum momento o tema da violência parece colocar um limite expressivo, em momento algum sentimos que o crescimento dos atos violentos beira uma fronteira ética existencial última de algo impronunciável, o mal em si. Os personagens se esvaziam de conteúdo à medida que simplesmente acabam sendo apresentados como meros portadores de uma realidade de absoluta desumanidade, e perdem profundidade diante dessa proibição fundadora que os faz "pessoas". Nesse sentido, o livro também se esvazia de sentido e, em vez de envolver o leitor no drama de um homem em decadência moral, impõe-nos a mesma indiferença diante dos fatos violentos que aterrorizam o personagem, e assim nada mais nos espanta. As qualidades técnicas do livro, o ritmo em aceleração contínua e a manipulação hábil da história mostram a mestria da autora e justificam sua adaptação para o cinema, mas não legitimam o incômodo provocado pela superexposição pornográfica dos fatos. No romance *Inferno*, de 2000, o cenário já não é o subúrbio de São Paulo, mas uma favela carioca, e o protagonista do catatau de quatrocentas páginas é um menino de morro, chamado Reizinho, que cresce junto aos traficantes, qualifica-se no crime e acaba se tornando um poderoso chefe do tráfico. Em vez de contar a história em primeira pessoa, como ocorria no romance *O matador*, a narrativa de Reizinho é mais clássica e segue os moldes do romance de formação romântico e realista. O protagonista é ambicioso, conquista seu mundo, porém acaba se destruindo depois de destruir não só seus adversários e desafetos, mas também todas as pessoas próximas e amadas. Depois de um tempo foragido do morro, Reizinho reaparece nas últimas páginas do livro sem saber se espera a reconciliação ou a morte pelos bandidos rivais. Patrícia Melo deu sequência à história do personagem Máiquel no romance *Mundo perdido* (2007), no qual, dez anos depois, o assassino percorre o país em busca da mulher que o abandonara no final de *O matador* com a filha Samantha e 20 mil dólares. O Brasil é retratado, satiricamente, através do olhar de Máiquel, num relato ao estilo *road movie* em que o tema central não é mais a violência senão a decomposição moral da corrupção, o oportunismo e a desaparição de estruturas e instituições sociais sólidas. Nessa realidade de egoísmo arrivista generalizado, o princípio simples e violento de um assassino de aluguel arrependido oferece um exemplo de coerência, e o laço afetivo tênue que se estabelece entre o herói e um cachorro vira-lata torna-se o último e patético resquício de humanidade para alguém que não apenas se lança na procura de sua família irrecuperavelmente perdida, mas através dela busca uma forma de comunicação sem violência.

Com uma ambição totalmente diferente surge *Cidade de Deus*, de Paulo Lins, um escritor jovem, morador de uma ilha pobre, de cerca de 40 mil moradores, encravada no bairro mais Miami do Rio de Janeiro, a Barra da Tijuca. Enquanto Patrícia Melo só pisou numa favela pela primeira vez depois de ter escrito vinte capítulos de *Inferno*, Paulo Lins nasceu e morou a maior parte de sua vida na Cidade de Deus. Conseguiu vencer as condições sociais desfavoráveis, formar-se em universidade pública e realizar um trabalho sociológico sobre a sua própria favela, percurso de vida e de pesquisa que culmina num projeto literário de grande importância. O livro pode ser lido de várias maneiras. É um documento sobre a história da Cidade de Deus, complexo habitacional construído para dar moradia à população que ficara sem teto durante as grandes enchentes no Rio de Janeiro em 1966. As três partes da narrativa — "História de Cabeleira", "História de Bené" e "História de Zé Pequeno" — retratam três décadas — 1960, 1970 e 1980 — da história do lugar. Ao mesmo tempo é uma narrativa memorialista em que o percurso do desenvolvimento individual — da infância inocente ao cinismo da maturidade, passando pelo choque com o mundo real na adolescência — se reflete na transformação do tom de voz do relato, a cada passo mais duro. Finalmente, trata-se de uma ficcionalização de fatos reais. "Tudo no livro é real", costuma insistir o autor com fervor naturalista, ou antropológico, comprometido com seus "informantes". Não cabe dúvida de que esse compromisso conscientemente assumido constitui a grande força e ao mesmo tempo a grande fraqueza do romance. Força porque a realidade transparece em cada ação dos "malandros" ou "bichos-soltos" de maneira comovente, e porque a reconstrução da linguagem dos personagens é feita com muito esmero. Mas também fraqueza, porque os personagens parecem presos nos papéis previsíveis de dramas em que a individualidade de cada um parece se confundir com seus "tipos". De todo modo, o resultado do trabalho de Lins é admirável por seu fôlego e por sua envergadura, pelo compromisso científico e sentimental e pelo esforço de expressão em que a crueldade da vida serve ao autor de potência poética.

A década de 1990 foi marcada pela atenção despertada em torno da situação carcerária, principalmente depois do massacre da Casa de Detenção de São Paulo, o Carandiru, ocorrido no dia 2 de outubro de 1992, quando a intervenção das forças especiais do GATE, sob o comando do coronel Ubiratan Guimarães a mando do governador Luiz Antônio Fleury Filho, organizadas para reprimir uma suposta revolta carcerária em andamento, causou a morte de 111 presos, muitos deles fuzilados a sangue-frio pelos policiais. Embora a justiça nunca tenha esclarecido os fatos dessa chacina, nem conseguido atribuir responsabilidade penal a ninguém além do coronel

Ubiratan, que morreu antes de cumprir pena, a mobilização artística em torno dos testemunhos do massacre e a recente implosão do complexo do Carandiru revelam a força simbólica desse monumento vergonhoso. Cineastas, escritores, artistas plásticos e dramaturgos partiram desse exemplo na elaboração de obras que situavam a violência carcerária do Carandiru no centro de uma expressão crítica das desigualdades sociais e da realidade da exclusão que ainda estigmatiza e idealiza a democracia brasileira atual. A forte carga espetacular do evento e a violência brutal que ele condensa parecem autorizar essas produções culturais. O silêncio oficial em torno dos fatos acabou instigando os artistas a darem voz a quem antes não falava, e a escolher o Carandiru como emblema de denúncia contra um sistema criminal, judicial e penal totalmente ineficiente e autoritário.

Tudo começou com o extraordinário e surpreendente sucesso do relato carcerário *Estação Carandiru*, de Drauzio Varella, que, ajudado pela adaptação para o cinema feita por Hector Babenco, rapidamente vendeu mais de 450 mil exemplares. O reflexo imediato foi uma onda de romances, biografias e relatos diversos sobre a realidade marginal brasileira do crime centrada no olhar sobre a situação crítica dos cárceres. Na forma de um neodocumentarismo, baseado na prosa testemunhal, autobiográfica e confessional, dando voz a sobreviventes desses infernos institucionais, criou-se uma zona cinza entre ficção e registro documental, capaz de conquistar uma fatia significativa do novo mercado editorial. Títulos como *Memórias de um sobrevivente* (Luiz Alberto Mendes), *Sobrevivente André do Rap* (organizado por Bruno Zeni),

Diário de um detento (Jocenir), *Pavilhão 9: paixão e morte no Carandiru* (Hosmany Ramos) e a coletânea de escritos de presos *Letras de liberdade* (organizada por Fernando Bonassi), assim como o documentário *Prisioneiro das grades de ferro* (de Paulo Sacramento, 2004), giram em torno da vida e das experiências dentro dos centros carcerários, que cada vez mais se impõem não só como símbolos do fracasso da justiça brasileira e do combate ao crime, mas como verdadeiros centros de organização criminosa, como ficou evidente após a aparição do PCC, o Primeiro Comando da Capital, organização que teve origem em 1993 no CRP (Centro de Reabilitação Penitenciária) de Taubaté, uma prisão perto de São Paulo, destino de presos indisciplinados de outras prisões. Em 2001, o PCC mostrou sua força na coordenação de rebeliões carcerárias no país inteiro através de violentos ataques a agentes penitenciários, policiais e bombeiros. No início, o PCC era expressão de um pacto de ajuda mútua entre os presos e fora organizado para vingar a chacina do Carandiru, em 1992, e lutar contra a "repressão carcerária", mas em 2001 ficou claro[18] que tinha estabelecido uma aliança com o Comando Vermelho para ação conjunta na organização do crime dentro e fora das prisões.

No Rio de Janeiro, o surgimento de milícias que, segundo dados incertos da imprensa carioca, chegaram a tomar conta da metade das oitocentas favelas da área metropolitana, contribuiu para modificar a distribuição do poder criminoso, expulsando dessas áreas o tráfico de drogas e

---

[18] Percival Souza, *Sindicato do crime*.

introduzindo esquemas lucrativos de controle sobre atividades como transporte alternativo, distribuição de gás, jogos e TV a cabo. Esse retorno ao sistema corporativo entre crime organizado e elementos corruptos da polícia, dos bombeiros e de empresas privadas de segurança, que já caracterizava os esquadrões da morte, só fez acirrar as guerras internas entre grupos armados, e a contagem de vítimas não para. Na virada do século, a violência crescia de maneira assustadora, ferindo e matando não apenas policiais e criminosos, mas muitos inocentes vítimas de balas perdidas.

Os últimos anos do milênio também foram marcados por iniciativas políticas contra o mundo do crime. Lentamente o sistema judiciário e penal começa a enfrentar sua própria ineficiência e os corpos policiais entraram em processo de modernização. A violência talvez tenha perdido visibilidade no dia a dia das grandes cidades, mas continua produzindo uma realidade estatística assustadora. Para os artistas da nova geração, a violência e o mundo do crime têm promovido a abordagem do real como um fato referencial presente na obra. No âmbito do cinema brasileiro ressuscitado, o tema foi retomado tanto de forma tradicional quanto por meio de estratégias inovadoras. O diretor Sérgio Rezende filmou uma épica interpretação da *Guerra de Canudos* (1997), e na televisão vimos ressurgir o sertão do cangaço em *Memorial de Maria Moura* (1994), de Rachel de Queiroz.[19] Murilo Salles ofereceu-nos uma versão comovente do drama dos meninos infratores em *Como nascem os anjos?* (1996), e, em *A grande arte* (1991), Walter Salles incluiu tomadas documentárias

---

[19]Carlos Alberto Messeder Pereira, *O Brasil do Sertão e a mídia televisiva*.

de surfistas de trem, hoje todos mortos. O sucesso *Central do Brasil* (1998), do mesmo diretor, divulgou mundialmente a situação dos meninos abandonados e retomou a discussão sobre a lenda urbana do tráfico de órgãos.

Surgiram diretores como Beto Brant (*Os matadores*, 1997; *Ação entre amigos*, 1998) e Tata Amaral (*Um céu de estrelas*, 1996, baseado no romance homônimo de Fernando Bonassi). Mais polêmicos, no entanto, foram o documentário *Notícias de uma guerra particular* (1999), de João Moreira Salles e Kátia Lund, que provocou indiretamente uma acusação contra o diretor por apoio ao tráfico, e o videoclipe "Soldados do tráfico", do músico de rap MV Bill, que foi censurado por mostrar garotos do morro sendo recrutados para o crime. A mistura problemática de realidade e ficção também é a força de *O rap do Pequeno Príncipe contra as almas sebosas* (2000), documentário de Paulo Caldas e Marcelo Luna que conta a história de dois personagens reais de Camaragibe (PE): Helinho, justiceiro, acusado de matar 65 bandidos, e Garnizé, músico, militante político e líder comunitário. O justiceiro acabou assassinado dentro da prisão poucos meses depois do lançamento do filme.

Assim a virada do milênio se caracterizou pela penetração da realidade documental da violência na ficção e da ficção na violência espetacularizada, num coquetel perigoso. Lembremos apenas o sequestro do ônibus 174 no Rio de Janeiro, em 2000, quando um assaltante manteve reféns sob a mira de um revólver e das câmeras da imprensa durante horas. O resultado trágico foi a morte de uma das vítimas pela arma do assaltante, seguida pela morte deste por vingança ou despreparo policial. O assaltante Sandro do Nascimento era um sobrevivente, ressurgido como um fantasma terrível, da chacina da Igreja da Candelária. Ninguém conseguiu afirmar sua identidade ou seu nome verdadeiro. A cena emblemática foi quando o assaltante, com a pistola encostada na cabeça de uma vítima, em delírio provocado pela droga e pelo estresse do assalto, gritava para as câmeras da televisão: "Isto não é um filme, não é um filme."

Na época o assalto teve grande visibilidade porque o ônibus parado na rua Jardim Botânico estava a poucas quadras da sede da Rede Globo, e os jornalistas da emissora logo viram uma oportunidade. Através das janelas do veículo os moradores viram o assaltante fazendo poses de ameaça e maltratando os passageiros, em sua maioria pessoas pobres ou de classe média baixa. Parecia que a consciência do valor espetacular do assalto inspirara o criminoso a fingir que seria capaz de uma violência muito além da que de fato estava disposto a cometer. Durante algumas horas ele tentou aproveitar o foco da mídia para obter um acordo com os policiais que, não fosse a atenção pública, seria inviável. Provavelmente ele teria sido liquidado pelos atiradores de elite não fosse por essa atenção, mas, ao mesmo tempo, foi a proximidade do público e das câmeras que acabou provocando um impasse para o desfecho de um roubo igual a dezenas de outros cometidos no Rio de Janeiro todos os dias. Discutia-se muito na época como o público parecia confundir os fatos com a encenação televisiva, procurando assistir às imagens nos bares perto do local do assalto para verificar a veracidade do que estava assistindo com os próprios olhos. De qualquer modo o episódio teria sido esquecido há muito tempo se não fosse por dois filmes feitos em torno dele. O primeiro, um premiado documentário de José Padilha, lançado dois anos depois, em 2002, e o segundo a ficção de Bruno Barreto *Última parada 174*, que estreou nos cinemas em outubro de 2008. Duas versões do mesmo episódio, uma documentária e outra ficcional, os filmes oferecem um bom ponto de partida para uma discussão do desafio representado pela violência contemporânea nas grandes cidades brasileiras. Eles evocam imediatamente o debate sobre as condições de possibilidade de expressar uma realidade brutal que enche a imprensa com estatísticas assustadoras. Uma realidade marcada por casos exemplares de violência e crime que acabam alimentando um clima de medo na população, mas também um certo convívio anestesiado com essa ameaça e até um certo prazer perverso em compartilhar o fascínio do perigo, trocando experiências próprias ou de outros como moeda social numa certa cultura traumática. É preciso reconhecer como essa realidade se converte em matéria-prima para uma grande parte da mídia brasileira e, ao mesmo tempo, se impõe a cineastas, escritores, artistas plásticos e músicos com o desafio de lidar de modo diferente com a violência e criar expressões que evocam as possibilidades de ação numa perspectiva política e ética com ela.

Elite da Tropa ou Tropa da Elite?

No início do século XXI, o cinema brasileiro deu provas de sua recuperação criativa e econômica com vários sucessos nacionais e internacionais. Uma das tendências mais expressivas foi o interesse crescente pelo gênero documentário, que se reflete no aumento de títulos e, principalmente, na ampliação do público que agora encontra motivo para encher as salas de cinema à procura de documentários como *Ônibus 174*, de José Padilha, *Edifício Master*, de Eduardo Coutinho, e *Estamira*, de Marcos Prado.[20] Outros filmes de ficção se sustentam com sucesso em material documentário sobre a violência urbana, caso de *Cidade de Deus* (2002), de Fernando Meirelles, e *Carandiru* (2002), de Hector Babenco, que lograram resultados extraordinários de bilheteria. O foco sobre a realidade da violência e do crime predomina na produção documentária e é acompanhado pela negociação da fronteira entre os gêneros em formas híbridas em que traços ficcionais intervêm na construção e exploração dos temas. É importante ressaltar que essa relação é o motivo mais claro de uma polêmica que se iniciou com muita força a partir do sucesso do filme *Cidade de Deus* e que recentemente se reproduziu em torno do segundo filme de José Padilha, o polêmico *Tropa de Elite*, de 2008. Entre a realidade e a imagem, entre a experiência e sua representação, o limite cada vez mais parece ser a própria violência que escapa à representação se colocando no terreno do grito e do silêncio. Ao mesmo tempo, entretanto, a violência abre um caminho ao romper a virtualidade numa realidade social determinada pelo simulacro. Nessa perspectiva é compreensível a preferência temática por esse lado sombrio do Brasil urbano introduzindo uma realidade muitas vezes invisível ou ignorada pelo olhar

---

[20]Consuelo Lins e Cláudia Mesquita, *Filmar o real*.

oficial e pelas representações atreladas às imagens típicas do país. Sempre no equilíbrio difícil entre o sensacionalismo gratuito da cobertura da mídia e um exotismo da miséria e da violência que predomina nas representações das grandes cidades brasileiras no estrangeiro. Desse modo o documentarismo corresponde à vontade do público brasileiro de conhecer seu próprio quintal. Mais claramente ainda, o sucesso de bilheteria dos filmes que retratam a periferia e as favelas das grandes cidades também se explica por uma combinação de acesso maior das classes C e D ao cinema, em consequência da melhoria econômica e da distribuição por grandes empresas de cinema como Cinemark e Miramax, e a vontade desse novo público de ganhar visibilidade e de ver a própria realidade nas telas. O recente caso da distribuição pirata do filme *Tropa de Elite*, que foi amplamente copiado e vendido por camelôs no Rio de Janeiro inteiro antes do lançamento nos cinemas, mostra que entre o público de baixa renda o filme tinha um apelo singular muito maior do que entre a classe média que habitualmente frequenta os cinemas. Apesar da péssima qualidade do filme em DVD pirata, sem trilha sonora e numa versão ainda bruta, a divulgação ilegal de cópias acabou dando à produção uma publicidade extraordinária, provavelmente sem prejuízo na venda de ingressos nos cinemas. Além disso, acabou revelando uma demanda real de filmes que retratam a realidade dessa população. Não há dúvida de que o tema do crime organizado e da violência arbitrária nas áreas mais pobres do Brasil ainda não encontrou sua expressão artística adequada nem na literatura nem no cinema. Sem entrar no mérito artístico de filmes como *Tropa de Elite* e

Cidade de Deus, eles representam uma resposta inicial a uma demanda muito maior entre o público nacional. No mercado informal, é sabido que *Tropa de Elite* rapidamente ganhou continuações improvisadas nas bancas dos camelôs e que essas "continuações" eram na verdade documentários mais antigos, como *Notícias de uma guerra particular*, e filmes de instrução ou propaganda sobre o BOPE, o esquadrão de elite retratado no filme de Padilha. Entre a crítica e o público mais acostumado ao cinema, a resposta dada pelos diretores Fernando Meirelles e José Padilha a esse potencial de público não era isenta de problemas. Pelo contrário, apesar do grande sucesso no exterior, a crítica mostrou reservas sérias a ambos os filmes. Há uma relação forte entre os dois, não só pela repetição de pessoas importantes na produção, como o roteirista Bráulio Mantovani, o montador Daniel Rezende, a preparadora de atores Fátima Toledo e o fotógrafo Lula Carvalho, mas porque eles assumem o desafio de retratar a realidade da violência e do crime organizado no Rio de Janeiro, comprometidos com a complexidade do assunto, numa linguagem comercialmente interessante. O tratamento que cada um dos filmes dá ao assunto, porém, é completamente diferente. Tecnicamente falando, o filme de Meirelles é mais complexo, com uma encenação tensa, linguagem fragmentada, estrutura temporal descontínua e capaz de abarcar várias tramas em momentos diferentes. Já *Tropa de Elite* tem uma narrativa mais simples. O livro que serviu de base para o filme, *Elite da Tropa* (2006), foi uma denúncia escrita pelos policiais do BOPE André Batista e Rodrigo Pimentel em parceria com o antropólogo Luiz Eduardo Soares. Sua característica narrativa era a fragmentação dos depoimentos e dos pontos de vista com a intenção de deixar os testemunhos na simplicidade de seu relato, sem tirar conclusões morais em detrimento da compreensão da lógica em que a ação se desenvolvia. O filme, pelo contrário, resolve a unidade narrativa com a história de *formação negativa* do policial Mathias e sua transformação de policial honesto em policial violento. Essa trama paralela acontece espelhada no agravamento da crise psicológica do capitão Nascimento por um caminho de ação que em certos momentos perde verossimilhança e lógica. A construção da crise narrativa em função da morte do amigo Neto, por exemplo, parece forçada e pouco verossímil. Como mostrou Daniel Caetano, há no fundo uma diferença de ética entre os dois filmes: "Se Mané Galinha transformou-se em um bandido assassino ao matar um segurança de supermercado, o filho deste segurança o matará no futuro. Aqui se faz, aqui se paga. O narrador não se envolve com as malfeitorias, e Dadinho, a figura central do enredo, é um bandido que, como o diálogo entre Ruy e Meirelles revela, desde o início era pensado como alguém mau de nascença. Nenhum espectador terá dúvidas sobre o caráter de Dadinho ao final do filme. É fácil saber quem merece nosso afeto e quem merece nosso ódio em *Cidade de Deus*."[21]

Em *Tropa de Elite* a construção é problemática, a responsabilidade pela violência é ambígua e a cena final, em que Mathias aponta seu rifle para o bandido, e ao mesmo tempo para o espectador, e logo atira sem dar oportunidade de saber o que de fato acerta, mostra claramente que

---
[21]Daniel Caetano, "Na corda bamba, roendo o osso".

o público também está sendo acusado. O espectador é a vítima desse sequestro-relâmpago, diz Ivana Bentes,[22] e as opções são difíceis, pois de um lado estão os bandidos, os policiais corruptos mas também ONGs e intelectuais, e de outro os policiais honestos que precisam lançar mão de métodos que não respeitam os direitos humanos ou a lei e que chegam a justificar a tortura e o assassinato a sangue-frio. Em *Cidade de Deus* o espectador assiste ao melodrama típico entre o bem e o mal; a violência é patológica e o narrador Buscapé é um exemplo de sobrevivência numa realidade em que as opções de evitar o destino social do crime parecem muito limitadas. Ele consegue sair da comunidade através da fotografia, subir socialmente e começar uma carreira profissional de fotógrafo, e o filme indica assim uma moral muito tradicional e individualista. É mais difícil compreender a mensagem de *Tropa de Elite*, porque a identificação espontânea com o herói, capitão Nascimento, implica a aceitação de valores contraditórios. Ele é um policial honesto, sem ligações com o sistema corrupto e conivente da Polícia Militar, que indiretamente alimenta a sobrevivência do crime organizado por meio de suborno e tráfico e venda de armas. Ao mesmo tempo, vive a psicologia da guerra e só consegue lidar com seu trabalho de modo militar, passando por cima da consideração com os indivíduos e aplicando métodos sem respeito pela vida e muito menos pela lei. Em vários momentos sua ação implacável leva a consequências fatais, como quando causa a morte de um "vapor", um simples entregador e mensageiro do tráfico,

---

[22] Ivana Bentes, "Diálogos... Chamem a juíza Karam!".

ou manda torturar suspeitos de colaboração com o crime. Para os defensores, o filme tem a qualidade de "retratar a realidade do crime como ela é", entregando a todos a responsabilidade pela situação da falta de lei e da conivência com o crime. Os policiais corruptos que desmoralizam a confiança pública na polícia como instituição, os intelectuais que criticam o aparato repressivo do Estado e assim dão cobertura aos criminosos, os defensores dos direitos humanos e as ONGs que aceitam a colaboração com o crime organizado para ter seu espaço nas comunidades, os pequenos usuários de maconha e cocaína da classe média que depois reclamam da insegurança e da brutalidade policial e em última instância o espectador, que acaba se encontrando na mira do policial Mathias, acusado pela morte de seu amigo e parceiro Neto e também pelo embrutecimento de um policial honesto. Para os adversários o filme é uma defesa e justificativa da violência policial, até uma aceitação da tortura em casos extremos, e um elogio justiceiro à força bruta na solução do problema, tudo isso combinado com um ataque idiossincrático aos intelectuais e às iniciativas não estatais e comunitárias por serem cúmplices do poder do tráfico nas comunidades mais pobres. Nenhum dos extremos, provavelmente, está com toda a razão. José Padilha garantiu repetidas vezes suas intenções pacíficas e sua vontade de criar polêmica em torno do problema. Para isso a construção do personagem ambíguo do herói capitão Nascimento serviu bem. Ele é um herói em crise com o próprio papel profissional. Sob a influência da chegada do primeiro filho, começa a sentir medo e se torna psiquicamente instável e fora de controle. Mas aqui a história se complica, pois, para se livrar da pressão e superar a crise, ele procura um sucessor bastante duro e truculento para assumir seu cargo de líder do BOPE; e para essa finalidade a pressão sobre Mathias, o aspirante à elite da tropa, acaba sendo oportuna. Em realidade, a voz em "off" do narrador sempre se preserva da crise do personagem e nunca hesita em seu relato sobre a transformação de Mathias em "bom policial". O conflito entre o *homem* e o *policial* não se agrava e não leva a nenhuma nova consciência sobre a realidade em que surgiu. No fim das contas o filme acaba confirmando a fé na solução armada eficiente e na figura sempre rigorosa e implacável do herói solitário e exemplar que todos os filmes comerciais de justiça e vingança oferecem.

Comparado com o documentário *Ônibus 174*, o primeiro sucesso de José Padilha, de 2002, a opção ficcional em *Tropa de Elite* explica o papel da violência na sociedade de maneira mais cínica e atribui sua responsabilidade a todos. O tráfico de entorpecentes mantém seu domínio apenas garantido pelo poder econômico e usa a violência de modo pragmático e implacável: quem erra é morto com requintes de crueldade. A mesma consequência parece existir para os soldados de elite; a fim de cumprir o objetivo, procura-se a máxima eficiência e qualquer método se justifica. Entre esses dois extremos de violência, encontram-se os policiais corruptos, os cúmplices e as vítimas, ou seja, todos nós. Nossa relação com essa realidade parece depender apenas de uma decisão, de uma posição de consciência em que qualquer hesitação é suspeita. Assim a conclusão acaba sendo de um moralismo conservador muito simples de *"just do it"* entre dois extremos em que qualquer tentativa de compreensão se expõe à acusação implícita de conivência e responsabilidade. Na versão documentária de *Ônibus 174*, o material usado provém em sua maioria de reportagens da televisão, e o filme se constrói como uma investigação da infância de Sandro Nascimento em que a explicação para seus atos é encontrada nas circunstâncias sociais. Sandro perdeu lar e família muito cedo, assistiu ainda criança ao assassinato da mãe por ladrões, tornou-se menino de rua e por coincidência sobreviveu ao massacre da Igreja da Candelária em 1993, quando tinha apenas 15 anos. Nos anos seguintes se afundou nas drogas e mesmo uma mãe adotiva que procurava cuidar dele não conseguiu tirá-lo da rua e segurá-lo em casa. O que incomoda no documentário é que lança mão de um determinismo explicativo que reduz o fenômeno da violência a uma mera consequência dos fatores sociais. Ele não é capaz de mediar a relação entre criminoso e vítima de modo que dissolva a violência que se produz entre Sandro, vítima de uma história de abandono, e Geisa, uma pobre moça trabalhadora, professora de escola primária, refém e vítima das arbitrariedades de Sandro que acaba morta no sequestro. Numa das entrevistas do documentário, o sociólogo Luiz Eduardo Soares explica as opções de Sandro pela necessidade de "ganhar visibilidade" junto a uma população miserável das ruas cariocas e principalmente aos menores que saem de situações familiares problemáticas ou inexistentes e que das instituições públicas do Estado só recebem um tratamento disciplinar e punitivo. Sem dúvida trata-se de uma situação entre "vítimas" dos dois lados, provocada pela marginalidade de Sandro e pelos equívocos da polícia nas tentativas de resolver o impasse. No entanto, na tentativa de compreender Sandro, o documentário acaba ignorando a violência praticada por ele contra os reféns durante horas de verdadeiro terror. A tese subjacente é que Sandro em realidade não é violento, apenas um produto de uma sociedade injusta, e que acaba provocando uma situação de violência por uma série de circunstâncias trágicas. Um dos amigos de Sandro entrevistados no documentário diz que ele não tinha a dureza para ser assaltante de verdade, e que um verdadeiro assaltante não teria hesitado em matar uma das reféns como fez Sandro com a jovem Janaína, atirando no chão e mandando-a se fingir de morta. O problema é que nenhuma das explicações apresentadas por José Padilha para a violência dá conta do recado. Nem é uma questão apenas de circunstâncias sociais, pois a grande maioria dos pobres não opta pelo crime, nem é apenas uma opção voluntarista que depende da escolha de cada um. No caso de Sandro, a violência contra os reféns acontece mesmo que o assaltante finja que ela seja maior do que é. Ele ameaça, hostiliza e impõe seu terror para impressionar e no fim acaba matando Geisa quando tenta se proteger do ataque policial. De repente o menino de rua está querendo parecer mais violento do que é para assustar e impor respeito, mas esse "parecer" em si é violento e vivido como tal pelas vítimas. Sandro já tinha um histórico de furtos e roubos e poucos meses antes de assaltar o ônibus escapara da prisão onde cumpria pena de três anos por roubo. Assim, sabia o que fazia, estava prevenido da lógica em que atuava e das consequências que seu ato podia ter. No documentário prevalece o determinismo social, e Sandro parece ser o típico menino "bom" que acabou fazendo coisas muito ruins, à diferença do amigo entrevistado, um assaltante de verdade, que tinha consciência dessa opção.

Na versão ficcional da mesma história lançada recentemente nos cinemas sob o título *Última parada 174*, Bruno Barreto constrói a narrativa sobre duas figuras arquetípicas: Sandro, o menino bom, cuja mãe foi assassinada quando ele ainda era criança, e o menino mau, Alessandro, ou Alé Monstro, filho de uma mãe drogada que acaba sendo criado por um traficante. Na história real havia uma dúvida a respeito da identidade de Sandro Nascimento, pois moradores da favela Nova Holanda e uma mulher, a faxineira Elza da Silva, de 45 anos, que alegava ser sua mãe, afirmavam que ele era Alessandro Silva, conhecido como "Manchinha". A confusão entre os dois nomes oferece um material quase mítico ao roteirista, de novo Bráulio Mantovani, para criar um enredo de troca de identidades entre os dois personagens, e quando a mãe drogada, recuperada da dependência e evangélica, procura o filho que perdeu para o tráfico, encontra Sandro, o menino bom, em vez do filho verdadeiro, Alé, o assassino implacável. Na história de Barreto, o destino dos dois se confunde quando juntos fogem do Instituto Padre Severino e começam a cometer assaltos armados. Mas Sandro não é um bandido de verdade, ele quer sair do crime e se casar com a namorada, e com esse objetivo se aproveita da boa vontade da mãe enganada e aceita ser o Alessandro que ela procura, sem se dar conta de que o verdadeiro filho é o amigo dele. O trauma na infância de Sandro, que para José Padilha foi o gatilho que provocou a tragédia social, na história de Bruno Barreto vira um elemento mítico que cria uma tragédia de bebês trocados e de confusão entre o bem e o mal. Sandro, mais do que nunca, é vítima do destino e sua morte no final do sequestro apenas uma amostra da força implacável do trágico. A esperança que Barreto deixa ao público é o encontro épico da mãe com Alé Monstro durante o enterro de Sandro, quando o bandido e filho verdadeiro dá sinais de humanidade.

O filme de Barreto não deve ser visto como uma intervenção no debate sobre a violência na sociedade brasileira e muito menos como uma proposta de soluções. Trata-se de um filme muito bem realizado, que investe mais na construção dessas circunstâncias de enredo do que no drama do sequestro, e assim oferece uma profundidade nos personagens muito maior, sustentada pela qualidade dos atores e da direção, e uma possibilidade de identificação ficcional. Poderíamos dizer que Barreto procura tirar maior proveito da potência ficcional, do lado arquetípico dos acontecimentos, às vezes caindo na banalidade, mas pelo menos recriando a história na sua dimensão humana. Por isso não se trata de um filme na escola de *Cidade de Deus* e *Tropa de Elite*, que exploravam a estética do choque na linguagem densa, nos cortes rápidos e na procura de uma expressão enfática dos conteúdos violentos. É muito mais uma mensagem ao estilo sentimental de *Central do Brasil*, de Walter Salles, em que os personagens Dora e Josué se encontram na esperança de uma conciliação e da recuperação da humanidade perdida. No caso de *Cidade de Deus* o substrato da violência ganhava autonomia e adensava os conflitos de maneira muito parecida com o cinema de ação; em *Tropa de Elite*, a linguagem vertiginosa era submetida à intenção pedagógica do filme e construída como uma bofetada no rosto do espectador para deixá-lo bem acordado e forçá-lo a tomar posição. Como observa Tatiana Monassa,[23] há em *Tropa de Elite* uma dimensão didática que deve muito a *Notícias de uma guerra particular*, um documentário comprometido com um retrato de todos os envolvidos nos conflitos do crime organizado no Rio de Janeiro, desde o traficante no morro até o soldado do BOPE, passando por moradores, vítimas da violência, especialistas e políticos. O resultado é estarrecedor e pessimista, pois a única unanimidade encontrada é que se trata de uma guerra sem vencedor possível e sem previsão imediata de trégua. A primeira parte de *Tropa de Elite*, uma vez introduzido o enredo que leva dois policiais, Neto e Mathias, a saírem do caminho regular e tomar uma iniciativa própria, é uma complexa mostra da rede de relações e lógicas de pendência mútua que existe entre as diferentes partes do conflito, que obriga todos a manter esse mesmo conflito em aberto em favor de interesses particulares. Trata-se de uma exposição das complexas lógicas inerentes ao crime organizado, como no documentário de Salles, mas a diferença entre os dois filmes é que *Notícias de uma guerra particular* deixa um retrato real para reflexão e compreensão do tema em profundidade, enquanto José Padilha procura despertar seu público a tapas para tomar posição. É de fato um grande mérito que tenha havido discussão ampla em torno do filme, mas uma pena que ele não ofereça posições e maneiras de compreender o problema que possam realmente ser defendidas.

---

[23]Tatiana Monassa, "A arte do choque e do engajamento".

Falcão: o papel da televisão e os novos agentes culturais

A noite de domingo, 19 de março de 2006, guardava uma surpresa para milhões de telespectadores brasileiros: um documentário chocante e comovedor, *Falcão: meninos do tráfico* (2006), realizado pelo rapper MV Bill e por seu parceiro e produtor Celso Athayde, que assinaram o projeto como representantes da organização CUFA — Central Única das Favelas. O *Fantástico*, programa da Rede Globo, normalmente fecha o fim de semana da emissora com uma mistura descomprometida de diversão, entretenimento, notícias e reportagens especiais.

No entanto, nessa noite de março foi exibido em rede nacional um documentário que, pelo conteúdo, pela linguagem e pelo estilo foi um marco na televisão brasileira. O documentário durou 58 minutos, um formato que por si só já representa uma quebra radical do modelo habitual do *Fantástico*, mas o verdadeiro choque era ver uma reportagem com uma intimidade tão confiante entre a câmera e os entrevistados, longe do sensacionalismo comum, oferecendo o ponto de vista de 17 meninos envolvidos no tráfico de drogas em favelas do Rio de Janeiro e de outros estados brasileiros. Mesmo que nada do que foi exposto fosse novidade para o público, já que a realidade cruel do narcotráfico é amplamente divulgada e conhecida, o documentário conseguiu uma proximidade com os meninos entrevistados, que pareciam ter plena liberdade de falar sem interrupção nem direcionamento jornalístico. Os autores do projeto não aparecem nem fazem perguntas moralizantes e conseguem uma sinceridade surpreendente dos garotos e até uma ternura que transparece nesse diálogo amputado, apesar do cenário e dos temas sinistros. O que mais surpreende é essa humanidade que acompanha a crueldade das histórias contadas e que possibilita uma empatia excepcional com esses jovens, normalmente demonizados e tratados como ameaça hedionda à sociedade.

O projeto se iniciou em 1998 com filmagens esporádicas em comunidades carentes visitadas por MV Bill e chegou a acumular noventa horas de vídeos e entrevistas realizados com uma centena de jovens. Em 2003, a Rede Globo assumiu a produção, e a exibição do documentário chegou a ser anunciada, mas acabou sendo abortada pelos diretores, que alegaram motivos de foro íntimo. Na época a imprensa especulou livremente sobre os motivos que teriam levado os autores ao rompimento do contrato; inclusive, chegou a ser ventilado o boato de que ameaças de morte teriam provocado a decisão. Na época, MV Bill explicou que não foi nada disso, a decisão apenas refletiu a necessidade dos autores de ter mais tempo para desenhar um projeto ideológico mais consistente. Sem dúvida há uma consistência inédita no projeto, pois, além da exibição do documentário, iniciou-se uma grande campanha de conscientização nacional em várias etapas de aproveitamento desse material. Um livro com as entrevistas foi editado, um filme de duas horas seria lançado nos cinemas, um CD homônimo de MV Bill também seria colocado à venda e o interesse despertado nas mídias produziu uma onda de entrevistas, artigos, comentários, discussões e aparições em programas diversos. Tampouco restam dúvidas a respeito do ineditismo desse projeto, em relação tanto ao tratamento do material quanto ao aproveitamento dos canais de divulgação altamente profissionalizados para uma mensagem politicamente engajada de dois ativistas de movimentos comunitários.

É preciso sublinhar que se trata de um fenômeno pioneiro e, ao mesmo tempo, indicador de uma nova tendência na relação entre artistas, intelectuais e ativistas em projetos culturais com finalidades sociais. Obviamente, não é desconhecida a realidade revelada pelo documentário; pelo contrário, muitas pesquisas e reportagens já mostraram a inumanidade das condições de exclusão dessas comunidades, o mecanismo de recrutamento de crianças para o narcotráfico por ausência de opções e a consequência suicida do caminho do crime para esses jovens infratores. Vários documentários contam cruamente essa mesma história em detalhes. No entanto, há uma diferença muito grande no tratamento das histórias dado por *Falcão: meninos do tráfico*, pois os autores evitam o olhar sociológico, de quem vem de fora para denunciar uma injustiça, e prestam mais atenção à voz dos entrevistados, à opinião e à visão que têm de sua própria realidade, criando um resultado muito mais agudo e claro do que se poderia esperar de crianças e jovens na maioria analfabetos ou iletrados. Todos demonstram conhecer muito bem o beco sem saída em que se meteram e a lógica perversa da relação entre o tráfico de entorpecentes e as forças policiais, que muitas vezes se aproveitam da criminalidade para lucrar economicamente. Esses meninos não desconhecem o destino fatal que aguarda quem não consegue sair a tempo desse caminho sinistro. Dos 17 meninos entrevistados em 2003, apenas um permanecia vivo quando o documentário foi ao ar e alguns morreram durante a própria filmagem. Não comento esse trabalho para entrar na discussão do problema da violência e do tráfico "em si", mas para sugerir que esse projeto representa um tipo de engajamento que apenas tem sido possível pela criação de formas inovadoras de colaboração e interação entre artistas, ativistas comunitários, produtores culturais e intelectuais que ao mesmo tempo conseguem apoio e cobertura de poderosas instituições de política e mídia como, por exemplo, a Rede Globo. É evidente que precisamos questionar criticamente o interesse comercial da Rede Globo nesse projeto, e não há dúvida de que se calculam muitos benefícios nada altruístas em termos de imagem e de produção de um fato que a mídia recicla em sucessivas autorreferências do jornalismo. Não obstante, ainda é difícil medir o efeito dessa estranha aliança que tornou possível a divulgação do debate para um público de mais de 50 milhões de espectadores brasileiros na faixa nobre de domingo. Os autores do documentário conseguem ao mesmo tempo driblar os perigos do jornalismo sensacionalista e colocar perguntas críticas sem soar ofensivos nem pedantes; ambos conversam com os envolvidos com a franqueza de quem cresceu enfrentando os mesmos problemas, e estimulam os jovens a falar sem hesitações, com grande sinceridade e afeto.

A história da colaboração entre MV Bill e Celso Athayde é interessantíssima e mereceria um trabalho extenso em si. Ambos têm um longo currículo de eventos, projetos, produtos e obras culturais, assim como provocações e intervenções na opinião pública que às vezes têm causado problemas com a lei, como por exemplo o videoclipe de MV Bill para "Soldados do tráfico", que motivou um processo por apologia ao crime. Uma das realizações dos dois foi um livro intitulado *Cabeça de porco*, escrito a seis mãos com Luiz Eduardo Soares.

Com um estilo pessoal e ao mesmo tempo coletivo, registram nesse livro impressões, reportagens e entrevistas feitas em favelas, periferias e comunidades carentes de todo o Brasil, oferecendo uma radiografia de extraordinária amplitude do problema do crime organizado e do tráfico que vai muito além das reportagens de guerra, sempre limitadas a mostrar apenas o problema nos morros cariocas ou na periferia paulista. Os autores fazem parte de uma nova classe de artistas, intelectuais, ativistas, voluntários de diferentes camadas sociais, cujos projetos visam à intervenção em comunidades carentes, a favor da cidadania, como o grupo de teatro Nós do Morro, a ONG AfroReggae, a banda O Rappa, o Corpo de Dança da Maré, entre muitos outros. Funcionam em redes que se nutrem das dinâmicas comunitárias e que enfrentam, cada uma à sua maneira, a escalada da violência. Hoje, ninguém mais acredita no mito da não violência brasileira. A cordialidade e a malandragem parecem pertencer a um país do passado ou a uma realidade há muito tempo ultrapassada pela intensificação dos problemas sociais nas grandes cidades e pela perpétua exclusão e marginalização de gerações inteiras privadas de educação, trabalho ou alternativas dignas de sobrevivência.

Durante a defesa da dissertação de mestrado de Paulo Roberto Tonani do Patrocínio, no Departamento de Letras da PUC-Rio, em 2007, abordou-se a questão da autoridade do discurso sobre a realidade marginal e suas consequências para o trabalho intelectual nas universidades brasileiras. A dissertação, *Entre o morro e o asfalto: imagens da favela nos discursos culturais brasileiros*, orientada pelo professor Renato Cordeiro Gomes, é uma abrangente pesquisa de representações da favela desde as primeiras letras do samba, passando pelos cronistas do início do século XX e pelos romances de Patrícia Melo e Paulo Lins, e terminando com uma análise de algumas iniciativas artísticas e literárias mais problemáticas na favela da Rocinha, no Rio de Janeiro, como os livros de Julio Ludemir *No coração do Comando* e *Sorria, você está na Rocinha*, e um projeto fotográfico de André Cypriano intitulado *Rocinha*.

Inevitavelmente, a discussão da defesa avaliou a autoridade autoral na comparação entre Paulo Lins, que se criou na *Cidade de Deus*, Patrícia Melo, que escreveu 15 capítulos de *Inferno* antes de pisar pela primeira vez numa favela, e Ludemir, que morou seis meses na Rocinha para escrever seu romance, enquanto Rubem Fonseca só precisou almoçar uma vez na casa da empregada. Nas considerações finais do trabalho, o mestrando revelou que ele mesmo cresceu e morou na Rocinha até os 26 anos, fato que não queria registrar no início da dissertação por pudor de se autorizar, indevidamente, a falar sobre o tema. Essa postura tímida surpreendeu e provocou entre os participantes da banca um debate sobre o que autoriza um intelectual a falar sobre a realidade nessas comunidades e em nome dos excluídos do espaço público. Ao mesmo tempo, era inevitável criticar um certo oportunismo também nos projetos acadêmicos que exploram o sensacionalismo em torno da miséria e do crime. De repente, a atitude cética de um jovem pesquisador, criado numa favela, diante da facilidade de se autorizar ao privilégio da palavra porque "morou lá" e "viu aquilo com os próprios olhos", permitiu abordar experiências recentes de produção participativa e realização performativa de caráter artístico e cultural como aquelas mencionadas anteriormente. Ao mesmo tempo, ficou claro que o intelectual contemporâneo também corre o risco do oportunismo de certas modas sensacionalistas e que precisa esclarecer para si mesmo quais são as condições de um compromisso ético com o objeto e os envolvidos na pesquisa, o que implica uma severa crítica das próprias condições produtivas de um universitário no Brasil. Hoje, esse problema não se resolve nem com uma atitude de suposta objetividade nem com o engajamento político ao estilo dos anos 1960 ou 1970. Projetos recentes mostram que existem caminhos a trilhar para novas experiências interativas e participativas em que os resultados efetivos de conhecimento de um trabalho de pesquisa e intervenção possam ser obtidos de maneira comprometida com a mudança de uma situação intolerável. Esboça-se uma nova relação entre artistas, pesquisadores, ativistas e moradores das comunidades excluídas na qual emerge o compromisso ético como a prática de realização estética e performativa, e que estabelece, talvez, um novo "regime das artes", que Jacques Rancière[24] define como "a conexão entre maneiras de produção, formas de visibilidade e modos de conceituação que são articulados junto com as formas de atividade, organização e conhecimento num

---

[24] Jacques Rancière, *A partilha do sensível*, p. 27.

determinado universo histórico". É nesse sentido que as obras podem expressar uma outra maneira de *engajamento* na realidade, em que o impacto afetivo é sustentado na produção participativa, na realização performativa e na recepção comunitária e institucional com consequências sociais e educacionais estendidas. É no âmbito dessa sorte de experiência que o privilégio do testemunho, circunscrito à contradição da expressão marginal, se dissolve em práticas que redefinem as fronteiras rígidas entre produção, expressão, performance e recepção artística e literária. É nessa redefinição que os conceitos antigos de obra e de autoria tornam-se porosos, na medida em que o diálogo participativo entre pesquisadores, escritores, ativistas comunitários e o público envolvido se abre em direção a formas de participação, realização e recepção coletiva.

As iniciativas civis de combate à violência que surgiram durante os últimos anos oferecem um caminho absolutamente compreensível e justificado, porém não suficientemente eficaz diante do vácuo simbólico resultante da desagregação social. Apesar da intensa produção artístico-cultural, esse problema parece ainda exigir novas soluções. Uma discussão sobre violência e cultura deve em primeiro lugar enfrentar este desafio: se a violência é a brutal expressão de uma ausência de negociação social, ao mesmo tempo é a demanda impotente de outra forma de simbolização, cuja energia pode ser um poderoso agente nas dinâmicas sociais.

Referências bibliográficas

ANTÔNIO, João. "Corpo-a-corpo com a vida". *Revista Ficção*, n. 4, abr. 1976.

_____. *Malhação do Judas Carioca*. Rio de Janeiro: Record, 1981.

ATHAYDE, Celso e BILL, MV. *Falcão: meninos do tráfico*. Rio de Janeiro: Objetiva, 2006.

BARCELLOS, Caco. *Rota 66*. Rio de Janeiro: Record, 1992.

_____. *Abusado: o dono do morro Dona Marta*. Rio de Janeiro: Record, 2004.

BATISTA, André; PIMENTEL, Rodrigo; SOARES, Luiz Eduardo. *Elite da Tropa*. Rio de Janeiro: Objetiva, 2006.

BENTES, Ivana. "Diálogos... Chamem a juíza Karam!". Disponível em: http://www.aldeianago.com.br/content/view/1009/3/. Acessado em: 5/12/2012.

BILL, MV e SOARES, Luiz Eduardo. *Cabeça de porco*. Rio de Janeiro: Objetiva, 2006.

BONASSI, Fernando (org.). *Letras de liberdade*. São Paulo: WB, 2000.

BOSI, Alfredo. *O conto brasileiro contemporâneo*. São Paulo. Cultrix, 1975.

CAETANO, Daniel. "Na corda bamba, roendo o osso: Sobre a estratégia narrativa de *Tropa de Elite*". *Contracampo*, n. 90. Disponível em: http://www.contracampo.com.br/90/artcordabamba.htm. Acessado em: 5/12/2012.

CANDIDO, Antonio. "Dialética da malandragem". *Revista do Instituto de Estudos Brasileiros*, n. 8, 1970.

CHAUÍ, Marilena. "A não violência do brasileiro, um mito interessantíssimo". In: *Almanaque 11: Cadernos de Literatura e Ensaio*. São Paulo: Brasiliense, 1980.

DALCASTAGNÈ, Regina. *Espaço da dor: o regime de 64 no romance brasileiro*. Brasília: Editora da UNB, 1995.

_____. *Ver e imaginar o outro*. São Paulo: Horizonte, 2008.

DaMatta, Roberto. *Carnavais, malandros e heróis*. Rio de Janeiro: Jorge Zahar, 1979.
Duarte, Paulo Sérgio. *Anos 60: transformações da arte no Brasil*. Rio de Janeiro: Campos Gerais, 1998.
Facó, Rui. *Cangaceiros e fanáticos: gênese e lutas*. 6ª ed. Rio de Janeiro: Civilização Brasileira, 1980.
Ferréz. *Literatura marginal: talentos da escrita periférica*. São Paulo: Agir, 2005.
_____. *Manual prático do ódio*. Rio de Janeiro: Objetiva, 2003.
_____. *Ninguém é inocente em São Paulo*. Rio de Janeiro: Objetiva, 2006.
Fiuza, Guilherme. *Meu nome não é Johnny*. Rio de Janeiro: Record, 2004.
Fonseca, Rubem. *Os prisioneiros*. São Paulo: Companhia das Letras, 2000.
_____. *Contos reunidos*. São Paulo: Companhia das Letras, 1994.
Ginzburg, Jaime. "Escritas da tortura". *Diálogos Latino-americanos*, n. 3, Aarhus Universitet, 2000.
Herschmann, Micael. "A imagem das galeras Funk na imprensa". In: Pereira, Carlos Alberto Messeder; Rondelli, Elizabeth; Schøllhammer, Karl Erik; Herschmann, Micael (orgs.). *Linguagens da violência*. Rio de Janeiro: Rocco, 2000.
Holanda, Sérgio Buarque de. *Raízes do Brasil*. Rio de Janeiro: José Olympio, 1939.
Jocenir. *Diário de um detento, o livro*. São Paulo: Labortexto, 2001.
Oiticica, Hélio. "O herói anti-herói ou o anti-herói anônimo". *Sopro 45*. Disponível em: http://culturaebarbarie.org/sopro/arquivo/heroioiticica.html.
Oliveira, Nelson de. *Cenas da favela*. São Paulo: Geração Editorial, 2007.
Lima, William da Silva. *Quatrocentos contra um: a história do Comando Vermelho*. Rio de Janeiro: Iser-Vozes, 1991.

Lins, Consuelo; Mesquita, Claudia. *Filmar o real*. Rio de Janeiro: Jorge Zahar, 2008.
Lispector, Clarice. *Para não esquecer*. Rio de Janeiro: Rocco, 1978.
Monassa, Tatiana. "A arte do choque e do engajamento". *Contracampo*, n. 90. Disponível em: http://www.contracampo.com.br/90/artchoqueengajamento.htm. Acessado em: 5/2/2012.
Oliven, Ruben George. *Violência e cultura no Brasil*. Rio de Janeiro: Vozes, 1982.
Penna, João Camillo. "Marcinho VP. Um estudo sobre a construção do personagem". In: Dias, Ângela Maria e Glenadel, Paula. *Estéticas da crueldade*. Rio de Janeiro: Atlântica Editora, 2004.
Pereira, Carlos Alberto Messeder; Rondelli, Elizabeth; Schøllhammer, Karl Erik; Herschmann, Micael. *Linguagens da violência*. Rio de Janeiro: Rocco, 2000.
_____. "O Brasil do Sertão e a mídia televisiva". In: Pereira, Carlos Alberto Messeder; Rondelli, Elizabeth; Schøllhammer, Karl Erik; Herschmann, Micael. *Linguagens da violência*. Rio de Janeiro: Rocco, 2000.
Rancière, Jacques. *A partilha do sensível — estética e política*. São Paulo: Ed. 34, 2005.
Rocha, João Cezar de Castro. "A dialética da marginalidade". *Folha de S.Paulo*, Caderno Mais!, 29/2/2004.
Santiago, Silviano. "Outubro retalhado (entre Estocolmo e Frankfurt)". In: Margato, Izabel e Gomes, Renato Cordeiro (orgs.). *O papel do intelectual hoje*. Belo Horizonte: Ed. UFMG, 2004.
Schøllhammer, Karl Erik. "Os novos realismos na arte e na cultura contemporânea". In: Pereira, Miguel; Gomes, Renato Cordeiro; Figueiredo, Vera Lúcia Follain de. *Comunicação, representação e práticas sociais*. Rio de Janeiro: Ed. PUC, 2005.

SCHWARTZ, Roberto. "Pressupostos, salvo engano, da 'Dialética da Malandragem'". *Ensaios de Opinião*, n. 13, 1979.

SILVA, Deonísio da. "A violência nos contos de Rubem Fonseca". In: *Um novo modo de narrar: ensaios*. São Paulo: Livraria Cultura Editora, 1979.

_____. *Nos bastidores da censura — sexualidade, literatura e repressão pós-64*. São Paulo: Estação Liberdade, 1984.

SOARES, Luiz Eduardo. *Meu casaco de general: quinhentos dias no front da Segurança Pública no Rio de Janeiro*. São Paulo: Companhia das Letras, 2000.

SOUZA, Percival. *Sindicato do crime: PCC e outros grupos*. Rio de Janeiro: Ediouro, 2006.

SÜSSEKIND, Flora. *Literatura e vida literária: polêmicas, diários e retratos*. Belo Horizonte: Ed. UFMG, 1985.

VARELLA, Drauzio. *Estação Carandiru*. São Paulo: Companhia das Letras, 2001.

VENTURA, Zuenir. *Cidade partida*. São Paulo: Companhia das Letras, 1993.

WAISELFISZ, Julio Jacobo. *Mapa da violência 2012 — Os novos Padrões da violência homicida no Brasil*. São Paulo: Instituto Sangari, 2011.

ZENI, Bruno (org). *Sobrevivente André do Rap: do massacre de Carandiru*. São Paulo: Labortexto, 2001.

3. Linguagens contemporâneas da violência

A pergunta que se coloca é: há uma relação entre crime, violência e literatura? Na literatura brasileira se percebe uma presença do tema historicamente insistente, e a literatura certamente usa o imaginário despertado pela violência como matéria-prima. Na absorção da realidade social pela ficção, a violência também ganha uma posição privilegiada e algumas das obras clássicas mais significativas trabalham com ela nessa fronteira indiscernível entre fatos ocorridos e sua compreensão pela ficção narrativa, como no caso de *Os sertões*, de Euclides da Cunha. Longe de ser uma exceção à ordem pacífica da sociedade, a violência forma a cosmovisão do brasileiro e do latino-americano. É uma chave para entender a cultura e parece ser um dos fundamentos da própria estrutura social.

Em 2004, o escritor curitibano Valêncio Xavier publicou um livro, que seria seu último, intitulado *Crimes à moda antiga*, com o subtítulo *Contos verdadeiros*, que reúne oito relatos sobre crimes ocorridos no Brasil no decorrer das primeiras décadas do século XX. São histórias resgatadas da imprensa e dos produtos da cultura popular, músicas, filmes e narrativas que o autor garimpou nos arquivos policiais, documentos da justiça e crônicas policiais das revistas ilustradas da *belle époque* brasileira, sendo as histórias datadas entre 1903 e 1930. É uma época de importância particular na obra de Xavier, provavelmente por fornecer a memória pública, que, para um "menino mentido"[1] nascido em São Paulo em 1933 e crescido em Curitiba, seria a fonte de sonhos e pesadelos. Para o leitor de hoje, ainda se trata de uma época significativa entre a Primeira República e a Revolução de 30, em que o país encontrou o rumo entre um passado colonial com uma estrutura social hierárquica e feudal e um projeto de país industrializado sustentado em um processo de alienação, migração e expansão urbana. Assim, as histórias dos crimes famosos de um certo ponto de vista esboçam um retrato torto do país. No conto "O crime de Cravinhos ou da Rainha do Café" a violência se sustenta, por exemplo, num sistema latifundiário brutal confiante na impunidade diante da lei. Também a história "O crime do Tenente Galinha" pode ser lida como uma denúncia da estrutura de poder policial e legal em mãos promíscuas, dos poderosos e da violência grotesca e arbitrária na figura do caçador de bandidos Tenente Galinha, cujo destino é ser assassinado com requintes de crueldade na própria cama, vítima de traição amorosa.

Nessa perspectiva a violência deixa de ser fenômeno marginal e transgressivo para assumir um papel em uma

---

[1] Referente ao livro parcialmente autobiográfico de Xavier, *Minha mãe morrendo e o menino mentido*.

ordem social autoritária. Em outros relatos Xavier retrata crimes que se tornaram exemplares, como é o caso de "Os estranguladores da fé em Deus", que conta a história de um duplo homicídio causado pela cobiça de riqueza, e "Gângsteres num país tropical", que relata um crime organizado ao estilo americano *"hit and run"*. Nos contos "A mala sinistra" e "O outro crime da mala", os assassinatos são resultados do ciúme doentio entre amantes e, em "A noiva não manchada de sangue", o crime é motivado pela honra ofendida. Em "Aí vem o Febrônio", Xavier retoma um dos casos mais enigmáticos: o de um estuprador e assassino em série de menores que agia motivado por delírios eróticos e religiosos. O caso de Febrônio, por se tratar de um assassino escritor e pelas características de sua loucura, fascinou muitos artistas e escritores, entre eles o poeta francês Blaise Cendrars. Durante a década de 1920, Febrônio estuprou e matou uma dúzia de jovens sob a influência de uma espécie de delírio erótico-religioso que em visões o mandava marcar os corpos de jovens eleitos com as letras D.C., V.X., V.I. antes de os estuprar e assassinar. Escreveu um livro, *Revelações do príncipe do fogo*, no qual descrevia suas visões delirantes e que foi queimado pela polícia depois de sua captura em 1927. Não existe nenhum exemplar do livro que ele próprio mandou imprimir e vendia de mão em mão, e dele só se conhecem trechos publicados à época nos jornais da cidade, com suas sentenças místicas.

Cendrars chegou a dedicar um estudo ao caso na preparação de um projeto de filme sobre o Brasil que ia realizar em colaboração com Oswald de Andrade. Como é sabido, o projeto fracassou e o estudo sobre Febrônio posteriormente apareceria na antologia *Etc... Etc... (Um livro 100% brasileiro)*, de 1976. O diretor Silvio Da-Rin lançou em 1984 um curta-metragem sobre o caso chamado *O príncipe do fogo*, e no mesmo ano faleceu Febrônio, interno número 001 no hospício da Colônia Juliano Moreira, em Jacarepaguá, desde 1935. O próprio Valêncio Xavier escreveu um livro inteiro dedicado à história de Febrônio, que, hoje, segundo depoimento do autor, não se encontra em lugar nenhum.

Descrever a violência do Brasil é, no projeto de Xavier, uma maneira de fazer um raio X do país e da cultura em que se vive ao pressupor que a sociedade se caracteriza pelas suas transgressões. Desse ponto de vista, e partindo da hipótese de que a contemporaneidade brota e se desdobra da modernidade incipiente das primeiras três décadas do século passado, os contos podem ser lidos como um catálogo de diferentes tipos de violência e crimes exemplares no contexto histórico do país. A violência é o meio[2] em que o homem vive no continente latino-americano, disse Ariel Dorfman em *Imaginación y violencia en América*, escrito entre 1968 e 1972 sob a impressão da violência dos regimes autoritários no continente latino-americano. O escritor chileno propõe diferenciar a temática da violência em quatro dimensões: uma vertical, matriz da violência social — repressora e autoritária ou rebelde e libertadora — sobre a qual a violência é simbolizada

---

[2]"*La visión general que se tiene, a partir de un centenar de novelas de los últimos veinticinco años, es que el hombre está inmerso en una situación que él no controla, pero que su violencia al encarcelarlo también apunta hacia la forma de solucionar sus problemas.*" Ariel Dorfman, *Imaginación y violencia en América*, p. 37.

literariamente como salvação e recuperação de dignidade e independência. Na dimensão horizontal, intimamente ligada à primeira, testemunhamos a violência intersubjetiva, individual e sempre na fronteira da solidão e da alienação. Aqui uma questão existencial se formula em códigos de honra e vingança, evocando a condição humana de isolamento e não comunicação. Essa problemática se agrava na terceira dimensão interior, inespacial e psicológica na qual a violência é conduzida cegamente por desespero e angústia sem alvo exterior justificado. Finalmente, Dorfman inclui a violência da representação, vendo na literatura um movimento transgressivo de ruptura que possa produzir um efeito contundente de choque com um desenlace semelhante à experiência catártica de purificação das emoções por terror e piedade. Assim, parece haver uma presença da violência na literatura não só na representação temática de uma violência, mas também na exploração pela escrita de efeitos sensíveis que desloca a fronteira do que pode ou não ser dito. Pode-se entender a violência da representação nessa perspectiva ligada à dimensão expressiva e performática da literatura, capaz de mudar as fronteiras do que pode ser representado ou não, do que pode ser escrito ou não, abrindo assim caminho para um reconhecimento dinâmico através da ficção do que é real ou não. A violência performativa agencia na literatura a fronteira entre realidade e ficção ao abrir a possibilidade de reconhecer realidades antes não experimentadas e rompendo as certezas do que é real. Para a experimentação modernista essa redefinição do domínio da ficção se dava por via de rupturas violentas das expectativas do leitor além de sua compreensão do conteúdo, adotando uma espécie de pedagogia do choque. Na ficção posterior ao modernismo, por exemplo, no romance regionalista e neorrealista da década de 1930, a fronteira se redefine ao incluir experiências socialmente marginais e extremas de objeto e formas renovadas da oralidade e do linguajar popular.

A importância da contribuição de Dorfman se encontra na centralidade atribuída à violência para a compreensão da cultura latino-americana e na relação percebida entre a violência político-social, a individual e a experiência estética levada ao extremo da violência. As observações de Dorfman situam a violência em lugar essencial para a compreensão da cultura e da história das sociedades americanas, e o livro de Valêncio Xavier poderia ser entendido como uma ilustração desse insight. No entanto, é Xavier que insiste na relação particular dessa questão com a literatura. Não se trata simplesmente de entender a literatura como uma representação da violência, pois para essa finalidade outras representações — os discursos da notícia, da história ou das ciências sociais — serviriam melhor. Se a literatura privilegia a violência como tema e matéria-prima, é porque a literatura penetra na violência exatamente naquilo que escapa aos outros discursos apenas representativos, naquilo que é o elemento produtivo e catalisador na violência e a faz comunicar. É certo que a violência pode ser entendida como o limite da comunicação, o ponto em que as palavras se rendem ao silêncio da força bruta e em que o diálogo de certa maneira é eclipsado pelo poder. Por outro lado, a violência também pode ser o ponto inicial de uma comunicação, uma imposição que força relações de poder engessadas a se reformularem.

Para a literatura, e principalmente para a narrativa ficcional, o elemento produtivo gira em torno da imaginação injetada pela violência e a natureza enigmática de sua realidade íntima e cruel. O livro de Xavier é escrito como uma espécie de documentarismo ficcional, são "contos verdade", como ele define, isto é, relatos construídos sobre um fundamento de dados factuais pesquisados no Arquivo Oficial do Estado de São Paulo e do Paraná e na Biblioteca Pública para se precaver contra problemas legais. Há um trabalho de estilo sobre essa fronteira de realidade e ficção que o livro também redefine. O narrador usa diferentes técnicas para evocar as vozes dos atores e testemunhos mais diretamente, por exemplo, criando entrevistas e usando depoimentos transcritos que brincam com as formas de interação dos meios de comunicação incipientes com essa realidade. Nesse ponto o livro continua a aprofundar uma interrogação constante na obra de Xavier sobre o hibridismo entre as formas literárias e as formas de comunicação populares, assim como a fricção entre palavras e imagens na nova interface gráfica da imprensa e dos meios de comunicação. A recriação desses recursos nas páginas de um livro tradicional acentua as questões do hibridismo entre texto literário e imagem no espaço restrito da leitura, mas ao mesmo tempo dialoga com o fascínio que certos acontecimentos provocaram no espaço público dos meios de comunicação e que não se esgota totalmente no imaginário popular. No conto "Os estranguladores da fé em Deus", o narrador em primeira pessoa faz referência ao filme documentário *Os estranguladores*, realizado durante o processo pelo operador cinematógrafo Alberto Leal, que acompanha o processo e deixa o desenvolvimento refletido no filme alterando repetidas vezes a versão projetada para sempre incluir novas descobertas.

> Considero muito interessante essa ideia do sr. Alberto Leal de ir acompanhando em filme esse fato real que tanto comoveu a opinião pública, acrescentando a ele os acontecimentos e ideias que vão surgindo com o desenrolar do tempo e suprimindo as cenas que perderam interesse. Sendo assim, o filme nunca estará terminado e se tornará cada vez tão real quanto a própria vida.[3]

Xavier faz menção aqui ao primeiro filme de ficção brasileiro dirigido por António Leal, um sucesso na época, com mais de oitocentas exibições. Os quarenta minutos de projeção eram excepcionais e o tema inaugurou uma preferência pelas histórias de crimes reais e sua reconstrução, que se desdobrou em filmes como *Noivado de sangue*, *Um drama na Tijuca* e *A mala sinistra*.[4]

Desse modo, o filme de Alberto [sic] Leal torna-se no conto uma metáfora de como o fato criminoso se insere no tempo da memória no qual continua a operar, crescer e "tornar-se real" no imaginário popular. Observa-se que o efeito de realidade não é resultado das certezas; pelo contrário, são as incertezas e os enigmas que se aprofundam no decorrer do tempo. Um exemplo é o caso da "Noiva não manchada de sangue", sobre a noiva Albertina, que impunemente e por ciúme de mulher aban-

---
[3] Valêncio Xavier, *Crimes à moda antiga*, p. 24.
[4] Eduardo de Figueiredo Caldas, "Cinema no Brasil".

donada assassina um ex-namorado antes do casamento. "Absolvida, assim termina a história de Albertina e de seu noivado sangrento... ou, talvez, sua história começa aqui e agora, quando seu mistério começa a viver entre nós."[5] No conto sobre "O crime de Cravinhos ou da Rainha do Café", um elemento parecido de mistério mantém a história viva na memória popular: "Talvez um dia o mistério seja levantado, e nesse dia poderemos ver com toda clareza qual a realidade que gerou aqueles trágicos acontecimentos. Certamente, então, eles perderão todo o interesse para nós."[6]

Na obra de Xavier, o fato de mídia aparece no mesmo nível de realidade do fato referencial. Imagens, grafismos e textos de mídia são absorvidos pela escrita, na qual se sobrepõem e abafam o fato referencial de maneira que a colagem de diferentes matérias de jornal, rádio, televisão ou outras expressões (verbetes de dicionário, ilustrações de manuais científicos etc.) ganha uma realidade autônoma pela preservação de sua materialidade reproduzida nas páginas dos livros que Xavier chama de "romances gráficos". Em *Remembranças da menina de rua morta nua* (2006), nota-se o uso de recortes, gravações de locutores de televisão, fotografias, ilustrações, entrevistas, notas escritas à mão por mendigos, cópias de notas de jornal e diferentes recursos gráficos. O conjunto cria uma espécie de "clipping" em torno da história de um crime que ao mesmo tempo se apresenta quase como um roteiro em que a voz do narrador se dissimula na composição de

---

[5] Valêncio Xavier, *Crimes à moda antiga*, p. 43.
[6] Ibidem, p. 109.

vozes estranhas. Assim, o relato se afasta da empatia subjetiva com a voz narrativa, criando, porém, a ilusão da experiência própria diante de uma realidade sempre mediada pelas representações.

É inegável que a violência tem tido uma presença na literatura moderna brasileira que não pode ser reduzida a uma extravagância nem a um gosto pela aberração. De modo contrário a violência aparece ligada como elemento fundador da cultura nacional, e a literatura, além de participar na simbolização da violência, procura nela um veículo para uma experiência criativa que explora e transgride os limites expressivos da escrita literária. Convida-se aqui à hipótese de que a violência atua, tematicamente, na passagem da literatura nacional de seu centro no interior, na região rural e no sertão para um cenário cultural urbano e, esteticamente, na renovação dos moldes do realismo do século XIX para um neorrealismo adequado à complexidade da experiência social do século XX.

Na perspectiva de Dorfman a violência tem sido a matéria própria da cultura latino-americana, sua verdadeira essência social e, em diferentes modalidades, o tema núcleo da sua literatura. Desde o naturalismo até a década de 1940 a literatura girou em torno da violência cometida contra o continente: a conquista, a ocupação e exploração, a aniquilação da cultura indígena, a escravidão, o imperialismo, a luta pela independência etc.; enfim, uma literatura que denunciou o sofrimento e simbolizava os gestos de resistência como indicadores de uma cultura autóctone. A partir do Romance da Terra (a "Novela de la Tierra") ou aquilo que no Brasil corresponde ao "romance de 30", o regionalismo nordestino, a violência se transfigura tematicamente e se reposiciona dentro da procura estética de uma expressividade realista não limitada pelos padrões cientificistas de teor positivista do naturalismo nem pelo psicologismo existencial do romance biográfico e intimista.

Do ponto de vista contemporâneo a relevância da hipótese de Dorfman se desloca para uma literatura urbana que reflete uma nova condição social provocada pelo desenvolvimento econômico que em poucas décadas converteu o Brasil numa sociedade industrial com a população concentrada nas grandes metrópoles. Nessa transformação da estrutura socioeconômico-demográfica do país, testemunhamos o surgimento de uma prosa à procura de uma expressão mais adequada à complexidade da experiência dessa realidade. Nos romances regionalistas a violência se articula dentro de um sistema simbólico de honra e vingança numa realidade social do sertão em que a lei e o monopólio estatal da violência não conseguem garantir a igualdade dos sujeitos, que, ao contrário, são usurpados por regimes totalitários que privam o homem comum de seus direitos e da justiça e o submetem à arbitrariedade do poder. O tema principal do regionalismo pode ser visto como o confronto entre um sistema global de justiça moderno e sistemas locais de regulamento social pelos códigos da honra, da vingança e da retaliação. Onde a lei não penetra ou quando é apropriada por interesses de fazendeiros e pelos poderosos das pequenas comunidades, o homem comum se vê empurrado para a ação dentro das regras simbólicas da honra e da vingança. Assim, toda a temática do cangaço, das lutas entre jagunços, dos heróis justiceiros do sertão representa a articulação histórica de uma ordem social regida pela violência na ausência das garantias da lei de despersonalização da justiça. Percebe-se aqui a violência da honra como uma reminiscência de uma ordem social arcaica que remanesce produtivamente, criando estruturas de identidade cultural em oposição e contraste com uma modernidade não realizada. Em *Livro dos homens*, coleção de contos do escritor pernambucano Ronaldo Correia de Brito, de 2005, as histórias todas evoluem pela dinâmica das obrigações simbólicas na sociedade rural do Nordeste brasileiro. No conto que dá nome ao livro, os vaqueiros são enganados pelo negociante Targino, que usa as arbitrariedades da lei para se apropriar do gado sem pagar. Quando procuram conselho entre seus familiares de Inhamuns, a decisão é clara:

> O dinheiro não contava mais, dessem-no por perdido. A justiça, sim, precisava ser feita, pelo único modo que conheciam. A justiça de Deus tarda, mas não falha. A dos homens tarda e falha. Com firmeza e coragem ela podia ser apressada. O nome de Oliveira estava registrado no Livro dos Homens, na paróquia onde foi batizado. Honrasse o livro ou nunca mais voltasse para casa.[7]

Segundo um estudo elucidativo de Gilles Lipovetsky, podemos entender a violência da honra como a autodefesa da sociedade primitiva contra as arbitrariedades dos interesses particulares e contra o abuso do poder do mais forte. Nesse sentido "a honra e a vingança exprimem dire-

---
[7] Ronaldo Correia de Brito, *Livro dos homens*, p. 172.

tamente a prioridade do conjunto coletivo sobre o agente individual"[8] e não devem ser interpretadas como acontece frequentemente na modernidade, apenas como expressão de uma impulsividade incontrolada e perversa que põe em risco a paz e a ordem da sociedade civilizada. Seguindo essa arguição, a violência das sociedades primitivas deve ser entendida como um mecanismo de coletivização e de socialização que restabelece o equilíbrio social provisoriamente quebrado, garantindo que a realidade não sofra alterações. Por outro lado, significa que o processo civilizatório que possibilita o individualismo da modernidade representa uma perfeição do mecanismo socializante na medida em que desassocia a violência do comportamento social, criando uma instituição judiciária autônoma, um monopólio estatal da violência, cuja finalidade é interditar as violências privadas e liberar o cidadão da sua obrigação simbólica de retaliação. Assim os comportamentos são humanizados e, segundo a análise de Norbert Elias, a violência é desassociada do prazer.

> [...] de sociedades em que a belicosidade, a violência para com o outro se afirmavam livremente passamos a sociedades em que as impulsões agressivas se encontram recalcadas, refreadas, por se terem tornado incompatíveis com a diferenciação cada vez maior das funções sociais, por um lado, e com a monopolização da coação física pelo Estado moderno por outro.[9]

---

[8]Gilles Lipovetsky, *A era do vazio*, p. 163.
[9]Norbert Elias, *La Dynamique de l'Occident*, p. 177.

Trata-se, no declínio das violências privadas, do advento de uma nova lógica social que dissolve e desvaloriza os laços anteriores de dependência pessoal ao possibilitar a emergência do indivíduo autônomo e livre das suas obrigações simbólicas anteriores na família, na tribo ou na pequena sociedade. Desse modo percebemos como o individualismo se baseia na atomização do indivíduo, desagregado das estruturas regidas pela violência, que o libera através de um processo de dessocialização mas também cria uma nova indiferença entre os homens. Nos tempos modernos o indivíduo não é obrigado a responder pela honra da família nem pela própria, já que a defesa dos seus direitos não é mais sua obrigação e sim do Estado, pela lei. Na literatura do regionalismo numa sociedade em que a modernização fracassou ou não foi realizada, vimos o conflito entre esses dois sistemas como uma legitimação que encobre estruturas autoritárias tradicionais, estimulando e revigorizando antigos códigos de honra frequentemente identificados com uma legitimidade social de autodefesa. No romance *Vidas secas*, de Graciliano Ramos, esse conflito é claramente representado no encontro no mato de Fabiano com o soldado amarelo que antes abusara do seu uniforme para castigar o retirante sem justificativa. O primeiro impulso de Fabiano é aproveitar o encontro casual para se vingar com o facão, uma ação que, embora compreensível, o jogaria na lógica dos cangaceiros. O apavorado soldado amarelo entende o conflito que atua na hesitação de Fabiano, mas acaba favorável à obediência à autoridade: "Governo é governo", reflete Fabiano, e, embora esteja prestes a partir a cabeça do soldado, acaba ajudando-o a voltar para o caminho.

Esse episódio é central para o romance, pois metaforiza uma opção fundamental do herói que o leva a abandonar o sertão e emigrar para a cidade. Na prosa de Guimarães Rosa o mesmo conflito persiste, mas agora com uma ênfase sobre os valores simbólicos da violência da honra. No entanto, surge uma terceira possibilidade implícita: a de uma retirada do lugar de conflito indo para a cidade, como quando Turíbio Todo sente aumentar a pressão do seu adversário no conto "O duelo", de *Sagarana* (1956). Ele resolve "dar um tempo" em São Paulo, esperando que seu inimigo, Cassiano Gomes, se canse da vingança. Dessa forma percebemos em Rosa a presença de uma realidade urbana emergente capaz de dissolver os conflitos do sertão, matéria-prima de sua narrativa. Um outro exemplo do mesmo livro é "A hora e vez de Augusto Matraga", cuja narrativa é construída sobre a incompatibilidade de duas lógicas na vida de Augusto. Por um lado a lógica da vingança, a necessidade implacável de retribuir a tentativa de assassinato sofrida, por outro a lógica da "paciência", à procura de uma verdadeira redenção de sua "ruindade". Na cena final, em que Augusto resolve defender uma família indefesa vítima da vingança dos cangaceiros sob o comando de seu amigo Joãozinho Bem Bem, sua intervenção logra a simbiose das duas lógicas em que sua luta tanto o redime de sua vingança quanto o justifica e salva aos olhos da misericórdia e da paciência cristã. Rosa ainda considera a força da vingança a substância do sertão, sem necessariamente defender seus exageros, e coloca toda a estrutura narrativa a seu serviço, dando à sua literatura uma força superior que não se explica apenas pela mestria expressiva e estilística, mas, a meu ver, em primeiro lugar pela sensibilidade que tem na representação dessa lógica como veículo da realidade humana no sertão. Também o clássico modernista de Rosa, *Grande sertão: veredas*, romance cuja trama é construída em torno da batalha entre Riobaldo e Hermógenes, atinge seu clímax na luta decisiva entre Diadorim e Hermógenes. Sem poder intervir, Riobaldo assiste ao duelo, embora fosse ele quem deveria lutar, e acaba desmaiando, como se fosse levado pelo redemoinho diabólico — o redemoinho do choque entre os dois. Nessa violência pura e indescritível, o furor da luta, a faca na carne, o sofrimento, a raiva, a dor e tudo que ela implica se cristaliza no instante de atração e, como se fosse a presença viva do vazio da morte, absorve tudo à sua volta. Depois de recuperar a consciência, Riobaldo encontra seu amigo e profundo amor, Diadorim, morto, e percebe que se trata de uma mulher e que sua verdadeira identidade teria possibilitado seu amor. Além de ser essa luta a culminação da história de Riobaldo, percebemos também que a expressão literária aqui atinge seu limite, numa fusão entre o dizível e o indizível e entre o visível e o invisível em que se concretiza o enigma que percorre e motiva toda a narrativa.

Qual é a relação entre a preferência da nova geração de escritores brasileiros pelos temas da violência urbana e a procura de renovação da prosa nacional? A cidade, e sobretudo a vida marginal nos *bas-fonds* das metrópoles brasileiras, tornou-se, a partir da década de 1970, um novo pano de fundo para uma revitalização do realismo literário, e a violência, um elemento aqui presente e definidor, converte-se em desafio para os esforços expressivos desses escritores. A narrativa das últimas décadas do século XX desenhou uma nova imagem da realidade urbana — e da cidade como espaço simbólico e sociocultural —, tentando superar as limitações de um realismo — ou memorialista ou documentário — que, embora acompanhando as mudanças socioculturais, já não conseguia refletir a cidade como condição radicalmente nova para a experiência histórica.

A realidade complexa das grandes metrópoles brasileiras se apresenta na prosa dos anos 1960 e 1970 como um novo cenário para a narrativa de uma geração emergente. O momento histórico da "geração pós-64"[10] — formada por escritores como Rubem Fonseca, Roberto Drummond, Mafra Carbonieri, Garcia de Paiva, Flávio Moreira da Costa, Manuel Lobato e Wander Piroli — era marcado pelo autoritarismo político e surgia, por razões óbvias, com o propósito principal de denunciar a repressão exercida pelas forças do Estado-segurança. As lutas contra as torturas, as prisões e a repressão, assim como a vida na clandestinidade, tornaram-se tópicos tão importantes quanto os conflitos sociais entre pobres e ricos nas grandes cidades. Durante a década de 1970, três tendências perfilavam as abordagens literárias com a situação sociopolítica: em primeiro lugar, surge uma prosa engajada em torno do tema da luta contra o regime militar e a clandestinidade, com títulos como *A casa de vidro*, de Ivan Ângelo, *O calor das coisas*, de Nélida Piñon, e *Os carbonários*, de Alfredo Sirkis.[11] Em segundo lugar, populariza-se uma nova tendência, o realismo documentário, inspirado nas reportagens da imprensa,

---

[10] Fábio Lucas, "A violência como reflexo temático", p. 145-155.
[11] Uma literatura que se aproxima do memorialismo autobiográfico, como mais tarde em *O que é isso, companheiro?*, de Fernando Gabeira.

denunciando a violência repressiva dos aparelhos policiais e esquivando-se da censura nos jornais por via do meio literário, como nos livros *Pixote, a lei do mais fraco* e *Lúcio Flávio, o passageiro da agonia*, de José Louzeiro, e *A república dos assassinos*, de Aguinaldo Silva. Em terceiro lugar, ganha força uma vertente denominada por Alfredo Bosi de "brutalismo"[12] — detonado por Rubem Fonseca em 1963, com a antologia de contos *Os prisioneiros*. Essa vertente, em termos de tema, se caracteriza pelas descrições e recriações da violência social entre bandidos, prostitutas, leões de chácara, policiais corruptos e mendigos. Sem abrir mão do compromisso literário, Fonseca cria um estilo próprio — enxuto, direto, comunicativo —, de temáticas do submundo carioca, apropriando-se não só das histórias e tragédias cotidianas deste, mas, também, de uma linguagem coloquial que resultava inovadora para o seu particular "realismo marginal". Outros escritores como Júlio Gomide, Ignacio de Loyola Brandão, Roberto Drummond e, mais tarde, Sérgio Sant'Anna, Caio Fernando Abreu e João Gilberto Noll seguem os passos de Fonseca e de seu companheiro, precursor e alma gêmea, o paranaense Dalton Trevisan, desnudando uma espécie de "crueza humana" até então inédita na literatura brasileira. Para a maior parte da crítica e para alguns censores[13] do Estado, a revelação

---

[12] Alfredo Bosi, *O conto brasileiro contemporâneo*.
[13] Em 1976 o livro de contos *Feliz Ano Novo*, de Rubem Fonseca, foi confiscado pela censura do Estado por ser "atentatório à moral e aos bons costumes". O escritor entrou com recurso contra a decisão, mas em 1980 a Justiça confirmou a sentença, alegando que o livro "incitava à violência". Só em 1988 o tribunal resolveu apoiar a causa do escritor e liberar a reedição do livro, além de indenizá-lo por danos materiais.

das paixões violentas e da desumanização da vida urbana continha uma denúncia implícita da realidade brutal emergente do regime político repressivo. Com certa razão, via-se nessa literatura uma implícita apologia à violência, incitando a revoltas violentas contra um aparelho estatal sem legitimidade. Era como dizer: "Se a realidade social é violenta e autodestrutiva, é apenas consequência de uma violência maior do próprio sistema, que por sua vez acaba legitimando a violência social, contanto que esta se dirija contra os poderosos guiada de modo politicamente correto." Mas, por outro lado, havia na literatura da época uma tentativa de compreensão de uma realidade social excluída, já representando a reação da classe média urbana às ameaças criadas pelas crescentes desigualdades sociais: assaltos, sequestros e assassinatos. Nesse aspecto a ficcionalização literária da época pode ser compreendida em termos de ressimbolização da violenta realidade emergente dos confrontos sociais no submundo das grandes cidades. A recriação literária de uma linguagem coloquial "chula" desconhecida pelo público de leitores representava a vontade de superar as barreiras sociais da comunicação e, ao mesmo tempo, imbuir a própria linguagem literária de uma nova vitalidade, para poder sair do impasse do realismo tradicional diante da moderna realidade urbana.

"Intestino grosso", o conto final de *Feliz Ano Novo*, é construído como uma entrevista com um escritor acusado de ser "pornográfico", apontando para um alter-ego de Fonseca cujo livro seria censurado exatamente por usar uma linguagem "pornográfica". Os argumentos do autor entrevistado são conhecidos e sua crítica da literatura brasileira tradicional pode ser lida como texto programático para uma nova prosa de origem urbana e a preferência por histórias sórdidas da vida nos submundos marginais e excluídos das grandes metrópoles. Na entrevista o autor assume ser "pornográfico" por serem seus livros "cheios de miseráveis sem dentes". Assim, a noção de pornografia — assumida pelo entrevistado, polemicamente rejeitando o argumento favorito da censura — não corresponde à definição tradicional. O autor não identifica sua literatura dentro das características próprias do gênero, pois a pornografia é reivindicada pelo autor-personagem como a literatura que, ao revelar temas proibidos e excluídos, procura uma nova eficiência expressiva da linguagem literária. Segundo o entrevistado, o problema do romance realista e naturalista é que ele não oferece mais, na atualidade, a proximidade ficcional da realidade que leva à identificação com os personagens, despertando as emoções dos leitores. Isso acontece, por um lado, em consequência de um desfoque temático em que as "paisagens típicas" que funcionavam como pano de fundo para essas narrativas há muito deixaram de expressar a nova realidade urbana que condiciona a maioria da população. Por outro lado, houve uma perda do "ileso gume" poético da palavra utilizada, isto é, perda de força expressiva e com isso de capacidade simbolizadora da realidade descrita. O tema e o objeto continuam, talvez, iguais ou parecidos, mas a linguagem literária deixou de extrair deles um conteúdo de valor humano.

Diante dessa impotência, uma das opções é escolher outros temas e objetos ligados a tudo o que é excluído e proibido em nossa cultura — não só o sexo, que hoje já não recebe o mesmo estigma cultural, mas a miséria, a violência, a loucura e a morte. A linguagem literária se confronta indiretamente com a proibição excludente do regime discursivo que domina nossa sociedade e que, materialmente, se garante através de instituições, meios de comunicação, estruturas cibernéticas etc. Quando a literatura — articulando-se à procura de inovação expressiva — se depara com os limites da representação, chega a expressar, na derrota da transgressão, a própria proibição na sua forma mais concreta. Dessa forma a batalha se dá dentro da linguagem, num embalo entre literatura subversiva e discurso afirmativo, definindo o que merece ser considerado "real" ou não. No centro da criação literária, o esforço poético visa a criar efeitos de "realidade" através das emoções mais violentas, e não a procurar prazeres ilusórios. Para o autor-personagem de Fonseca, trata-se de buscar um "palavrão pra valer", pois só o palavrão parece surtir efeito, e, assim, criar algo na literatura que pelo menos serve de pretexto para o escândalo. Em "Corpo a corpo com a vida", posfácio do livro *Malhação do Judas carioca*, de João Antônio, o autor formula a seguinte crítica da prosa dos anos 1970:

> A desconhecida vida de nossas favelas, local onde mais se canta e onde mais existe um espírito comunitário; a inédita vida industrial; os nossos subúrbios escondendo quase sempre setenta e cinco por cento de nossas populações urbanas; os nossos interiores — os nossos intestinos, enfim, onde estão em nossa literatura? Em seus lugares não estarão colocados os realismos fantásticos, as semiologias translúcidas, os hipermodelismos pansexuais, os suprarrealismos hermenêuticos, os lambuzados estrutu-

ralismos processuais? Enquanto isso, os aspectos da vida brasileira estão aí, inéditos, não tocados, deixados para lá, adiados eternamente e aguardando os comunicadores, artistas e intérpretes.[14]

Entre seus contemporâneos, João Antônio tinha um público de leitores significativo, ao mesmo tempo que recebia um certo desprezo por parte da crítica pelo teor anti-intelectual, apolítico e "populista" do seu discurso. Era chamado de "neonaturalista", o que não era nada positivo, pois refletia a crítica de Lukács do romance naturalista do século XIX, mas, por outro lado, expressava como o autor fonsequiano do conto "Intestino grosso" uma vontade de inovação que identificava a marginalidade das cidades grandes como o cenário predileto.

Nessa perspectiva o autor urbano das décadas de 1960 e 1970 se inscreve numa ambição literária mais ampla, à procura de um "transrealismo" — expressão do real além da realidade — que ao mesmo tempo dê conta de uma nova experiência social urbana, e, para esse fim, o autor precisa revitalizar a linguagem poética, transgredindo as barreiras proibitivas da significação. É importante frisar que a metrópole brasileira oferece excelente cenário para a encenação dessa procura, pois a realidade proibida e excluída é flagrada a olho nu, assim como a linguagem coloquial que interage com ela e a subjetividade permanentemente interpelada, tanto pela ordem discursiva, social e reguladora quanto pelo impacto não discursivo da violência, da miséria e da morte.

---

[14]João Antônio, *Malhação do Judas carioca*, p. 141.

Optar por uma linguagem "pornográfica" não resolve em si essa questão, mas fertiliza a linguagem literária com uma dinâmica que desestabiliza o aspecto proibitivo do discurso, aproximando-se do objeto "maldito" e não comunicável e permitindo, assim, reconhecerem-se na escrita as fronteiras de sua expressividade, uma condição para a ressimbolização.

Vários estudos filosóficos e antropológicos de Roger Callois, Georges Bataille, Jean Baudrillard e Michel Serres entendem a violência tanto como condição da cultura e da sociabilidade quanto como seu pior inimigo, como uma ameaça constante à paz social. A cultura se constitui sobre um violento ato originário e fundador, um sacrifício ou um crime coletivo — a crucificação de Jesus, o rapto das Sabinas, o assassinato de Abel, o parricídio originário etc. — a partir do qual se instala uma lei reguladora e simbolizadora da violência. A lei instaura a violência, ritualmente, ou, na modernidade, institucionalmente (o monopólio estatal da violência), e, garantindo o "seu lugar" na sociabilidade, assegura simultaneamente a paz coletiva. Na teoria de René Girard, é a importância dada à *mimesis* que nos parece uma possibilidade de avaliar a arte e a literatura contemporâneas em bases estéticas e éticas sem recuar a juízos normativos. O autor propõe entender arte e literatura como substitutos parciais dos rituais sacralizadores de uma determinada realidade. Ou, em outras palavras, se a literatura na civilização secularizada substitui as práticas rituais, como avaliar a sua capacidade ressimbolizadora da comunicação fronteiriça com o Outro — o excluído, o sagrado, a violência e a morte?

A simbolização da violência significa que se forma um instrumentário discursivo para tratar dela. Podemos falar da violência em termos clínicos, jornalísticos e morais, porém há expressões da violência que escapam a essa identificação institucional e se enfrentam com a censura no próprio discurso. O mais importante não é identificar a literatura para a qual a violência é tema e conteúdo. Quando a violência se articula na fronteira da capacidade expressiva da linguagem e quando a transgressão desse limite é idêntica à capacidade de ressimbolizar aquilo que foi excluído pela lei do discurso, inicia-se uma comunicação poética entre o real e o ficcional, entre o verdadeiro e o falso, entre o representado e o imaginado, entre o universal e o particular e entre o público e o privado.

Na medida em que a literatura permite a comunicação nesse sentido, podemos avaliar as obras não apenas como documentos de uma determinada experiência histórica, real ou imaginária, mas como uma contribuição concreta à ressimbolização de uma realidade incômoda e incompreensível para o discurso "sensato". É nesse sentido que entendemos a procura de uma realidade suprarreal (o transrealismo) na narrativa contemporânea. O problema na representação contemporânea não está na escolha do objeto fascinante da violência, mas na falta de capacidade de expressá-lo de modo suficientemente "real", quer dizer, simbolicamente redentor. Desde a tragédia antiga se conhece e reconhece o poder catártico da representação, mas na modernidade raramente se ousa discutir esse aspecto, a não ser sob uma implícita recusa dos espetáculos de massa — procissões religiosas, eventos de esporte, concertos de rock etc. —, suspeitos por sua força de mobilização e seu fascínio sensível, considerados contraproducentes para o juízo racional do público. A representação da violência pelos grandes veículos de comunicação é com frequência criticada — e com razão — por explorar unicamente os aspectos de fascínio gratuito e oferecer legitimidade a soluções violentas diante da nova realidade urbana brasileira. A literatura não escaparia dessa crítica, pois tem sido censurada por tratar da realidade "maldita", isto é, excluída da comunicação social. A comunicação desse tema proibido é em si considerada uma "violência verbal", que pode contagiar a estabilidade social ao inspirar e estimular a cometer atos violentos como consequência de sua "força" comunicativa, e deve, segundo os censores da opinião pública, ser considerada ofensiva e perigosa. E assim, suspeita de exaltar e glorificar a violência, uma certa prosa urbana acaba sendo denunciada por contagiar o meio social dos leitores, estimulando e justificando as suas reações violentas. Nessa arguição — explícita na censura histórica e implícita na rejeição crítica de um certo "neonaturalismo" — encontramos uma expressão concreta e articulada de um nível de censura mais profunda que opera dentro do próprio discurso e na consciência do autor e que regula "sobre o que" é possível falar e "de que maneira". O antropólogo francês Michel de Certeau insiste nessa relação entre os novos cenários urbanos e vê na violência um índice de um princípio de civilização oculto que a literatura pode realizar ficcionalmente.

> Se é verdade que toda ordem mantém uma relação necessária com a violência de uma outra indomável (expressa em um crime mítico, em um conflito admitido, em uma categoria social), temos aqui (na cidade) o crime perfeito, aquele que não deixa na linguagem nenhum outro vestígio a não ser seu anonimato.[15]

Ao ser interpretada como expressão material da dessimbolização da violência fundadora por parte da nossa cultura, a cidade produz ao mesmo tempo uma violência anárquica e horizontal cada vez mais contagiosa. Os escritores decifram a cidade como um sistema de códigos que refletem a ordem de uma sociedade que pretende fundar-se na racionalidade, mas, por outro lado, percebem-se aqui *in extremis* situações em que a cultura como urbanidade é colocada em xeque pela necessidade que o homem tem de manter a relação ritual com os seus limites. Embora a literatura também seja um documento histórico de uma experiência real da violência, a maior parte dos autores dos anos 1970 e 1980 reconstrói o fenômeno de modo livre, a partir dos seus aspectos imaginários, e consegue por meios estéticos articular um novo espaço comunicativo com a violência, chegando a problematizar a sua comunicabilidade ou incomunicabilidade no convívio social. A literatura que expressa a violência modifica-a sempre que reencena os limites de sua possibilidade. Essa reencenação representativa atua no sentido de ressimbolizar o conteúdo excluído. Comunicar a violência é como tentar superar o silêncio da não comunicação violenta, ou seja,

---
[15]Michel de Certeau, *A cultura no plural*, p. 91.

aquele instante em que as palavras cedem e abrem lugar para a violência. Comunicar a violência é uma maneira não de divulgar a violência, mas de ressimbolizá-la e de reverbalizá-la.

A cidade oferece um cenário privilegiado para a procura literária de uma nova expressividade. A experiência urbana se encontra simultaneamente inscrita na lógica da cidade que contribui para o controle dos conflitos sociais e na expressão visível desse caos que brota e se prolifera à margem da ordem. Esse confronto se articula no nível da subjetividade do cidadão, em que se percebem os limites da liberdade de ação que o indivíduo experimenta diante da complexa realidade urbana. Mas também é na relação entre sujeito como corpo sensível e a cidade como realidade estética que um confronto e uma simbiose novos se concretizam. Na experiência crua e, frequentemente, penosa do urbano, o autor contemporâneo percebe uma redenção possível da cidade como realidade humana. Nessa perspectiva encontramos, curiosamente, um resíduo romântico num sonho latente de reconciliação com uma realidade alienada da cidade por meio de um "mergulho" naquilo que ela oferece de mais sensível.

No romance experimental de Rubem Fonseca *O caso Morel*, de 1973, o narrador expressa essa ambição da seguinte forma: "Se a realidade pudesse entrar em contato direto com o nosso consciente, se pudéssemos nos comunicar imediatamente com as coisas e com nós mesmos, provavelmente a arte seria inútil, ou melhor, todos seríamos artistas."[16] O transrealismo formula-se aqui

---
[16]Rubem Fonseca, *O caso Morel*, p. 99.

como um momento de fusão entre experiência sensível da realidade e consciência do sujeito. Na entrada dos anos 1980 a prosa brasileira abandona cada vez mais o compromisso histórico com o tema da realidade urbana em favor dessa procura de uma outra experiência quase mística do indivíduo na identificação extrema com o cenário urbano.

Na literatura contemporânea a experiência urbana se escreve revelando a tensão entre a cidade como dispositivo disciplinador e a desordem advinda da interação humana. Esse confronto se articula no nível da subjetividade do cidadão que percebe o limite da liberdade de ação diante da complexa realidade urbana e, simultaneamente, o exercício de uma outra apropriação do espaço simbólico da cidade. Na literatura urbana, a nostalgia da cidade se articula como saudade da cidade orgânica, como procura de uma realidade mais "autêntica", ao mesmo tempo que a cidade oferece um cenário privilegiado para a procura literária de uma nova expressividade.

Essa relação entre sujeito e cidade como experiência vital se ilustra com dois exemplos limítrofes encontrados nas obras de Rubem Fonseca e de João Gilberto Noll. O primeiro exemplo é dado por Noll, cujo romance *A fúria do corpo* (1980) mostra a cidade do Rio de Janeiro no registro da vivência de um casal de mendigos cujo erotismo se descreve como uma relação sensível, carnal e erótica com o corpo orgânico da própria cidade, encontrado na vitalidade violenta que o submundo urbano nutre. A subjetividade dos personagens parece absorver a cidade e, assim, confundi-la com o próprio corpo, não conseguindo separar a experiência sensível da realidade factível. Ou, como diz a mulher repetidas vezes: "Não há remédio quando os sentidos superam a realidade porque a realidade então está condenada."[17] Na ausência de distância entre experiência sensível e realidade objetiva, a cidade aparece organicamente como palco das violentas mutações entre vida e morte:

> [...] é o movimento e desse movimento salta um punhal que entra na barriga de um dos homens que cai enrodilhado em volta da ferida botando sangue pela boca e assim vamos pela Atlântica apreciando um homem barbudo e travestido numa mulher toda sinuosa qual cobra diz sinuosamente que esse é o último carnaval do Rio Brasil mundo.[18]

Os mendigos procuram, na cidade, se aproximar dessa vida mais concreta, mais real, mais sensível do que a vida nas palavras bem-comportadas, como se a cidade fosse uma "segunda natureza" com a qual o indivíduo só se integra deixando-se levar e seduzir sem resistir ao seu abalo sensível. Na sujeira, na miséria, na violência e no erotismo — "fodendo com a carne do mundo" —, os personagens encontram, redimindo o abjeto, tudo aquilo que nos rejeita e espanta, uma verdade quase mística.

Essa experiência suprassensível da cidade se expressa no extremo de um estilo barroco de escrita saturada e complexa que pretende desvendar a verdadeira essência humana da cidade:

---
[17] João Gilberto Noll, *A fúria do corpo*, p. 152.
[18] Ibidem, p. 151.

[...] que não tem essa de ficar chamando a palavra de adjetivo ou de verbo que a palavra é como a gente, gente má ou gente boa, gente loura ou morena, nada disso importa porque existem apenas duas categorias, os mortos-vivos e os que renascem, que para a palavra renascer tem que se reencarnar no seio que a gerou e o resto é palavra morta, dita em bocas deterioradas para a verdadeira fala, aquela que não diz apenas mas proclama, que proclama não o sentido seviciado por mentiras mas proclama a experiência genuína; olha se eu não encontrar esta fala vou embora.[19]

A subjetividade exacerbada se eclipsa e se dissolve na cidade e se confunde com ela numa experiência que só pode desembocar na loucura. Dessa forma a hipersensibilização, a extrema individuação da vivência urbana acaba no seu oposto, no apocalipse do sujeito como tal. Talvez seja por isso que a narrativa posterior de Noll toma um rumo completamente diferente, em que a subjetividade já não se expressa como desejo, iniciativa, vontade própria, mas apenas como um vazio preenchido pela cidade como circunstância. Como se a cidade — por exemplo do romance *Hotel Atlântico* — fosse uma materialidade anônima, um espelho vazio para um sujeito sem rosto nem perfil.

A obra inicial de Rubem Fonseca se destaca em originalidade temática pela maneira como logra recriar um ambiente urbano de classes e grupos marginais que nunca antes haviam merecido a atenção dos escritores brasileiros. Com isso Fonseca inaugura uma vertente que aponta para

---

[19] Ibidem, p. 268.

a construção de um novo mundo urbano como objeto ficcional, incluindo a denúncia e a crítica implícita de uma realidade autoritária e abandonando o "didatismo" político que até aquele momento caraterizava o realismo social mais engajado. Mas sob a cidade crua e brutal de Fonseca sempre se esconde a melancólica procura do objeto perdido, como o subtexto que motiva a representação afirmativa da violência urbana. Num dos textos mais famosos de Fonseca, "O cobrador" — que acaba na conversão irônica do psicopata vingador em terrorista político —, o personagem revela surpreendentemente a motivação romântica da sua fúria:

> Também não sairei mais pelo parque do Flamengo, olhando as árvores, os troncos, a raiz, as folhas, a sombra, escolhendo a árvore que eu queria ter, que eu sempre quis ter, num pedaço de chão de terra batida. Eu as vi crescer no parque e me alegrava quando chovia e a terra se empapava de água, as folhas lavadas de chuva, o vento balançando os galhos, enquanto os carros dos canalhas passavam velozmente sem que eles olhassem para os lados. Já não perco meu tempo com sonhos.[20]

A prosa de Fonseca se mostra como um meio eficiente de apreensão ficcional da realidade "demasiado humana" da violência, e também como uma reelaboração dessa realidade em função da sua comunicação literária.

Na coletânea de contos *Romance negro* (1992), encontramos no conto "A arte de andar pelas ruas do Rio de

---
[20] Rubem Fonseca, *Contos reunidos*, p. 504.

Janeiro" um personagem cuja relação com a cidade resulta exemplar para a procura de uma realidade autêntica enterrada nas ruínas da metrópole. Augusto, cujo verdadeiro nome é Epifânio, anda pelas ruas do Rio de Janeiro com o apetite visual insaciável do *flaneur* de Baudelaire e com a empatia com a paisagem urbana do *promeneur* das *Confissões* de Rousseau.

> Augusto olha com atenção tudo o que pode ser visto, fachadas, telhados, portas, janelas, cartazes pregados nas paredes, letreiros comerciais luminosos ou não, buraco nas calçadas, latas de lixo, bueiros, o chão que pisa, passarinhos bebendo água nas poças, veículos e principalmente pessoas.[21]

O Rio de Janeiro abre para Augusto uma realidade dual, dividida entre a cidade real — tátil e visível — e a cidade ideal — epifânica e introspectiva. Augusto anda pelas ruas, conquista-as expansivamente para a experiência e reflete sobre si mesmo ao pensar nas paisagens vistas. Como ao *promeneur* de Rousseau, a paisagem romântica dá oportunidade para a contemplação reflexiva e sutilmente indica uma idealidade elevada. Só que a outra realidade, para Augusto, é encontrada no coração do que há de mais denegrido, infame e expulso do mundo visível. Há um movimento de inversão do ideal artístico, que inspirava a elevada imaginação do escritor romântico, pois, se este encontrava a realização da idealidade na harmonia entre o andarilho e a paisagem natural, Augusto encontra o

---

[21] Ibidem, p. 594.

"suprarreal" no mais baixo, na segunda natureza da paisagem urbana. O que Augusto procura é o nível invisível da cidade, e mergulha no seu centro, que não tem perspectiva, não tem morro; no qual a realidade parece existir à margem do visível: "Não dá para se ter a menor ideia de como é o centro, não se veem as calçadas das ruas, quando muito vê-se em certos dias o ar poluído sobre a cidade."[22] Além da cidade visível, Augusto procura uma aproximação com a realidade urbana que só é vivida pelas prostitutas, pelos mais pobres, pelos mendigos e por todas as existências que não tentam subjetivamente se sobrepor à cidade, mas que se deixam absorver sem resistência e em toda a sua subjetividade pela objetiva condição urbana. Assim, o indivíduo marginal sobrevive cruamente, sem ilusões nem sentimentos incômodos, com a brutalidade que o rodeia, encontrando, como o próprio Augusto, faíscas de esperança na vida que apesar de tudo aqui se desenvolve, e tirando até algum proveito do conhecimento que essa realidade informal lhe fornece.

Em *O caso Morel* percebe-se um exemplo claro do projeto literário de Rubem Fonseca de renovar o compromisso realista e ao mesmo tempo uma exceção relativa ao procurar de modo experimental se colocar no limite transgressivo e violento da experiência literária moderna. Em diálogo com a crítica textualista e discursiva dos anos 1970, o romance se apresenta excepcionalmente como uma experiência formal que mistura vários fragmentos de gêneros como romance, diário, relatório policial, citações apócrifas, laudo de autópsia, cartas etc. Dentro de uma

---
[22] Ibidem, p. 597.

metadiscussão pseudoacadêmica sobre como representar a realidade,[23] o enredo se desenvolve como a procura da verdade sobre a morte de Joana (ou Heloísa), amante de Morel (ou Morais), que é o narrador principal, acusado de assassinato. Nos romances posteriores de Fonseca, esse tipo de encenação intertextual não é comum, mas aqui a narração mantém uma dupla articulação como a narração de um crime e a história do *devir* da narração. Para o narrador e personagem principal — o músico, pintor e fotógrafo Paul Morel (ou Morais) — a escrita serve explicitamente de instrumento na rememoração dos fatos que levaram à morte de Joana como uma espécie de *Durcharbeitung* (perlaboração) freudiana em que o narrador tenta reviver os fatos por meio do processo artístico de criação. Dessa forma, as palavras na consciência do narrador procuram sua origem num enigma que, embora articulado como o segredo convencional do gênero policial — "quem é o culpado?" —, encobre um enigma mais fundamental sobre a relação entre a escrita e os fatos. No processo de procura do narrador, trata-se de revelar os acontecimentos em torno da morte de Joana, mas, ao mesmo tempo, a escrita parece ser para o narrador o meio através do qual a realidade emerge como evento do real sensível. Se o romance se constrói narrativamente como uma imersão na memória oculta de Morel numa reconstrução dos fatos, de uma perspectiva de leitura, os fatos emergem entre as várias explicações textuais numa

---

[23] "Obrigada pelo estímulo. Temos então aquilo que se pode denominar de realidade da imagem, por um lado, e realidade de *l'image*, por outro." (Rubem Fonseca, *O caso Morel*, p. 163.)

aproximação crescente entre as palavras e as coisas. O verdadeiro enigma se intercala aqui como uma distância intransponível que, apesar dos empenhos de detetive por parte dos personagens e dos leitores, não é diluída mas resta como o silêncio da vítima Joana. Permanece sem resposta a pergunta-chave sobre o que realmente aconteceu naquela tarde na praia entre Morel e Joana.

Numa primeira versão Morel escreve:

> Passamos a tarde bebendo, em silêncio. Depois saímos e Joana deitou na areia. Ficamos olhando o pôr do sol. Depois espanquei Joana a pontapés, como se ela fosse uma lata vazia.
> "Viu o que você me fez fazer?"
> Ela não respondeu.
> "Tenho horror de crueldade", eu disse, quase chorando.
> Joana abriu os olhos e fitou o céu tranquilamente. Sua boca estava manchada de sangue mas ela não parecia sentir dor.
> "Não quero mais te ver", eu disse.
> Fui para casa.[24]

Em seguida vem uma segunda versão:

> Dei pontapé em Joana. Ela riu. Continuei dando pontapé nela enquanto ela ria e eu olhava o pôr do sol. Era uma coisa linda, indescritível.
> Joana parou de rir.[25]

---
[24]Ibidem, p. 112.
[25]Ibidem, p. 112.

Assim o relato chega ao fim sem aliviar a dúvida sobre o que realmente aconteceu naquele dia. Se Joana morreu em consequência do espancamento de Morel? Se foi Francisco, seu admirador zeloso, ou o casal de caseiros pobres que ocultou seu cadáver? E quem se pode culpar pela sua morte, se ela mesma parecia procurá-la e provocá-la nos rituais sadomasoquistas? O romance introduz um segredo sem solução e sem alívio hermenêutico para o leitor, algo que se tornaria uma característica típica do romance policial de Fonseca. Na frustração da procura do detetive, Fonseca não tenta apenas copiar um traço *noir* do *Falcão maltês*, mas dirige a atenção para a aparição da realidade como sentido na linguagem. Com o mesmo empenho com que Morel procura uma comunicação afetiva com o mundo alienado, culminando com a violência explícita contra Joana, a escrita do romance tenta penetrar na realidade sensível, levando a palavra a se eclipsar no silêncio da morte. É dessa forma que o fato inominável e incomunicável transparece no relato como o avesso da expressão no qual já não existe representação possível. A opção temática pela violência na prosa de Fonseca pode nesse momento ser entendida como reflexo de uma procura expressiva visando à inovação das linguagens literárias da tradição. Embora Fonseca muitas vezes seja considerado "pós-moderno", por exemplo, pela presença da realidade das mídias na consciência dos personagens, sua literatura não nasce identificada com um questionamento cético da realidade e do sentido. Seu alvo principal parece, na década de 1970, consistir em encontrar uma linguagem ou expressão literária adequada à nova realidade urbana diante da impotência do realismo histórico e da experiência modernista. Nesse sentido, é melhor caracterizar sua prosa de neorrealista, insistindo que a denominação neo-, hiper- ou transrealismo se qualifica na obra de maneira singular dentro da perspectiva temática da violência. Enquanto o realismo histórico procurava a "ilusão de realidade" através do mimetismo discreto e distanciado da linguagem convencionalmente comum — um "efeito do real", diria Barthes —,[26] o neorrealismo de Fonseca está na concretude sensual da sua linguagem, que parece conter a vivência direta do fato — um "afeto do real" —, em que a representação da violência se converte na violência da representação.

Embora a literatura seja também um documento histórico de uma experiência real da violência, a maior parte dos autores brasileiros contemporâneos reconstrói o fenômeno de modo livre, a partir dos seus aspectos imaginários, e consegue, por meios estéticos, articular um novo espaço comunicativo com a violência que chega a problematizar a sua comunicabilidade ou não comunicabilidade no convívio social. Um outro exemplo já clássico encontramos em O *monstro* (1994), de Sérgio Sant'Anna. Composto por três contos, o livro aborda temas relacionados ao mistério da violência erótica, principalmente o conto que dá nome à coletânea. Com a estrutura de uma entrevista, em duas partes, "O monstro" relata o encontro do repórter Alfredo Novalis, da revista *Flagrante*, com o professor de filosofia Antenor Lott Marçal, assassino confesso de Frederica, uma moça quase cega. Antenor se entregou à polícia para confessar que ele e sua noiva Marieta tinham matado a jovem depois de drogá-la com

---

[26]Roland Barthes, "O efeito de real".

éter e abusar dela sexualmente. Um crime hediondo cuja terrível crueldade aparece em contraste com o discurso articulado, calmo e documentário do assassino entrevistado.

A primeira característica do conto que cabe ressaltar é a forma mista entre um discurso jornalístico (a entrevista) e o relato confessional. Por um, um diálogo sereno e enxuto que inscreve a descrição dos acontecimentos numa narração simples, linear e factual. Por outro, a intimidade da voz em primeira pessoa, que garante a veracidade do acontecido e ao mesmo tempo expressa uma tentativa de explicar-se embora sem nenhuma justificativa. O tom cínico e cruel é resultado da fala sensata do assassino e da falta de qualquer investimento patético na confissão.

Antenor parece mais preocupado em relatar os fatos com precisão do que em explicar-se passionalmente, pelas circunstâncias emotivas da situação, ou desculpar-se pelo que fez. Ele é descrito por seu temperamento "perfeccionista", e o conto observa como ele, durante a entrevista, revelava, "sobretudo, preocupações de ordem sintática e de clareza para depois colocar a sua assinatura em todas as folhas originais".[27] Compreendemos como leitores que a entrevista e a confissão do criminoso partem de um desejo profundo nele de buscar a verdade sobre o que fez, e, embora ele mesmo enfatize a necessidade de "muita cautela para se chegar a alguma verdade quando se trata de atos humanos",[28] ele também se caracteriza, pela sua formação, como uma pessoa possuída por um "desejo de buscar a verdade".[29]

---

[27]Sérgio Sant'Anna, *O monstro*, p. 40.
[28]Ibidem, p. 41.
[29]Ibidem, p. 71.

O estilo do conto de Sérgio Sant'Anna denuncia os limites de um discurso realista descritivo como aproximativo à realidade. Além da precisão sintática e do cuidado de relatar os acontecimentos sem interferência de emoções e culpa, aparece a sombra do não explicado, indícios do real motivo do seu ato. São relatadas uma série de circunstâncias que, dirigidas pela manipulação de Marieta, cujas características perversas são acentuadas, justificam o começo do acontecido. Mas continuamos sem saber ou entender o motivo que levou o sensato professor de filosofia a cometer um crime tão nefasto. O aspecto enigmático parece aqui ligado à simplicidade e à literalidade da linguagem, como o que falta dizer quando tudo está dito "abertamente". Mais inquietante ainda parece ser o fato de haver um paralelo entre essa procura pela verdade, que se manifesta no discurso do professor, e uma busca atrás dos acontecimentos que o levaram a matar a moça. Assim o relato da história acaba sendo para ele uma maneira de *repetir* o crime: "Ela era minha, num certo sentido. E eu me via possuindo-a outra vez, retrospectivamente, mas refazendo a história, protegendo-a de Marieta, conquistando-a para mim."[30] Uma possível explicação do trágico acontecimento está na personagem de Marieta, descrita como uma pessoa hedonista e libertina. Uma mulher que vive na tensão permanente do drama erótico e expõe-se em excesso à vida. É ela que a princípio toma a iniciativa, e sua força de decisão é maior que a de Antenor. Mas os dois têm um elemento que os une apesar de todas as diferenças: "Buscávamos algo

---

[30] Ibidem, p. 72.

que, passando exacerbadamente pelo sexo, só poderia ser alcançado ultrapassando-o, transcendendo os limites da experiência física."[31] Os dois estão unidos numa busca de conhecimento quase mística que acaba tragicamente resultando na morte da jovem Frederica.

> Não tenho a pretensão de ser facilmente entendido. Mas uma tal voracidade, um desejo tão desmesurado que beirava a loucura, jamais poderia ser preenchido, só podia conduzir ao aniquilamento, ao vazio, abrindo sempre espaço para uma outra face desta busca desesperada, que no fundo reconhecíamos. Foi a isso que me referi quando disse "espiritual".[32]

Não por casualidade uma jovem "quase cega", uma alegre "bela adormecida" de "inocência imaculada", seduz o professor de filosofia que procura por algum tipo de experiência transcendente. A cegueira provoca a violência de Antenor por causa do desejo que nele desperta de possuir esse "mundo" interior em que Frederica parecia viver e no qual ele percebia uma possibilidade de união espiritual.

O relato de Antenor pode, num plano de interpretação, ser entendido como uma história de amor, mas de um amor pela verdade dos seus desejos mais íntimos. Uma verdade cuja chave pertence a outro e que ele só encontra na experiência erótica. E mesmo assim, realizado no crime o seu desejo extremo de saber, este lhe escapa das mãos como o inominável do gozo, o real por trás dos aconteci-

---

[31] Ibidem, p. 48.
[32] Ibidem, p. 62.

mentos que nem o discurso mais comprometido e realista pode revelar. Essa verdade é um não saber impossível, e o que resta a Antenor como uma utópica perspectiva futura de reconciliação com a sua vítima e, também, com os seus desejos mais íntimos, é aproximar-se dela.

> Sou assaltado o tempo todo por um desejo que às vezes se transforma em esperança, mesmo que insensata, de que haverá um outro plano de existência em que me encontrarei com Frederica e me ajoelharei, mas para que me compreenda e a todo o meu amor por ela; a todo o desejo que me levou a possuí-la até o aniquilamento.[33]

Apesar da natureza hedionda dos fatos cometidos, a postura de Antenor diante da inquisição da imprensa sensacionalista é inspirada por um desejo de pureza e clareza. Em primeiro lugar, ele se entrega à polícia para evitar a difamação de Frederica, que nas hipóteses da imprensa tinha sido vítima de uma vida leviana e cuja morte podia ser vinculada ao uso de drogas. Antenor não suporta essa difamação de seu amor e se entrega para garantir a verdade. Uma verdade que não pode explicar, uma vez que não sabe por que fez o que fez, mas que só a sua pessoa, a presença de seu corpo, pode garantir. Em segundo lugar, ele concorda em se explicar para uma imprensa que ele mesmo considera sensacionalista e "suja" e relatar, até onde possível, o que de fato aconteceu.

O paradoxo para Antenor consiste em que só assim, explicando "tudo", transparece o enigma por trás dos

---
[33] Ibidem, p. 78.

acontecimentos como o que não foi dito. Quando todos os fatos são relatados, percebemos como leitores aquilo que não pode ser representado porque escapa da consciência do criminoso, embora não da sua experiência vivida. Sérgio Sant'Anna converte o discurso jornalístico, pretensiosamente possuidor da verdade, em um discurso que, pelo caminho da descrição explícita, chega a apontar o seu não dito. O realismo do conto escapa do realismo pornográfico no qual exatidão descritiva e superpreenchimento explicativo encobrem todas as lacunas obscuras do não saber. No texto de Sant'Anna é o compromisso com a verdade dos fatos que dá ao texto o tom quase cínico, porque, ao evitar condenações morais e explicações patéticas, acaba apontando para os seus próprios limites. Na beira dessa expressividade emerge não o enigma do escondido e do dissimulado, mas o enigma da superexposição hiper-realista. Segundo Alain Badiou,[34] é o que resta dizer quando tudo supostamente está dito, o que faria a verdade parecer "novidade". O discurso contém sua própria verdade, e o que consegue representar é o que corresponde às expectativas discursivas, ou seja, às explicações aceitas sobre o crime. Mas o que escapa dessa representação é a singularidade do evento que interrompe a repetição da verdade em sua aparição. É isso que nos faz entender esse caso não como uma realidade típica e previsível. Algo singular que escapa até mesmo às explicações de Antenor aproxima a violência ao acaso: "Para que uma verdade afirme sua novidade, deve haver um suplemento. Esse suplemento é entregue ao acaso. Ele

---

[34] Alain Badiou, *Para uma nova teoria do sujeito*, p. 44.

é imprevisível, incalculável. Ele está além daquilo que é. Eu o chamo evento."[35] Filosoficamente, Badiou formula assim uma noção de verdade entendida como percurso, processo e novidade. O verdadeiro é o que se renova num processo real e assim supera o conhecimento, o saber, interrompendo as expectativas repetitivas. Para que haja verdade nesse sentido é preciso a intervenção de algo que escapa da repetição e que Badiou denomina o "evento" ou o "indecidível". O sujeito é sujeito como garantia desse real irrepresentável. Ele é constituído por um enunciado em forma de aposta. "Um enunciado que é o seguinte: 'Isso teve lugar, não o posso calcular nem mostrar, mas lhe serei fiel.'"[36] É por esse motivo que Antenor precisa entregar-se, para ser garantia de sua própria verdade, nefasta que seja, uma verdade que não pode revelar mas que o constitui como sujeito no enunciado da confissão e que só aparece no avesso de seu discurso como um elemento inominável. "É aquilo que, na situação, nunca tem nome aos olhos da verdade. Um termo por conseguinte que permanece inforçável. Esse termo fixa seu limite na potência de uma verdade."[37] Assim, trata-se no conto de encontrar ou cercar esse inominável, o ponto "em que uma situação é pensada em seu ser mais íntimo, na presença pura, que nenhum outro saber pode circunscrever".[38] Só que é uma procura extremamente perigosa que acaba provocando um crime violento, embora esse trágico resultado não fosse previsto. A violência é aqui não um reflexo de

---

[35] Ibidem, p. 44.
[36] Ibidem, p. 45.
[37] Ibidem, p. 49.
[38] Ibidem, p. 49.

uma associabilidade originária do homem liberada por um desrespeito transgressivo das leis éticas e morais e da integridade do outro, mas um efeito do desejo de suprimir o inominável que, nas palavras de Badiou, "libera a capacidade de destruição contida em toda verdade".[39] Querer expor tudo é característica da pornografia, mas, ao aniquilar o segredo, a sombra, a perspectiva e o jogo entre superfície e profundidade, arrisca-se também destruir a realidade enigmática e sedutora. Os criminosos de O monstro chegam ao extremo dessa procura ao dar finalmente com uma verdade que tentam apanhar a qualquer preço mas que lhes escapa das mãos. O objeto enigmático ressuscita na confissão, e para Antenor parece que é como a verdadeira explicação por trás dos fatos hediondos. É a falta de explicação que "resta" como o real indizível por trás de tudo o que uma verdade "autoriza a dizer", isto é, tudo o que um discurso comprometido com a razão chegaria a expressar.

O filósofo Antenor possui um lado "obscuro" não compatível com a serenidade de seu discurso. Ele é descrito como um homem "austero" e "tímido", e sua procura parece dirigir-se a revelar esse "obscuro" que prevalece nele, o desejo incontrolável, que apenas tem uma forma de expressão junto a Marieta. É no "obscuro" de Antenor que encontramos a origem da sua "monstruosidade", porém de um aspecto apenas dele, que só é provocado ou evocado pelas circunstâncias que conduziram à situação fatídica com a jovem e nas quais prevalecia o acaso: o evento inexplicável que acaba provocando ou seduzindo seu lado mais sombrio.

---

[39] Ibidem, p. 49.

CENA DO CRIME

O monstro aparece na mitologia grega representado por um ser ambíguo. Meio homem e meio animal, ele aparece de aviso ou como uma advertência dos deuses. Etimologicamente, o nome "monstro" é ligado à palavra *monere* — advertir —, o que justifica uma associação com a chamada do acaso, com o mostrar do insólito e com os sinais do destino que dirigem o homem a um saber do desconhecido. O monstruoso aparece para o homem e, ao apontar uma verdade do seu ser íntimo, evoca uma realidade insuportável ou inominável. Ao ser a encarnação do Mal, o monstro expressa a irracionalidade na qual o homem, como num espelho destorcido, reconhece sua origem inumana e seu desejo mais íntimo, embora inconsciente. Como o Minotauro, o monstro guarda o segredo do labirinto e deve ser aniquilado para afastar o passado bárbaro e abrir a possibilidade da civilização helênica. Mas o Minotauro representa também para o homem a chave da sua própria consciência, e no encontro com ele o homem se enfrenta com a sua animalidade perdida, isto é, com o seu desejo mais íntimo. O monstro expressa a inumanidade do homem, os perigos da paixão e a sua associabilidade. Isto é, o domínio escuro no convívio e na cultura em que a comunicação é substituída pela violência, pelo erotismo e beira a morte.

A literatura constitui um meio de comunicação social particularmente interessante por ser um híbrido atuando entre a comunicação pública e a privada. Passa livremente de temas que pertencem à esfera privada para temas de interesse universal, e com isso tem tradicionalmente o papel de "educar os sentimentos", nas palavras de Flaubert. Mas também mistura livremente o imaginário individual com o imaginário coletivo e, por isso, consegue operar no limite entre a ficção e a realidade. Uma ficção torna-se uma ameaça na medida em que possa virar realidade, isto é, na medida em que possa seduzir a realidade a se comportar com o mesmo rigor da ficção, assim desperta a suspeita por parte do leitor de uma "realidade" normalmente excluída do conhecimento público, porém "real" na representação literária ficcional. A literatura pode levar à revisão necessária da realidade convencionalmente aceita, ou pode recriar outras narrativas, evocando sua reescrita a partir de paradigmas alternativos de explicação. Pode expor a fragilidade conceitual de toda explicação e de toda realidade comunicada. No romance *Agosto* (1990), Rubem Fonseca explica a morte de Getúlio Vargas a partir de um complô policial ficcional que, sem se propor como a descoberta de uma outra explicação histórica mais verídica, simplesmente sugere um mundo de possibilidades latente atrás dos acontecimentos verificados.

O mais importante a respeito da literatura que tematiza a violência é a sua capacidade de ressimbolizar a passagem sobre o que for separado pela lei do discurso. O real com o ficcional, o verdadeiro com o falso, o representado com o imaginado, o universal com o particular e o público com o privado. Na medida em que a literatura permita a comunicação nesse sentido, avaliamos as obras não apenas como documentos de uma determinada experiência, real ou imaginária, mas como uma contribuição concreta à ressimbolização de uma realidade incômoda e incompreensível para um discurso "sensato".

Compreendemos a literatura que trata da violência como empenhada nessa tarefa paradoxal e ambígua. Paradoxal porque é uma literatura que tenta comunicar o incomunicável, ou seja, atingir o momento em que a comunicação verbal cede e é substituída pela agressão. Às vezes articulando silenciosamente a impotência comunicativa, outras vezes representando a imposição do poder contra a soberania do indivíduo, apesar de sua resistência expressiva. Nesse sentido, o tema da violência fornece um caminho para uma reflexão metaficcional sobre o alcance da própria escrita literária (como em Bataille, Sade, Genet e outros). E também se abre, na proximidade do incomunicável, para uma reflexão necessária sobre a ética no respeito silencioso à presença do outro (Levinas, Habermas).

A literatura que comunica ou tenta comunicar a violência modifica-a ao reencenar sua comunicação impossível, pois a reencenação representativa atua no sentido de uma ressimbolização do conteúdo excluído. Dessa maneira, escrever sobre a violência pode ser um caminho não para divulgar a violência, mas para reverbalizá-la e lidar simbolicamente com ela na construção de sentidos. Entretanto, a literatura sobre o tema é também ambígua, porque a representação da violência se expõe com frequência à crítica por dar realidade nova à experiência violenta. E assim, suspeita de exaltar e glorificar a violência, a literatura acaba sendo denunciada por contagiar o meio social dos leitores, estimulando e justificando as suas reações violentas. Por um lado, a literatura da violência corre o risco de ser censurada por tratar de uma realidade "maldita", isto é, excluída da comunicação social. Por outro lado, a comunicação desse tema proibido é em si considerada uma "violência verbal" que pode contagiar a estabilidade social, ao inspirar e estimular a cometer atos violentos, efeito de sua força comunicativa, e deve ser considerada ofensiva e perigosa. Uma discussão sobre a relação entre violência e comunicação deve necessariamente enfocar esses dois aspectos e dar atenção especial à comunicação quando é considerada em si uma "violência". O caso analisado de Sérgio Sant'Anna é singular no que diz respeito à linguagem porque o conto, em vez de mimetizar a articulação verbal ligada à violência, recria um discurso descritivo e quase documentário. O efeito dessa aproximação de um discurso sem emoção e sem distanciamento moral não é menos forte. Só que agora se obtém pela transparência de estilo que mimetiza a brutalidade de um informe clínico "*cool*" dos sentimentos mais inumanos. Entre esse hiper-realismo e a pornografia comercial, a diferença se encontra na sensibilidade poética da linguagem de Sant'Anna, que consegue simultaneamente dizer o que pode e, sem cessar, oferece ressonância a tudo o que aqui não pode ser dito.

Referências bibliográficas

ANTÔNIO, João. *Malhação do Judas carioca*. Rio de Janeiro: Record, 1981.

BADIOU, Alain. *Para uma nova teoria do sujeito*. Rio de Janeiro: Relume-Dumará, 1994.

_____. *Ética: ensaio sobre a consciência do Mal*. Rio de Janeiro: Relume-Dumará, 1995.

BARTHES, Roland. *A câmara clara*. Lisboa: Edições 70, 2003.
_____. "O efeito de real". In: *O rumor da língua*. São Paulo: Martins Fontes, 2005.
_____. *A preparação do romance I*. São Paulo: Martins Fontes, 2005.
_____. *Sade, Fourier, Loyola*. São Paulo: Martins Fontes, 2005.
BATAILLE, Georges. *La literatura y el Mal*. Madri: Taurus, 1981 (1957).
BOSI, Alfredo. *O conto brasileiro contemporâneo*. São Paulo: Cultrix, 1975.
BRITO, Ronaldo Correia de. *Livro dos homens*. São Paulo: Cosac Naify, 2005.
CALDAS, Eduardo de Figueiredo. *Cinema no Brasil*. Disponível em: http://www.coladaweb.com/artes/cinema-no-brasil-parte-1. Acessado em: 1/2/2013.
CERTEAU, Michel de. *A cultura no plural*. São Paulo: Papirus, 1991.
DORFMAN, Ariel. *Imaginación y violencia en América*. Santiago: Editorial Universitária, 1972.
ELIAS, Norbert. *La Dynamique de l'Occident*. Paris: Calmann-Lévy, 1975.
_____. *O processo civilizador*. 2 vols. Rio de Janeiro: Jorge Zahar, 1994.
_____. *Os estabelecidos e os outsiders: sociologia das relações de poder a partir de uma pequena comunidade*. Tradução de Vera Ribeiro. Rio de Janeiro: Jorge Zahar, 2000.
FACÓ, Rui. *Cangaceiros e fanáticos: gênese e lutas*. 6ª ed. Rio de Janeiro: Civilização Brasileira, 1980.
FONSECA, Rubem. *O caso Morel*. Rio de Janeiro: Artenova, 1973.
_____. *Agosto*. São Paulo: Companhia das Letras, 1991.
_____. *Contos reunidos*. São Paulo: Companhia das Letras, 1994.
_____. *Os prisioneiros*. São Paulo: Companhia das Letras, 2000.

FOSTER, Hal. *The Return of the Real*. Nova York: October, 1994.

FOUCAULT, Michel. *Ditos e escritos*, vol. 3. Rio de Janeiro: Forense, 2002.

LIPOVETSKY, Gilles. *A era do vazio. Ensaios sobre o individualismo contemporâneo*. Barueri: Manole, 2005.

LUCAS, Fabio. "A violência como reflexo temático". In: *Do barroco ao moderno*. São Paulo: Ática, 1989.

PEREIRA, Carlos Alberto Messeder; RONDELLI, Elizabeth; SCHØLLHAMMER, Karl Erik; HERSCHMANN, Micael. *Linguagens da violência*. Rio de Janeiro: Rocco, 2000.

———. "O Brasil do Sertão e a mídia televisiva". In: PEREIRA, Carlos Alberto Messeder; RONDELLI, Elizabeth; SCHØLLHAMMER, Karl Erik; HERSCHMANN, Micael. *Linguagens da violência*. Rio de Janeiro: Rocco, 2000.

ROSA, João Guimarães. *Sagarana*. Rio de Janeiro: Nova Fronteira, 1956.

———. *Tutameia: terceiras estórias*. Rio de Janeiro: José Olympio, 1967.

SADE, Marquês de. *Os crimes do amor*. Porto Alegre: L&PM Pocket, 2007.

SANT'ANNA, Sérgio. *O monstro*. São Paulo: Companhia das Letras, 1994.

SCHØLLHAMMER, Karl Erik. "Os novos realismos na arte e na cultura contemporânea". In: PEREIRA, Miguel; GOMES, Renato Cordeiro; FIGUEIREDO, Vera Lúcia Follain de. *Comunicação, representação e práticas sociais*. Rio de Janeiro: EdPUC, 2005.

SILVA, Deonísio da. *Nos bastidores da censura — sexualidade, literatura e repressão pós-64*. São Paulo: Estação Liberdade, 1984.

SÜSSEKIND, Flora. "Desterritorialização e forma literária: literatura brasileira contemporânea e experiência urbana". *Revista Z*, PACC-UFRJ.

_____. *Tal Brasil, qual romance?* Dissertação de mestrado. Departamento de Letras. PUC-Rio, 1982.

_____. *Literatura e vida literária: polêmicas, diários e retratos.* Belo Horizonte: UFMG, 2004.

XAVIER, Valêncio. *Crimes à moda antiga.* São Paulo: PubliFolha, 2004.

_____. *Remembranças da menina de rua morta nua.* São Paulo: Companhia das Letras, 2006.

4. Realismo afetivo: evocar realidade além da representação

O interesse pela questão do realismo na literatura aparece na discussão crítica por motivos bastante evidentes. No mercado literário mais abrangente os gêneros como romance histórico, biografia, documentarismo, relato de viagem estão entre os mais populares. Formas literárias que se aproximam da "realidade" da experiência comum, como crônicas da vida como ela é, depoimentos testemunhais de experiências singulares e exóticas, diários, ensaios ficcionais, e outras formas híbridas de ficção e não ficção ampliam as manifestações dessa fome de realidade.

Não é de estranhar que a literatura também reflita essa preferência de temas e de conteúdos que nos devolvem uma experiência de leitura em contato com a realidade social, cultural e histórica, e seu estudo faz parte de uma compreensão do lugar da produção literária nos circuitos culturais, educacionais e midiáticos em um sentido amplo, que não contemple sua especificidade literária. Queremos a seguir discutir um outro aspecto da questão, não a sobrevida de certas formas do realismo representativo retomadas pelos escritores contemporâneos com uma liberdade que supera as críticas do modernismo contra o realismo histórico do século passado. Uma das definições dadas aos escritores das décadas de 1970 e 1980 no cerne dos debates em torno da revisão pós-moderna do projeto moderno e modernista era exatamente essa permissividade que possibilitava a retomada, mesmo que irônica, de formas narrativas, figurativas e representativas que foram abandonadas e estigmatizadas pelo experimentalismo modernista que predominou até o final dos anos 1950. De novo era possível no contexto pós-moderno voltar à representação, ainda que fosse à distância paródica e metarreflexiva, mas rapidamente caíram as aspas e o paradigma representativo se instalou comodamente não só entre os escritores populares.

Minha sugestão para a discussão atual é entender o realismo hoje como uma estranha combinação entre representação e não representação, por um lado visível na retomada de uma herança de diferentes formas históricas e por outro na atenção à literatura em sua capacidade de intervir na realidade receptiva e agenciar experiências perceptivas, afetivas e performáticas que se tornam reais. Tudo isso faz parte dessa "paixão pelo real", que para o filósofo francês Alain Badiou[1] caracterizou o século XX nas artes, no pensamento e na política, e foi um dos temas marcantes dos debates do final de século em torno da compreensão da cultura ocidental contemporânea.

---

[1] Alain Badiou, *Le siècle*.

Na perspectiva de Alain Badiou, a paixão pelo real se expressava durante o século XX não só na preferência pelo realismo, mas, sobretudo, na crítica contra a representação mimética, na suspeita do poder da semelhança de criar consciência falsa e portanto na necessidade de criar distanciamento reflexivo e efeitos de estranhamentos no experimentalismo artístico, como, por exemplo, no teatro de Bertolt Brecht. Na visão de Badiou o real é perceptível apenas como resultado de uma relação contrafactual entre realidade e representação que distorce os laços de semelhança e apenas pode ser reconhecida indiretamente num ato de paixão reflexiva. Assim, tanto os "realistas" — velhos e novos — quanto seus críticos mais severos — os modernistas e pós-modernistas — expressam a mesma paixão pelo real. Uns pela afirmação da semelhança representativa e outros pela sua negação. Na dramaturgia política de Brecht, Badiou percebe um exemplo privilegiado que une a esfera artística e política, principalmente na técnica de distanciamento em que o alvo é radicalizar a diferença entre o real e sua encenação e problematizar os elos "íntimos e necessários" que unem o real com a semelhança. É por esse motivo que a arte do século XX se tornou reflexiva, pois, ao revelar os mecanismos da sua potência ficcional, ao exibir seu próprio processo e idealizar sua própria materialidade, a arte e a literatura colocavam em evidência a brecha entre o real e sua representação, canalizando e expressando assim sua realidade.

O que interessa não é tanto a analogia entre a realidade como sintoma, ideologia e falsa consciência e a identificação do real com a potência do falso quanto à relação estabelecida entre essa noção do real e uma arte experimental, reflexiva e autoconsciente da vanguarda. Contra o otimismo cognitivo do positivismo do século XIX, a arte e a literatura do século XX desdobraram o tema da eficiência do reconhecimento errôneo — "descobrindo e encenando o poder extraordinário da ignorância"[2] — e, ao seguir a lógica do desejo, abriram mão da verdade para se alojar na alienação apaixonada. Assim, o tema do realismo se vincula na entrada do século XXI intimamente com as questões das condições representativas na contemporaneidade e com as respostas da literatura a um regime estético profundamente ligado à crise e ao questionamento do conceito de representação.

Os limites do realismo representativo do século XIX já foram percebidos na máxima realização de seu projeto de verossimilhança mimética. Em *Madame Bovary*, de Flaubert, a submissão do estilo ao objeto e o recuo retórico da voz narrativa produziram uma nova autonomia da expressão literária em relação ao compromisso referencial, como mostrou Barthes no seu estudo *O grau zero da escrita*. De Roland Barthes[3] a Jacques Rancière,[4] o realismo de Flaubert foi considerado o auge representativo cuja independência abriria a porta para a livre experimentação com as formas, criando um laço inesperado entre realismo e experimentação. Rancière rejeita nesse sentido que o romance realista seria a principal realização da literatura representativa e defende, pelo contrário, que

---

[2]Ibidem, p. 49.
[3]Roland Barthes, *Le degré zéro de l'écriture*.
[4]Jacques Rancière, *A partilha do sensível*.

nele se encontram sinais evidentes da ruptura com o que ele define como o "regime representativo"[5] sustentado sobre os princípios da *poiesis* aristotélicos. Contrário ao regime ético sustentado sobre um controle platônico da imagem, sempre subjugado à superioridade do bom e do verdadeiro, o regime representativo podia extrair por via de uma poesia narrativa do enredo forte uma verdade própria e contribuir assim para a compreensão da realidade. É a partir do século XVIII que surge, segundo Rancière, um regime estético que vai definir o que entendemos por experiência estética na modernidade e a propriedade da noção de "literatura". O realismo histórico coincide com essa ruptura estética com os princípios dos regimes éticos e representativos e corrobora autores como Flaubert e Mallarmé. Rejeitando a hierarquia entre tópicos altos e baixos, a superioridade da ação sobre a descrição e suas formas de conexão entre o visível e o dizível, o romance realista deu uma nova autonomia à importância dos dados sensíveis para a compreensão dos eventos, e suas descrições, às vezes tachadas de supérfluas e impressionistas, enquadraram as formas de visibilidade que deixariam a arte abstrata visível. Ironicamente, é assim que o realismo, em vez de expressar um novo domínio representativo sobre a realidade, pode ser entendido como uma abertura de caminho para a experimentação do modernismo. Nessa perspectiva podemos hoje ver o realismo histórico como o último esforço desesperado de dominar uma crise da representação nascida no seio de seu regime epistêmico.

---

[5] Ibidem.

Em vez de fortalecer o efeito referencial no romance do final do século XIX, a realidade começa a aparecer absorvida pela interioridade subjetiva de um discurso indireto livre que se desenvolveu e radicalizou de Dostoiévski a Joyce e Woolf, criando certo "realismo psicológico", fragmentado e anárquico, de uma visão de mundo em crise. Também nos "novos realismos" nas décadas de 1920, 1930 e 1940, do surrealismo de Breton ao realismo mágico de Carpentier, passando pelo realismo crítico de Lukàcs ou de Brecht, o real era entendido com um peso ontológico que o afastava do simples registro positivo ou reprodução verossímil da experiência. Para alguns se refletia na expressão direta da sensibilidade intuitiva e íntima ou no automatismo da escrita. Para outros jazia no arquivo linguístico e cultural de uma memória coletiva abafada ou transparecia de modo indireto na realidade objetiva intrínseca ao destino histórico do capitalismo. Em todos os casos, procurava-se um novo acesso à realidade a partir de uma visão de mundo em crise e já não contido num esquema tradicional de representação mimética. Na contramão do distanciamento autorreferencial e autorreflexivo, certa literatura procurava, durante o século XX, um sentido mais radical de semelhança liberado do mimetismo referencial. Surgiram uma literatura e uma arte com a utopia de expressar e dar conta da realidade diretamente, em sua consequência, rompendo as fronteiras da representação mimética sem por esse motivo se encerrar na reflexividade sobre seus próprios meios. De maneira radical essa arte demandava um novo realismo, não pelo caminho do realismo histórico, senão na procura de uma arte e uma literatura performática capazes de interferir sem mediação no mundo e expressar sua realidade crua. Num ensaio de 1921, Roman Jakobson discute criticamente[6] a ilusão inerente ao conceito universal de "realismo" ao sublinhar as limitações miméticas da linguagem. Diferentemente das artes plásticas, disse Jakobson, a literatura representativa não chega a criar uma convenção sólida de descrição do objeto como acontece, por exemplo, na imagem com o perspectivismo, que fornece uma tradução universal quase automática das três dimensões em duas. A linguagem nunca consegue criar uma cópia sensível do real e, diferentemente do ilusionismo visual, não corre o perigo de ser confundida com seu objeto. É nessa limitação que aparece a importância da convenção histórica de verossimilhança, e a única representação realista na literatura baseada na semelhança, disse Jakobson, descartando de modo radical sua possibilidade mimética, é o discurso que em vez de imitar a realidade toma outros discursos como objeto. Desse modo, a única linguagem propriamente realista é aquela que copia a linguagem e não a realidade, ou, na literatura, aquela escrita que transcreve a voz em vez do mundo material. Mas, para atingir os efeitos de realidade, diz Jakobson, o realismo procura frequentemente a distorção do uso discursivo convencional, e o próprio traço transgressivo, a distorção artística da norma, é concebido como uma aproximação à realidade. Uma parte significativa do realismo engajado das décadas de 1920 e 1930 se reconcilia, nessa perspectiva, com a literatura experimental modernista na ambição de criar ou recriar literariamente os discursos informais

---

[6]Roman Jakobson, "Do realismo artístico".

do povo, a linguagem das pessoas reais e de suas falas do cotidiano sofrido, sem abrir mão de suas dimensões épicas. O neorrealismo surgido na literatura brasileira na década de 1960 dá continuidade a essa tendência, agora não nas falas de um Fabiano ou de um Riobaldo, mas na contundência expressiva do cobrador de Rubem Fonseca, do Zé Pequeno de Paulo Lins ou do Maiquel de Patrícia Melo. A semelhança coloquial não é mais apenas privilégio dos personagens; os narradores assimilam a mesma voz e, juntos, escritor, narrador e personagem forçam a expressão oral a sua extrema realização na denominação daquilo que não tem nome, do inarrável, do execrável e do insuportável em que a semelhança vai desaparecendo na confusão entre a forma representativa e seu conteúdo extremo.

O realismo do choque

Na década de 1990, uma terceira concepção do realismo se confirmou a partir do estudo do historiador de arte Hal Foster, no livro *The Return of the Real* (1996). Numa distância maior do realismo histórico e por via de uma releitura da história da vanguarda das artes plásticas, Foster sugere uma mudança do realismo com uma nova definição contundente. Descreve a transformação do realismo entendido como "efeito de representação do realismo como um evento de trauma", ou seja, o efeito da representação se agrava para um evento traumático. O que era percebido em termos de contemplação e experiência de uma obra se converte nessa perspectiva em força de interrupção sobre o espectador. Esse realismo traumático foi caracterizado por meio de exemplos da arte das últimas décadas do século XX que expressam os elementos mais cruéis, violentos e abomináveis da realidade ligados inevitavelmente a temas radicais de sexo e morte. Em vez de representar a realidade reconhecível e verossímil, surge, segundo Foster, um realismo "extremo", de Andy Warhol a Andrés Serrano, que procura expressar os eventos com a menor intervenção e mediação simbólica e provoca fortes efeitos estéticos de repulsa, desgosto e horror. Ou seja, a obra se torna referencial ou "real" nessa perspectiva na medida em que consiga provocar efeitos sensuais e afetivos parecidos ou idênticos aos encontros extremos e chocantes com os limites da realidade, em que o próprio sujeito é colocado em questão. A antiga utopia romântica de uma obra que se torna vida e uma vida que se converte em obra reaparece aqui em seu aspecto sinistro tocando no limite entre vida e morte.

A partir da distinção de Lacan entre o olho e o olhar, Foster propõe que parte importante da arte moderna e pós-moderna caracteriza-se por não acolher o mandado representativo de pacificar o olhar, unindo o imaginário e o simbólico contra o real. Em lugar disso, alguns artistas e escritores se propõem a expor o efeito mortificante sobre o sujeito ao acentuar sua superexposição ao olhar do Outro. Assim surge uma arte que acentua os extremos da interpelação sensual sobre a consciência e reproduz o choque causado pelo contato traumático com o real. "É como se a arte quisesse que o olhar brilhasse, que o objeto emergisse, e o real existisse em toda a glória (ou horror) do desejo pulsional ou, pelo menos, que evocasse essa condição sublime."[7] Aqui, percebemos um desdobramento daquilo que se poderia chamar de uma estética negativa, uma estética de choque da modernidade, em que o efeito sensível e afetivo da imagem se sobrepõe à significação do conteúdo representado. Seguindo uma interpretação psicanalítica, que se justifica pela importância que essa mesma teoria tem para a arte do pós-guerra, Foster desloca a discussão da experiência estética para uma vivência artística que coloca a própria experiência em jogo em um nível de subjetividade mais profundo. Assim, descreve uma produção artística que abandona a distância da realidade e se propõe a ser o próprio caminho ao encontro dela, através de linguagens e imagens, através do simbólico e do imaginário, em seu aspecto mais cru e ao indicar um encontro impossível com o real. O conceito do real já nada tem a ver com o que na linguagem coloquial chamamos de "realidade". Adotado da tríade lacaniana do "simbólico, imaginário e real", ele é definido por ser aquilo que resiste à simbolização, aquilo que pela mesma razão não pode ser nem mesmo definido e muito menos representado e cuja mera existência e emergência produz angústia e trauma. Em outras palavras, o real é para Hal Foster, como é para Lacan, a experiência impossível da coisa em si, cujo encontro implica um atentado contra a subjetividade no encontro falho do "outro". Para Freud, o trauma acontece em consequência de vivências para as quais o sujeito não está preparado e pode causar uma compulsiva repetição desse mesmo fracasso que mantém o sujeito preso ao sintoma. Mesmo sendo inacessível à

---

[7] Hal Foster, *The Return of the Real*, p. 110.

experiência, o real tem assim o poder de catalisar certa simbolização, na forma de uma produção posterior de significantes caracterizada pela repetição.

Interpretado nessa perspectiva, o projeto do realismo extremo parece paradoxal na versão de Foster, querendo expressar o inexprimível, presentificar o irrepresentável, indo em direção ao mais repugnante e intolerável da nossa realidade em que a eficiência da experiência se evidencia na impossibilidade de representação. Outra figura do romantismo reaparece aqui na retórica do sublime, não em função do imensamente grande ou forte como em Kant, mas em consequência da baixa materialidade mais repugnante e intolerável (o abjeto). Diante dessa realidade a imagem é entendida por Foster como tela ou biombo que simultaneamente exibe e esconde o objeto, nos expõe ao real e nos protege contra ele. Traz para dentro da representação sua manifestação mais concreta de violência, sofrimento e morte, assim encoberta pela imagem ou pela linguagem, e simultaneamente inclui indícios que apontam para além da imagem, para o real, através de seus efeitos sensíveis e estéticos.

Central para a análise de Foster é sua compreensão da repetição que, seguindo o pensamento de Lacan, para ele não é apenas uma *Wiederholung*, repetição do recalcado em sintoma ou significante, senão *Wiederkehr*, repetição compulsiva do encontro traumático com o real, algo que resiste à simbolização, e que não constitui nenhum significante, apenas deixa o efeito (*touché*, *tique*) do real. Aqui, a repetição não se delimita a ser reprodução, ela não é a representação de um referente nem a simulação de outra imagem, um significante isolado. Mesmo que a representação continue significando a realidade, sustentada sobre essa forma de repetição, no seu limite chega a "enquadrar" o real através da repetição compulsiva e aponta assim para seu efeito traumático. É assim que a noção de repetição reconfigura o duplo papel da representação de aproximação e distanciamento, de exposição e blindagem. É importante entender que a perspectiva de Foster, embora pareça estritamente ligada a um fenômeno extremo localizado nas artes plásticas, rapidamente ganhou força na interpretação de uma paixão muito mais abrangente pelo real que perpassa todas as artes — da literatura ao cinema e às artes visuais e performativas em geral —, enfatizando aspectos documentais, performáticos, relacionais e indiciais em concorrência direta e frequentemente polêmica e promíscua com a demanda maciça de realidade na cultura midiática. Hal Foster procura driblar os dois modelos representativos predominantes na crítica das últimas décadas: o modelo *referencial*, por um lado, e o *simulacral*, por outro. O primeiro modelo entende as imagens e os signos como ligados a referentes, a temas iconográficos ou a coisas reais, situadas no mundo da experiência, e o segundo entende todas as imagens como meras representações de outras imagens, o que converte todo o sistema de representação, inclusive o realismo, em um sistema autorreferencial. O desafio, segundo Foster, é pensar a representação contemporânea como ao mesmo tempo *referencial* e *simulacral*, pois ela cria imagens literárias que são conectadas à realidade, mas também desconectadas, simultaneamente reais e artificiais, afetivas e frias, críticas e complacentes. Para Hal Foster é essa possibilidade de coexistência simultânea dos dois modos de representação que constitui o que denomina o *realismo traumático*, uma imagem marcada pelo limite do que pode ser representado e ao mesmo tempo índice e arquivo dessa mesma impossibilidade.

Trata-se aqui de uma inversão significativa da ideia do realismo tal como vinha sendo entendido até então, pois, se o realismo histórico era comprometido com a representação sustentada na verossimilhança e na objetividade científica, e se os "novos realismos" de Bertolt Brecht a Alejo Carpentier evocavam uma noção de real com certa demanda de realidade objetiva e confiança numa referência forte, o realismo extremo evoca a derrota da representação. A referencialidade é identificada por Foster nos efeitos de um real impossível, em decorrência da derrota das possibilidades representativas. Percebemos claramente que aqui a arte procura tornar-se o próprio caminho para uma aproximação do trauma, um processo de ruptura com a aliança entre o simbólico e o imaginário que distancia o sujeito do real, mas também o protege. Assim o realismo extremo volta à figura inicial, na identificação negativa do real que tanto na dialética negativa adorniana quanto no *Verfremdung* de Brecht se colocava a serviço de um desvelamento cognitivo das ilusões alienadas da nossa realidade e aqui se propõe a presentificar seus efeitos sensíveis. Recorre de fato a uma figura conhecida da estética moderna, isto é, ao sublime kantiano como a transcendência da experiência estética na derrota das faculdades do juízo. Mas agora não se trata de uma derrota das faculdades sensíveis diante das exigências da razão, senão de uma derrota do espírito diante do sensível em sua materialidade mais baixa, degradada, repulsiva, violenta e terrível da possível experiência humana. Visto nessa perspectiva, o realismo traumático de Foster certamente se identifica com uma arte e uma literatura que radicalizam o efeito chocante e que, ao ativar o poder estético negativo, se propõem a romper a anestesia cultural da realidade espetacular, propondo um choque do real, que já não pode ser integrado ou absorvido no próprio espetáculo.

Foi o filósofo italiano Mario Perniola quem, no livro *A arte e sua sombra* (2004), com maior clareza explorou uma dimensão eufórica do que ele concorda com Foster em chamar de "realismo extremo". Ele vincula o realismo psicótico ao caráter positivo da estética do choque no esforço de resgatar a especificidade da arte numa situação em que ela se encontra ameaçada pela cultura espetacular de ser absorvida em forma de moda ou de comunicação. Perniola se inspira na noção de Schelling do "estupor da razão", que ele vê como uma experiência próxima ao êxtase, uma sensação de estranhamento que não deve ser confundida com alienação senão com um processo que escapa à fixidez estática das estruturas da vida e abre a percepção para novos horizontes. Perniola afirma que é essa alteridade que aparece na obra de Lacan, a partir de 1963, sob o nome do *objet (petit) a*, definido como o objeto que não pode ser alcançado. Em outras palavras, "é a coisa em sua muda realidade inacessível tanto da linguagem quanto do inconsciente... Através dele o real não interrompe como trauma, mas como esplendor".[8] O conceito de "esplendor" Lacan aproveita do pensamento

---

[8] Mario Perniola, *Art and Its Shadow*, p. 12.

de Platão, que no Simpósio usa a palavra *ágalma*, significando glória, ornamento, imagem do divino etc., e que para Lacan oferece um sentido importante na análise da psicose, em que acentua a complexa (con)fusão entre interior e exterior. Sem entrar na análise lacaniana, podemos apenas sublinhar que é essa superação da fronteira entre interior e exterior na psicose segundo Lacan que inspira Perniola a falar sobre um realismo psicótico: "Aqueles que só percebem a abjeção da arte extrema sem ver o esplendor mantêm-se presos a uma ideia ingênua do real. Nas obras mais significativas e importantes do realismo psicótico, há uma beleza extrema para a qual é necessário reinstalar um conceito da tradição filosófica já esquecido há dois séculos, Magnificência."[9] Para Perniola, trata-se assim de ampliar o escopo demasiado restrito de Hal Foster e daqueles que só interpretam o realismo extremo em termos de choque, desgosto e abjeção. Ele explora uma experiência estética positiva de fusão e de impacto que suspende as fronteiras entre interior e exterior, entre eu e o outro e entre corpo e mundo sem necessariamente negá-las dialeticamente. Crucial é a importância do próprio corpo, que já foi o campo de batalha para a estética do abjeto e do desgosto, tematizando tudo aquilo que ameaça a integridade do corpo por meio de dissolução, penetração ou desmembramento. Na perspectiva de Perniola, a modificação entre corpo e mundo recebe um tratamento exclusivo na explicação do realismo psicótico que para ele se define pelo encontro e pela simbiose entre o homem e a máquina, o

---

[9] Ibidem, p. 13.

orgânico e o inorgânico, o natural e o artificial, que chega a suspender a noção de experiência estética.

> Nasceu uma nova espécie de "realismo psicótico" que colapsa toda mediação. A arte perde sua distância para com a realidade e adquire um caráter físico e material que nunca antes teve: música é som, teatro é ação, as artes figurativas têm tanto uma consistência visual quanto conceitual. Não há mais imitação da realidade, mas realidade *tout court*, não mais mediada por nenhuma experiência estética. São extensões da faculdade humana que não precisam prestar conta para um sujeito porque esse é completamente dissolvido numa exterioridade radical.[10]

O realismo afetivo

Na análise de Mario Perniola, o realismo extremo é interessante como um elemento naquilo que ele denomina "*sex appeal* do inorgânico" e que caracteriza um processo de reificação do corpo acompanhado por uma simultânea sensitivização dos objetos que altera profundamente os limites entre o corpo e o mundo e entre o orgânico, e o inorgânico. O primeiro momento desse processo Perniola vê na necrofilia inerente da cultura monumental egípcia, já comentada por Hegel; o segundo momento corresponde à cultura cyborg na perspectiva do pós-humano e do pós-orgânico, que se caracteriza por uma nova mediação

---

[10] Ibidem, p. 22.

tecnológica entre o eu e o não eu que altera totalmente as fronteiras da nossa sensibilidade. O realismo psicótico representa para Perniola o terceiro momento nesse processo, descrito como uma obsessão pelo exterior que pode beirar a loucura: "Sou fascinado pela exterioridade. Torno-me o que vejo, sinto e toco. De fato, é como se a superfície do meu corpo se identificasse com a superfície do mundo externo."[11] Parece-me uma abordagem fecunda às novas tendências estéticas nas artes e na literatura, mais abrangente que o escopo estreito de um realismo traumático, delimitado à experiência negativa de uma estética de choque. Trata-se de um apagamento eufórico dos limites entre o "eu" e sua realidade, também uma forma de trauma, sem dúvida, porém numa espécie de experiência de plenitude exagerada como expressada em certas celebrações do corpo virtual feito possível com as novas tecnologias. Crucial é a redefinição do corpo e da indiscernibilidade em certas experiências entre sujeito e objeto, corpo e matéria, ação e paixão, em função do registro de potências que se realizam em encontros e em certas vivências sensíveis e afetivas. Perniola permite ampliar a compreensão das novas formas contemporâneas de realismo para uma visão compatível com o que chamei[12] de uma "estética afetiva". Em contraponto com uma estética do efeito, os afetos operam por meio de singularidades afirmativas e se realizam em subjetividades e intersubjetividades dinâmicas. Na experiência afetiva a

---
[11]Ibidem, p. 22.
[12]Karl Erik Schøllhammer, "Os novos realismos na arte e na cultura contemporânea".

obra de arte torna-se real com a potência de um evento que envolve o sujeito sensivelmente no desdobramento de sua realização no mundo. Algo intercala-se dessa maneira entre a arte e a realidade, um envolvimento que atualiza a dimensão ética da experiência na medida em que dissolve a fronteira entre a realidade exposta e a realidade envolvida esteticamente e traz para dentro do evento da obra a ação do sujeito. Assim como nas outras versões do realismo extremo, os aspectos que ressaltam dessa estética atingem as fronteiras entre a realidade e a representação, e também entre o sujeito autoral e as subjetividades envolvidas na realização da obra. Estabelece-se, portanto, uma chamada sensitiva à ação subjetiva no encontro feliz com a obra, presente em tempo e espaço, pela abertura operada a uma dimensão comunitária e participativa. Aqui é questionada em primeiro lugar a autonomia autoral na produção e na recepção, que abrem as fronteiras individuais para intensidades subjetivas que flutuam dentro de uma comunidade ou de uma amizade, descrita por Blanchot como "estar aí, não como uma pessoa ou um sujeito, mas como demonstradores de um movimento fraternamente anônimo e impessoal".[13] É assim que a estética afetiva, necessariamente, inclui uma dimensão participativa, comunitária e ética, porque opera nos limites entre arte e vida, fundada numa espécie de suspensão radical, um *epoché* estoico, que vai além do prazer e da afirmação subjetiva do belo kantiano para liberar o sujeito não apenas de suas paixões e de seus afetos, mas também de seu fundamento sólido na individualidade, abrindo para um sentimento neutro que

---

[13] Maurice Blanchot, *The Unavowable Community*, p. 32.

nas palavras de Perniola "explode a separação entre *self* e *non-self*, interno e externo, seres humanos e coisas".[14] Assim, descrevemos na *suspensão* uma experiência estética e ética comparável com uma forma de *epifania profana* que constrói uma unidade entre beleza sem paz contemplativa e sublimidade sem transcendência, expondo a comunidade participativa de autores e receptores a um outro tipo de engajamento ético na realidade. Voltando ao ponto de partida, sublinhamos que os aspectos afetivos e performativos pertencem à experiência estética da literatura em geral e de maneira alguma são privilégio exclusivo da literatura realista.

Na prosa contemporânea o impacto afetivo não surge em decorrência do supérfluo dentro da descrição representativa, senão em consequência de uma redução radical do descritivo, de uma subtração na estrutura narrativa da construção sintática de ação e da preeminência da oralidade contundente do discurso à procura do impacto cruel da palavra-corpo. Essa autonomia do signo sem referência podemos entender melhor em diálogo com aquilo que Deleuze e Guattari chamaram de *afetos* e *perceptos*, denominando a existência independente de modificações afetivas e perceptivas da experiência. O afeto é assim a entender como a transformação sensível em reação a certa situação, coisa ou evento. Na entrevista "Sobre a superioridade da literatura anglo-americana", no livro *Diálogos*, Deleuze descreve o afeto como o "verbo que se torna um evento", e no último livro de Deleuze e Guattari, *O que é a filosofia* (1997), os autores insistem em que os afetos

---
[14] Mario Perniola, *Art and Its Shadow*.

sejam entendidos como algo diferente da experiência sensível e cognitiva de um sujeito fenomenológico, como algo independente desse sujeito. É na arte, sugerem, que reconhecemos que os afetos podem existir desligados de sua origem temporal e espacial, tornando-se entidades independentes e autônomas entre sujeito e objeto. Pode parecer uma definição abstrata, mas entendamos que, para Deleuze e Guattari, os afetos operam numa dinâmica de desejos dentro do agenciamento da obra ou do texto, como uma força expressiva que intervém performaticamente, manipulando sentidos e relações, informando e fabricando desejos, gerando intensidades e produzindo outros afetos. Os afetos expressam as potências em geral, e é nas obras de arte e na literatura em particular que atuam na produção social e ganham poderes fisiológicos, ontológicos e éticos. Os perceptos, por sua vez, acentuam o aspecto impessoal da literatura capaz de criar visões e audições independentes de um sujeito perceptivo e independentes das percepções visíveis e audíveis representadas. Em outras palavras, diz Deleuze,[15] certos escritores como, por exemplo, Herman Melville e T. E. Lawrence são visionários porque são atravessados e dominados por visões e audições, além das percepções realistas, cujo poder se expressa na escrita. John Marks[16] sugere que Deleuze no percepto nos mostra que a consciência é um tipo de membrana que está em contato com o mundo externo ao mesmo tempo que é parte desse mundo externo. Nesse sentido o *self* não é distinto do mundo externo, mas um tipo de dobra

---

[15] Gilles Deleuze, *Diálogos*.
[16] John Marks, "Percepts — Literature".

no mundo, uma membrana entre o interior e o exterior capaz de capturar e transmitir forças afetivas. Estamos aqui no limite do campo semiótico, no qual a semiologia torna-se pragmática e os efeitos da performance substituem a representação do sentido. Estamos então falando da realidade do que o texto faz e não do que representa; não abrimos mão da representação, mas o que nos interessa é o que acontece em função da sua gestão.

O realismo indexical

Tornou-se um lugar-comum nas humanidades entender o signo indicial no escopo do paradigma fotográfico devido a seu realismo subjacente, principalmente em referência aos estudos clássicos de Walter Benjamin, André Bazin, Susan Sontag e Roland Barthes sobre a história da fotografia e de suas características sígnicas. Bazin foi quem mais explicitamente definiu a ontologia da fotografia pela impressão da realidade em função do raio de luz rebatido nela que se grava na superfície fotossensível. O índice na semiótica de Charles Sanders Peirce se caracteriza pela relação física e existencial entre objeto e signo; o signo é a marca do objeto ou o efeito direto da presença do objeto, traz testemunho do objeto, mas é menos a representação de algo e mais o efeito de um evento, como a fumaça do fogo, a cinza do cigarro, a sombra projetada ou a pegada na areia. Não há *semelhança* entre objeto e signo; o índice, pelo contrário, aponta para e sempre está no limite da realidade não semiótica. Na fotografia o aspecto indicial é intrínseco à marca do raio de luz sobre a superfície fotossensível e dá à fotografia sua natureza melancólica de testemunho do passado, da morte e do desaparecimento. No cinema neorrealista italiano, André Bazin[17] fala das imagens-fato (*l'image-fait*) como índices documentários dentro da imagem. Peirce define o signo indexical, o índice, como a marca deixada pelo contato do objeto sem depender da semelhança icônica nem da simbolização interpretativa. Desse modo, esses fragmentos podem ainda guardar uma riqueza semântica que qualifica simbolicamente o ambiente, mas sua função mais importante é produzir o efeito do "isso foi", central na definição do "efeito do real" de Roland Barthes como "o desvanecimento da linguagem em proveito de uma certeza de realidade: a linguagem se volta, foge e desaparece, deixando a nu o que diz".[18] No primeiro ensaio sobre "o efeito do real", com título homônimo, esse efeito era consequência de certa superfluidade na descrição realista de detalhes cujo único significado era sua própria existência, a evidência de sua realidade. Mais tarde, o efeito do real reaparece no livro *A câmara clara,* na análise do *punctum* fotográfico como o detalhe na imagem com poder de atrair afetivamente a atenção subjetiva do espectador, mas, nas anotações do penúltimo curso, *A preparação do romance I*, Barthes faz uma outra analogia entre o *noema* da fotografia e a suspensão proferida pelo *haicai* no efeito do "isso foi", uma individuação absoluta do momento, uma exaltação da contingência pura num signo que não tem sentido e que opera uma suspensão da

---

[17]André Bazin, *O cinema*.
[18]Roland Barthes, *A preparação do romance I*, p. 144.

referencialidade e simultaneidade da interpretabilidade do signo. É essa suspensão que, em vez de apontar para a epifania, como no *haicai,* na ficção contemporânea traz o peso da evidência, a realidade de certos signos textuais sobre os quais não há nada a dizer além do já dito. São signos que só demandam o reconhecimento de sua evidência inegável, não adianta interpretar e procurar um sentido profundo escondido, pois causam uma espécie de *tilt*[19] na tentativa de apropriação pelo conhecimento. O que têm a mostrar não está fora deles mesmos, apenas refere-se a sua própria existência.

Em livros como *Capão Pecado*, de Ferréz, *Treze*, de Nelson de Oliveira, *Angu de sangue*, de Marcelino Freire, e até *Nove noites*, de Bernardo Carvalho, percebemos a importância da inclusão de fotos que não servem para ilustrar o texto, mas criam uma tensão que corrói os recursos narrativos convencionais e a relação equilibrada entre a história e a imagem. Assim como a fotografia funciona como índice não representativo de contextualidade, a inclusão de nomes próprios, citações, cartas, desenhos, letras de músicas etc. cria uma espécie de realismo textual que desequilibra a relação entre ficção e documento. São todos elementos de uma indexação do relato, são índices reais que projetam sua própria sombra no texto e permitem a passagem de um realismo descritivo para um realismo indexical. Luiz Ruffato costuma contar que escreveu *Eles eram muitos cavalos* a partir de caminhadas pelas ruas de São Paulo durante as quais colecionava e anotava tudo o que encontrava — textos

---

[19]Ibidem, p. 161.

diversos, publicidades, santinhos, cardápios, falas, anúncios eróticos, advertências e imagens. Quando chegava em casa, era só converter essa coleção de fragmentos e índices em texto, mantendo a estrutura caótica e fragmentada e inconclusa dentro de uma escrita criativa que tende a ser uma precipitação do real, um coágulo insolúvel de realidade dentro da representação simbólica. O esforço de incluir a realidade na escrita não deve ser confundido com documentarismo; pelo contrário, não se trata de levar a realidade à literatura, senão de levar a poesia à vida, reencantá-la, comprometer a escrita com o desafio do índice e fazer dela um meio de intervenção sobre aquilo que encena ficcionalmente.

Entre o índice que traz para dentro da escrita a marca da realidade como evidência e testemunho e a performance que converte a recepção em intervenção poética sobre o mundo, a procura da literatura é dos efeitos e afetos que marcam as interseções dos nossos corpos na realidade da qual todos somos parte.

O realismo performático

Como se expressa o anseio de tornar a literatura "real"? De criar efeitos de realidade através da literatura e de fazer da experiência da leitura um encontro com a realidade na literatura contemporânea? É claro que a diferenciação simples entre um realismo representativo que denomina uma realidade exterior e um realismo não representativo que procura tornar-se real não resolve o problema conceitual; pelo contrário, parece complicá-lo, uma vez que introduz uma questão ontológica de "realidade" que não deve esperar sua solução no contexto da teoria da literatura. Muitos alegariam, e com certa razão, que essa noção de "realidade" na literatura define algo próprio ao conceito "literatura" como concebido na modernidade, ou seja, a definição da literatura como algo diferente de outras produções textuais pela sua potência de intervenção na realidade em que é recebida. A "literariedade" na sua origem foi exatamente percebida no poder poético de tornar algo fictício "real" para o leitor, criar a ilusão de realidade, de maneira a transformar a compreensão do mundo do leitor e, eventualmente, auxiliar na escolha das opções mais adequadas de ação. Em uma compreensão hermenêutica da literatura, esse "realismo" pareceu essencial para a própria definição do que é "literário", e correríamos o perigo de concluir que a ambição de tornar-se real é aquilo que caracteriza qualquer obra literária. Ao mesmo tempo, o realismo que tentamos definir aqui não parece preocupado com a experiência hermenêutica e fenomenológica da realidade, na identificação entre uma voz narrativa e uma posição existencial receptiva. Pelo contrário, encontramos nessa prosa, eis a nossa hipótese, efeitos de realidade que se dão por aspectos performáticos da escrita literária não exclusivos à comunicação racional nem aos efeitos sobre uma consciência receptiva, mas que atuam afetivamente agenciados pela expressão textual num nível que só pode ser denominado de não hermenêutico.

Precisamos acentuar então que estamos falando de um tipo de realismo que conjuga as ambições de ser "referencial", sem necessariamente ser representativo, e simultaneamente "engajado", sem necessariamente subscrever nenhum programa crítico. A sugestão é analisar formas literárias que, sem necessariamente abandonar a representação, a utilizam como um elemento no agenciamento afetivo da complexa maquinaria textual dentro do que foi chamado de *realismo performático*.[20] Implicava deslocar o centro das leituras dos conteúdos e das características de discurso e estilo para uma atenção cada vez mais acentuada no fazer pragmático do texto, seus efeitos e sua performance. Era reconhecido desde os trabalhos de Austin (1956)[21] que a linguagem opera por via de atos de fala e que de imediato ganha um papel performativo que em princípio foi analisado como sua dimensão mais conservadora e afirmadora de instituições sociais. Para os estudos da literatura a discussão ainda demorou a ganhar relevância, pois os filósofos da linguagem negavam a possibilidade de uma função pragmática dos atos de fala na ficção ou nas artes. Nas discussões seguintes, que contaram com a participação de teóricos como Jacques Derrida, Judith Butler e Mieke Bal, ficou claro que era preciso distinguir na teoria da literatura entre performance e performatividade, uma caracterizando a função "conservadora" e pragmática dos atos de fala nas instituições da sociedade, e a outra, a possibilidade de transgredir as convenções por via da linguagem e de criar outras realidades por via da ficção. Ainda que uma firme diferença conceitual não exista, os conceitos de "performance", "performático", "performatividade" são aplicados normalmente sem diferenciação;

---

[20]Rune Gade e Anne Jerslev, *Performative Realism*.
[21]John Austin, *How to Do Things with Words*.

o fazer da linguagem e da literatura precisa ser sempre enxergado nessa dupla perspectiva de afirmação do que existe e de possibilidades criativas por meio da assertiva de outras realidades, um campo que por sua relevância ainda merece toda a atenção possível da teoria literária.

Voltando ao ponto de partida, sublinhamos que os aspectos afetivos e performativos pertencem à experiência estética em geral e de maneira alguma são privilégio exclusivo da literatura realista. Trouxemos os conceitos para o debate sobre os novos realismos hoje para indicar que, mesmo na ausência de uma nova linguagem literária capaz de unir a geração contemporânea em torno de um projeto novo de realismo, percebemos em muitos escritores a urgência em relacionar a literatura com os problemas sociais que assolaram a história recente do Brasil. Temas subjacentes de exclusão, desigualdade, miséria, crime e violência surgiram em foco ou como pano de fundo para as narrativas das últimas décadas e foram longamente discutidos pela crítica universitária em pesquisas que definiram o rumo de projetos anteriores sobre a permanência e a transformação da tradição realista da literatura brasileira. Procuramos definir e analisar as experiências literárias dedicadas à criação de efeitos de realidade, uma espécie de "efeitos de presença", e não apenas o que H. U. Gumbrecht chamaria de um "efeito de sentido".[22] Isto é, não investigamos na literatura apenas uma noção reconhecível da realidade tratada, mas uma vivência concreta através da literatura com uma potência transformativa. Abordar o desafio que a representação da condição contemporânea

---

[22] Hans Ulrich Gumbrecht, *Production of Presence*.

coloca para a literatura brasileira acentua sua especificidade expressiva e ressalta aquilo que só a literatura faz, o que a diferencia de outras formas discursivas e outras mídias. De que maneira o tema tratado pode ampliar a expressão literária e facilitar a experiência do que às vezes resulta incompreensível em função da forma estética adequada à radicalidade da realidade intrínseca.

O desafio literário se coloca, assim, em termos de uma "estética do afeto", em que entendemos o afeto como o surgimento de um estímulo imaginativo que liga a ética diretamente à estética. Se o realismo histórico é um realismo representativo, que vincula a *mimesis* à criação da imagem verossímil, ou ao efeito chocante ou sublime da sua ruptura, o *realismo afetivo*, por sua vez, se vincula à criação de efeitos sensíveis de realidade que, nas últimas décadas, alcançaram extremos de concretude que levaram teóricos a falar de uma "volta do real" ou de "paixão do real". Nas perspectivas de leitura aqui comentadas, o objetivo era entender as experiências performáticas que procuram na obra a potência afetiva de um evento e envolvem o sujeito sensivelmente no desdobramento de sua realização no mundo.

Referências bibliográficas

Austin, John L. *How to Do Things with Words*. Oxford: Clarandon Press, 1975 (1962).
Badiou, Alain. *Le siècle*. Paris: Seuil, 2004.
Bal, Mieke. *Travelling Concepts in the Humanities*. Toronto: University of Toronto Press, 2002.

BARTHES, Roland. *Le degré zéro de l'écriture suivi de nouveaux essais critiques*. Paris: Seuil, 1972.
_____. *La chambre claire: note sur la photographie*. Paris: Gallimard, 1980.
_____. *A câmara clara*. Lisboa: Edições 70, 2003.
_____. *Sade, Fourier, Loyola*. São Paulo: Martins Fontes, 2005.
_____. "O efeito de real". In: *O rumor da língua*. São Paulo: Martins Fontes, 2005.
_____. *A preparação do romance I*. São Paulo: Martins Fontes, 2005.
BAUGH, B. "How Deleuze Can Help Us Make Literature Work". In: BUCHANAN, Ian e MARKS, John. *Deleuze and Literature*. Edimburgo: Edinburgh University Press, 2000.
BAZIN, André. *O cinema: ensaios*. São Paulo: Brasiliense, 1991.
BLANCHOT, Maurice. *The Unavowable Community*. Barrytown, NY: Station Hill Press, 1988.
BUTLER, Judith. *Gender Trouble: Feminism and the Subversion of Identity*. Nova York: Routledge, 1990.
_____. *Bodies that Matter*. Nova York: Routledge, 1993.
DELEUZE, Gilles. *Spinoza*. Paris: Presses Universitaires de France, 1970.
_____. *Crítica e clínica*. São Paulo: Editora 34, 1997.
_____. *Marcel Proust et les signes*. Paris: Presses Universitaires de France, 1964.
_____. *O que é a filosofia*. São Paulo: Editora 34, 1997.
DELEUZE, Gilles e GUATTARI, Felix. *Kafka: por uma literatura menor*. Rio de Janeiro: Imago, 1977.
DELEUZE, Gilles e PARNET, Claire. *Diálogos*. São Paulo: Escuta, 1998.
JAKOBSON, Roman. "Do realismo artístico". In: EIKHENBAUM, B. et al. *Teoria da literatura: formalistas russos*. Porto Alegre: Globo, 1971.
FOSTER, H. *The Return of the Real*. Cambridge: MIT, 1996.

_____. *Compulsive Beauty*. Nova York: October Book, 1999.

GADE, Rune e JERSLEV, Anne. *Performative Realism*. Copenhague: Museum Tusculanum Press, 2005.

GREGG, Melissa e SEIGWORTH, Gregory J. (orgs.). *The Affect Theory Reader*. Durham/Londres: Duke University Press, 2010.

GUMBRECHT, Hans Ulrich. *Production of Presence: What Meaning Cannot Convey*. Stanford, Califórnia: Stanford University Press, 2004.

GUMBRECHT, Hans Ulrich e KITTLER, A. F. *Materialities of Comunication*. Stanford, Califórnia: Stanford University Press, 1994.

ISER, Wolfgang. *O fictício e o imaginário: perspectivas de uma antropologia literária*. Rio de Janeiro: EdUerj, 1996.

LACAN, Jacques. "Os quatro conceitos fundamentais da psicanálise (1963-64)". In: *O seminário. Livro 11*. Rio de Janeiro: Jorge Zahar Editor, 1979.

LOXLEY, James. *Performativity*. Londres: Routledge, 2007.

LYOTARD, Jean-Francois. *A condição pós-moderna*. Rio de Janeiro: José Olympio, 1998 (1979).

MARKS, John. "Percepts. Literature". In: PARR, Adrian (org.). *The Deleuze Dictionary*. Nova York: Columbia University Press, 2005.

MASSUMI, Brian. "That Thinking Feeling". In: MASSUMI, Brian (org.). *A Shock to Thought*. Nova York: Routledge, 2002.

_____. *Parables for the virtual: Movement, Affecty, Sensation*. Durham/Londres: Duke University Press, 2002.

PARR, Adrian (org.). *The Deleuze Dictionary*. Nova York: Columbia University Press, 2005.

PERNIOLA, Mário. *Art and Its Shadow*. Nova York/Londres: 2004.

RANCIÈRE, J. *La politique des poètes*. Paris: Albin Michel, 1992.

_____. *A partilha do sensível — estética e política*. São Paulo: Ed. 34, 2005.

SCHØLLHAMMER, Karl Erik. "Os novos realismos na arte e na cultura contemporânea". In: PEREIRA, Miguel; GOMES, Renato Cordeiro e FIGUEIREDO, Vera Lúcia Follain. *Comunicação, representação e práticas sociais*. Rio de Janeiro. Ed. PUC, 2005.

_____. *Além do visível: o olhar da literatura*. Rio de Janeiro: 7Letras, 2007.

_____. *Ficção brasileira contemporânea*. Rio de Janeiro: Civilização Brasileira, 2009.

ZUMTHOR, Paul. "Body and Performance". In: GUMBRECHT, Hans Ulrich e KITTLER, Friedrich. *Materialities of Comunication*. Stanford, Califórnia: Stanford University Press, 1994.

5. As políticas do realismo

Falar de *realismo* hoje pode parecer uma volta a uma discussão ultrapassada ou a provocação de redefinir o que, exatamente, esse conceito caracteriza atualmente, numa situação em que sua menção abarca mais de 150 anos de debate que não podem ser ignorados, tendo produzido tentativas de atualização em noções como neorrealismo, realismo crítico, realismo socialista, realismo mágico e hiper-realismo, entre muitas outras. Falar de *política* tampouco é fácil, muito menos de literatura política ou política da literatura, mas vamos logo descartar o equívoco mais óbvio de entender a relação entre realismo e política como uma submissão da literatura e das artes a um imperativo político pragmático ou partidário. Não terei a coragem de definir fundamentos para uma nova arte e uma nova literatura políticas; pelo contrário, voltarei a essa discussão para refletir sobre a vontade de alguns escritores e artistas contemporâneos de se engajar na realidade social e a dificuldade de traduzir essa vontade num projeto estético adequado.

Inicialmente, gostaria de retomar um juízo de valor que ainda prolifera na crítica da literatura brasileira contemporânea e cuja origem está nos debates das décadas de 1930 e 1950 em torno do realismo histórico. É claro que não me interessa corrigir um equívoco conceitual apenas; só tem sentido abrir essa discussão de novo porque ela pode providenciar elementos para uma outra avaliação dos debates sobre a prosa contemporânea, em particular sobre as tendências neorrealistas, comprometidas com a realidade social brasileira. Nesse sentido propomos expor também os critérios de valor embutidos na avaliação estética com origem político-moral, apesar de serem afastados de seu contexto de debate original.

Existem debates que repercutem nas discussões estéticas e literárias além das situações em que surgiram e que acabam se integrando nos juízos críticos posteriormente de modo implícito e normativo. Um dos debates mais conhecidos no contexto literário se desenvolveu em torno do realismo desde as primeiras proclamações programáticas do movimento realista como uma nova arte, no século XIX, e com o momento mais conhecido determinado pelos textos de Georg Lukács da década de 1930, que mais tarde seriam contestados nos debates em torno do expressionismo e depois pelas intervenções de Brecht, Bloch e Adorno. Sem poder aqui desdobrar os detalhes dessa discussão, o que nos interessa explicitamente é localizar na polêmica os motivos de uma rejeição política forte do naturalismo que ganha sobrevida e repercute ainda na crítica literária do Brasil na virada do século.

Retomando a leitura de Lukács, lembremos o teor principal de um dos textos mais importantes sobre a questão, isto é, "Narrar ou descrever", de 1936,[1] no qual o autor húngaro propõe uma distinção entre o realismo (verdadeiro) e os exageros e equívocos do "formalismo", por um lado, e o "naturalismo", por outro. Lembremos, desse primeiro momento, apenas que a arguição em relação à avaliação dos romances do século XIX e da possibilidade de produzir uma literatura politicamente responsável de Lukács se baseia em dois argumentos. Por um lado, o romance deve oferecer uma visão narrativa total que unifique a vida de cada personagem com as necessidades do processo histórico subjacente e, por outro lado, deve aplicar a descrição dos eventos apenas na medida em que se justifique no âmbito da necessidade dramática. Por isso, a descrição de uma corrida de cavalos pode funcionar como a interseção na vida dos personagens que muda o destino de todos em *Anna Karenina*, de Tolstói, quando em Zola fica distante e irrelevante no enredo de *Naná*. Em outras palavras, Lukács procura oferecer juízos de valor que possibilitam diferenciar romancistas como Flaubert e Zola dos romancistas pré-revolucionários como Scott, Balzac e Tolstói. Os primeiros, em sua opinião, só conseguem criar imagens estáticas do estado das coisas, refletindo a visão desencantada dos intelectuais franceses após a revolução burguesa de 1848, enquanto a literatura dos segundos ainda preserva sua natureza verdadeiramente épica e descreve a ação humana nessa perspectiva. "A narrativa organiza (*gliedert*), a descrição nivela (*nivelliert*)",[2] repara Lukács, e a valorização

---

[1] Georg Lukács, "Narrar ou descrever".
[2] Ibidem.

negativa da descrição em Flaubert e Zola se deve principalmente à perda de unidade e totalidade que a descrição sem nexo narrativo causa, e, devido a sua natureza visual de observação e a sua simultaneidade, a descrição leva a história a se perder em detalhes insignificantes. A estrutura narrativa, por sua vez, consegue amarrar os detalhes em retrospecto, seleciona os elementos essenciais da multiplicidade de fenômenos e garante a unidade guiada pelo narrador onisciente sem perder o suspense da história e a atenção do leitor. É claro que a valorização da narrativa em detrimento da descrição se deve ao hegelianismo de Lukács, que se formulara com mais ênfase no livro *Teoria do romance* e que depois reaparece como acentuação do conceito de totalidade épica harmoniosa e se reflete na teoria do realismo como a "primazia da narrativa", como foi posteriormente apontado por Terry Eagleton e Fredric Jameson. O que nos importa nesta leitura é sublinhar que a crítica da descrição encontra um desdobramento, na segunda metade do ensaio, na crítica do *naturalismo* que será um sinônimo dos perigos da descrição exagerada, uma vez que "fragmenta (atomiza) a literatura em momentos autônomos", rejeitando a composição e levando à hipertrofia dos objetos representados. Contudo, a descrição naturalista, para Lukács, é um sinal de uma visão alienada da realidade que não favorece a construção de personagem, a autenticidade dos diálogos nem a ligação entre o mundo dos objetos e as ações humanas. Lukács acusa os autores descritivos de converter a literatura numa ciência aplicada, psicologia no caso de Flaubert e sociologia no caso de Zola, em que a observação cientificista e neutra, característica do *naturalismo*, prende o olhar na mistificação superficial do mundo dos objetos. Outra consequência do descritivismo igualmente perigoso, segundo Lukács, é acabar no *formalismo* experimental dos escritores de vanguarda, que também pecam por falta de clareza ideológica e de um princípio unificante e por isso são incapazes de escrever um romance bom, isto é, correto do ponto de vista marxista. Não é injusto observar que a valorização de Lukács, apesar de seu fundamento argumentativo, se apresenta como profundamente idiossincrática, favorecendo romancistas como Gorki, Balzac e Scott em detrimento de Zola e Flaubert, mas ainda mais grave foi o debate que o crítico abriu em 1934 com os modernistas no ensaio "Expressionismo: seu auge e declínio",[3] no qual o ataque se dirige aos artistas de esquerda, ou, na opinião de Lukács, à "pseudoesquerda" dos movimentos de vanguarda europeia, considerados cúmplices de uma prática burguesa. Enquanto o naturalismo ainda estava engajado ao lado dos trabalhadores na luta de classe, os expressionistas refletiam para Lukács a impotência diante da Primeira Guerra Mundial numa linguagem que acusava de caótica, fragmentada e irracional. O "simultaneísmo" dos expressionistas, um conceito que Lukács ganhou de empréstimo do pintor Robert Delaunay, foi criticado por ser uma justaposição superficial de palavras que não compensava a perda de estrutura na realidade representada. Entre as respostas dadas ao ataque de Lukács na revista *Das Wort* em 1937 e 1938, destaca-se a de Ernst Bloch,[4] que tentou defender escritores expressionistas como Franz

---

[3]Georg Lukács, "Expressionism: Its Significance and Decline", p. 313-316.
[4]Ernst Bloch, "Discussing expressionism".

Werfel, Georg Trakl e Georg Heym. Embora tenha feito várias concessões à opinião de Lukács, Bloch opinou que na visão lukacsiana da realidade como uma "totalidade unida e fechada" não havia lugar para o elemento subjetivo e sugeriu que a realidade talvez fosse tão fragmentada e caótica quanto retratada pelos expressionistas. Na palavra final do debate, Lukács reafirmou suas posições e principalmente o critério de verdade objetiva da totalidade como fundamento para os verdadeiros realistas, destacando o exemplo de Thomas Mann em detrimento de Joyce, por sua vez defendido por Bloch. Para Lukács, os movimentos literários do naturalismo ao surrealismo deviam ser condenados pela incapacidade de ir além das aparências imediatas, incapazes de originar a dialética necessária entre aparência e essência, e, no caso dos expressionistas, por procurarem uma dimensão errada de essência, estando aprisionados na visão subjetiva. Num comentário formulado no calor do debate, mas não publicado na época por motivos políticos, Brecht critica Lukács por propor um método estéril e desatualizado para a construção do realismo, amarrado demais ao romance do século XIX e sem a necessária "conexão vigorosa com a realidade", que poderia criar uma literatura proletária eficiente. É nessa luz que o dramaturgo alemão defende escritores como Dos Passos e Joyce contra a crítica de Lukács, junto com as técnicas modernistas de monólogo interior e montagem paralela. Embora abra o escopo para uma literatura mais atualizada, a concepção de Brecht do realismo ainda mantém uma grande afinidade com Lukács. Na definição de Brecht o realismo significa descobrir e revelar as conexões causais na sociedade e flagrar os pontos de vista do poder. É equivalente ao compromisso político de escrever a partir da perspectiva de classe, que oferece a solução mais ampla para a sociedade humana.

Somente na década de 1950 as posições de Lukács serão contestadas em detalhe por Ernst Bloch e Theodor Adorno. Para Bloch, o ponto mais importante é manter na literatura uma conexão entre a realidade descrita e a possibilidade utópica de um futuro melhor. Para isso é necessário evitar uma relação superficial com a realidade empírica, sob o risco de a literatura ficar presa no fetiche e na alienação. Um aprofundamento mais apegado à realidade objetiva, por outro lado, também pode resultar em "naturalismo" e com isso na impossibilidade de conhecimento autêntico. Transcender a visão alienada é a principal tarefa do realismo, aponta Bloch, mas em termos de uma definição dos traços formais não acrescenta grande coisa à visão lukacsiana. Em seu artigo "Posição do narrador no romance contemporâneo", de 1954,[5] Adorno, por sua vez, enfatiza a impossibilidade contemporânea de retratar a realidade tal qual, pois o mundo perdeu seu sentido e uma mera descrição da realidade tornou-se problemática por essa razão. Contudo, para servir à verdade, o romance deve renunciar ao realismo cuja reprodução superficial apenas aumenta e reproduz a falsa imagem do mundo. Para mostrar a "alienação universal e a autoalienação" que dominam a vida contemporânea, o romance deve, segundo Adorno, lançar mão do antirrealismo, ou seja, do antimimetismo, que assim se converte no verdadeiro veículo de uma procura metafísica da realidade. Numa arguição que

---

[5] Theodor Adorno, "Posição do narrador no romance contemporâneo".

devia muito aos próprios artistas das vanguardas do início do século, Adorno inverte a prioridade do realismo para favorecer sua ruptura na experimentação formal, na procura de uma realidade mais profunda, escondida atrás do véu da alienação. É sabido que Lukács não deixou barata a última palavra nessa discussão, e, quando em 1955 teve a chance de replicar os ataques de Bloch e Adorno, reiterou a crítica aos autores modernistas como Musil, Joyce e Kafka, a favor de Mann que era o único contemporâneo que ressaltou como exemplo do procurado "realismo crítico". Podemos, sem entrar mais fundo nos detalhes da arguição de Lukács, resumir seus pontos de crítica da seguinte maneira: o exagero descritivo em certos romances realistas do século XIX e a acentuação objetiva dos detalhes sensíveis no naturalismo levavam à perda de visão total e fragmentação da realidade, expressando a alienação da consciência sob o capitalismo. Nessa perspectiva, era o naturalismo o culpado pela deriva da literatura realista em direção ao "formalismo" decadente dos escritores modernistas que exaltavam a fragmentação e a falta de visão total na interiorização subjetiva da condição alienada numa verdadeira fuga para o patológico. Ou seja, a objetivação extrema era, assim como a subjetivação extrema, sintoma da mesma falta de unidade, impossibilitando uma representação do individual em conexão concreta com a realidade histórica e social em uma visão abrangente e unida. Formalismo modernista e naturalismo descritivo formavam os dois lados da mesma falsa moeda, ou com uma exagerada objetivação fragmentada sem conexão necessária nem unidade interior ou com uma subjetivação burguesa e alienada que incorporava a realidade toda apenas como elemento em dramas existenciais sem a necessária dialética entre interior e exterior. É claro que o desprezo pelo naturalismo não foi inaugurado por Lukács; muito pelo contrário, já no final do século XIX era quase um lugar-comum entre os críticos recusar o "naturalismo mau" pelo verdadeiro realismo bom. Os pontos de ataque eram sempre os mesmos: a exagerada dependência de uma visão científica da realidade e o exagero descritivo da realidade sensível, principalmente de seus aspectos de pobreza, miséria, voluptuosidade e violência. Flora Süssekind mostrou muito bem como a literatura brasileira do século XIX recebeu forte influência ideológica do naturalismo, apesar das críticas severas, e como ele se tornou uma preferência literária que posteriormente reapareceu no romance nordestino dos anos 1930 e depois no romance-reportagem dos anos 1970. Também hoje as críticas ao neonaturalismo são renovadas, mas agora quase exclusivamente na rejeição da tendência mais crua e fisiológica da prosa contemporânea e quase nunca pelos motivos originais de projetar as leis naturais sobre as narrativas. Contudo, também nas críticas tradicionais havia uma acusação de "naturalizar" as leis sociais e assim contribuir para um determinismo que excluía intervenção individual e política. Na versão de Lukács, a descrição desmesurada era sinônimo de uma imagem alienada da realidade que impedia a exemplaridade típica entre as ações subjetivas e as condições sociais e históricas. Mesmo na versão de Adorno, a literatura e a arte tinham seu papel político diante da alienação na realidade do capitalismo tardio, mas agora pela subversão e negação modernista que se opunham à norma pela força da experimentação e do estranhamento.

O importante aqui não é polemizar com essa defesa programática do realismo, senão reconhecer a enorme influência que uma certa proposta de prosa urbana teve sobre as gerações posteriores em termos formais e estéticos. No âmbito da literatura-verdade,[6] que inclui uma variedade de gêneros documentários neojornalísticos e marginais ou autobiográficos, confessionais e testemunhais, a proposta mais vigorosa aparece na exposição narrativa de uma realidade social incômoda e frequentemente marginal, numa linguagem chula, eficiente e combinada à exposição de detalhes violentos, que somava uma estética de choque tanto no nível de conteúdo quanto no nível expressivo. Não há dúvida a respeito do sucesso dessa estética como modelo canônico para a prosa urbana desde os anos 1970 e sua permanência entre os escritores contemporâneos da autobatizada Geração 90. No entanto, o que justifica chamar essa literatura de neonaturalista, uma denominação raramente usada pelos próprios escritores é quase sempre empregada com conotações negativas? Para Flora Süssekind, o naturalismo dos anos 1970 era definido pela fundamentação do romance-reportagem nas ciências de comunicação. Da mesma maneira que o naturalismo histórico do século XIX tinha afinidade com as ciências naturais e o realismo do romance nordestino da década de 1930, com as ciências sociais. Não era apenas o cientificismo que era o alvo, pois nas críticas históricas ao naturalismo a rejeição principal era do aspecto fisiológico da construção narrativa, tanto no nível narrativo quanto no expressivo. Era criticada a falta de autonomia

---

[6]Flora Süssekind, *Literatura e vida literária*.

na construção da personagem em relação ao enredo e à circunstância descritiva e, por outro lado, a sensualidade exagerada na descrição que refletia o vitalismo subjacente de seu projeto. Também para Lukács o aspecto fisiológico, a brutalidade e a sensualidade refletiam um vitalismo exagerado, confundindo arte e vida, mas, por outro lado, havia nessa crítica um certo puritanismo diante dos extremos descritivos que efetivamente registramos ainda hoje. Quando se confunde a Geração 90 com o naturalismo histórico, a confusão se deve talvez à dificuldade de separar os dois níveis de análise. Quem acusa os escritores mais "violentos" ou "brutais" em sua expressão de neonaturalismo não deve esquecer que a construção narrativa dos brutalistas dos anos 1970 nada tinha a ver com a proposta clássica do naturalismo nem do realismo histórico. Primeiro, porque não se caracterizava pelas descrições saturadas do naturalismo, apesar de detalhar a violência. Segundo, porque seu escopo sempre jazia sobre partes marginais da realidade que só podiam ser consideradas "realistas" alegoricamente e nunca representações exemplares e típicas. Era a partir dessa alegorização que a violência social enfocada ganhava uma força expressiva pela identificação com o autoritarismo do momento histórico, e por isso essa literatura muitas vezes foi sujeita à censura. Parece que o problema para os herdeiros da literatura urbana da década de 1970 foi essa perda do aspecto crítico da alegoria, pois, quando romances como *Cidade de Deus*, de Paulo Lins, *Inferno*, de Patrícia Melo, ou *Manual prático do ódio*, de Ferréz, representam a exclusão social como modelo alegórico da sociedade brasileira, assumem implicitamente um certo determinismo sem a dimensão crítica que, agora sim, pode ser considerada naturalista. O importante aqui é observar como a crítica ao naturalismo, mesmo nas suas formas contemporâneas, se assemelha às críticas dos iludidos pela espetacularidade da realidade social, quando esta converte a miséria humana e a brutalidade em objeto de consumo e de diversão.

Configura-se na prosa de certos autores contemporâneos um compromisso com a realidade que se articula por meio da experimentação e no qual a dimensão política não se reduz nem à postura do escritor, seu engajamento, nem à crítica da realidade retratada pela obra, nem à verdade analítica da representação, mas consiste na articulação de uma determinada realidade como consequência direta da escrita e do impacto produzido por sua gestão. Para Luiz Ruffato essa proposta está na visualização do invisível na exposição de uma realidade ignorada e na inversão de um olhar hierárquico sobre a marginalidade urbana na construção de uma outra visibilidade na sua prosa. A proposta pode ser levada para um argumento mais geral, que define a dimensão política de maneira intrínseca na estética, ou seja, fora das suspeitas contra uma estetização da política do fascismo e da politização da estética pelo socialismo, podemos, com Jacques Rancière,[7] entender o político como a demanda de voz ou de visibilidade de quem não tem, a exigência de um lugar de quem não tem lugar no sistema, a subjetivação de quem não participa no jogo político e seu aparecer em função dessa demanda. Para Rancière o político não é a relação entre as partes

---

[7] Jacques Rancière, *A partilha do sensível*.

interessadas dentro do que chamamos um sistema político, mas o ato inaugural de exigir lugar no sistema de quem não possui direito, reconhecimento e legitimidade nesse lugar. Por isso há uma relação íntima entre política e estética dentro de uma partilha historicamente concreta do sensível; isso significa uma relação determinada entre o visível e o dizível que define o regime da arte. A demanda política é desde já estética porque concretiza um aparecer dentro do regime representativo, e a estética é política quando possibilita o aparecer daquilo que não é nem visível, nem dizível, nem conceituável. Nessa perspectiva, Rancière situa o realismo histórico no centro do regime estético da arte que determina a aparição da literatura moderna na ruptura com o regime ético e o regime representativo, respectivamente. Os regimes da arte caracterizam determinadas distribuições do sensível e o regime estético, ou a revolução estética moderna, corresponde ao abandono da distribuição hierárquica do sensível que definia o regime ético, em que certos conteúdos determinavam certas formas e a liberação em igualdade entre sujeitos representados numa escrita democrática, flutuando sem destino certo. O que é interessante na abordagem de Rancière é que sua análise dos traços estruturais e estilísticos da literatura moderna é acompanhada de uma compreensão das consequências das tecnologias produtivas e da distribuição mercadológica e da preparação de uma nova classe de leitores. Assim, ele também insiste numa visão global das obras de literatura e de arte contemporâneas, que analisa no âmbito da emergência de novas conexões entre maneiras de produção, formas de visibilidade e modos de conceitualização articulados junto com as formas de atividade, organização e conhecimento de um certo universo histórico, ou seja, de um novo regime de arte. Com certeza não existe uma tendência única na retomada de um certo realismo hoje, mas podemos apontar condições de produção que alteraram a vida literária do país, como, por exemplo, a democratização da escrita criativa através dos blogs na internet, a abertura do mercado literário para um número maior de escritores em função do barateamento das edições e a proliferação de iniciativas de criação literária coletiva em projetos comunitários e institucionais, incluindo um número crescente de revistas, feiras e festivais literários. E finalmente a aparição de um forte interesse por testemunhos literários da realidade dos infernos sociais e institucionais brasileiros, que ganharam excelente acolhida no mercado. Aqui lidamos com novas formas de produção participativa, realização performativa da obra e recepção concebida em contextos institucionais com consequências sociais e educacionais estendidas. Enfocando os traços formais da prosa neorrealista, não há dúvida de que a tendência neonaturalista resume a vontade literária de criar efeitos estéticos de choque e estranhamento, mas também de afeto e empatia, além do registro representativo, e, nesse sentido, a literatura participa numa concorrência problemática com os meios de comunicação da nossa sociedade de espetáculo. Para alguns autores de afiliação modernista, como Ruffato, Oliveira e Galperim, a literatura cumpre seu papel político na procura de um efeito na negociação entre a legibilidade da mensagem que ameaça destruir a forma sensível do texto e seus modelos convencionais, o romance e o conto, e a estranheza radical que ameaça destruir qualquer sentido político. Essa tensão expressa uma reconfiguração do sensível, das formas perceptuais dadas, e dá-se como uma expressão que não cabe dentro das coordenadas visíveis em que se encontra. Podemos exemplificar essa tensão entre o dizível e o visível com mais clareza através de um exemplo analisado brilhantemente por Flora Süssekind em um trabalho de 2005 sobre a literatura e o espaço da cidade contemporânea. Süssekind menciona inserção documentária de imagens fotográficas em certas ficções, como, por exemplo, *Capão Pecado*, de Ferréz, *Treze*, de Nelson de Oliveira, *Minha história dele*, de Valêncio Xavier, e *Angu de sangue*, de Marcelino Freire, em que as ilustrações não ilustram o dito, mas, ao contrário, criam uma tensão que corrói simultaneamente os recursos narrativos convencionais e a relação equilibrada entre a história e a imagem. O recurso leva, na perspectiva de Süssekind, a um empobrecimento da ficção, quando em realidade percebemos que funciona como um recurso experimental que transgride a fronteira representativa no desenho de um espaço heterológico de tensão entre o visível e o dizível, em que a realidade é presentificada sem cair na ilusão do dado documental. Flora observa:

> Essa geminação entre foto e relato, se à primeira vista parece produzir uma aproximação entre o leitor e a matéria urbana enfocada, e uma materialização literária da trama citadina, ganha sentido distinto quando se observa que a operação fundamental, nesses relatos ilustrados, é justamente a colocação entre parênteses dos recursos narrativos, como possibilidade de ampliação, reforçada pelos cadernos de fotos e por uma escrita parajornalística,

do campo de visibilidade contextual. A neutralização do processo narrativo, em prol de um inventário imagético, de uma imposição documental, tendendo, todavia, tanto à reprodução de tipologias e conceituações correntes, estandardizadas, com relação a essas populações, quanto ao congelamento da perspectiva (à primeira vista, aproximada) de observação numa presentificação restritiva, estática, fundamentada no modelo da coleção, e não na experiência histórica propriamente dita.[8]

Se o relato abre mão de representar a experiência histórica, isso se deve provavelmente a um reconhecimento dos limites dessa possibilidade, quando, por outro lado, a realidade aqui ganha presença nas letras de maneiras que concorrem com a exagerada presença da realidade midiática. Entre o discurso em processo de redução narrativa e as imagens não ilustrativas ou irônicas, aparecem vozes testemunhais, registros diretos de diários e canções de rap, citações de crônicas, manchetes televisivas e fragmentos de narrativas que estabelecem relações diretas, dêiticas, com os acontecimentos em palco. Já não são alimentadas pela ambição representativa, mas pela inclusão de índices da realidade, como um colecionador perdido entre ruínas.

Referências bibliográficas

ADORNO, Theodor Wiesengrund. "Posição do narrador no romance contemporâneo". In: *Notas de literatura 1*. São Paulo: Editora 34, 2003.

---

[8] Flora Süssekind, "Desterritorialização e forma literária", p. 61.

BLOCH, Ernst. "Discussing expressionism". In: ADORNO, Theodor; BENJAMIN, Walter; BLOCH, Ernest e BRECHT, Bertolt. *Aesthetics and politics — the key texts of the classic debate within german marxism*. Londres: Verso, 1986.

LUKÁCS, Georg. "Narrar ou descrever". In: *Ensaios sobre literatura*. Rio de Janeiro: Civilização Brasileira, 1965.

_____. "Expressionism: Its Significance and Decline". In: *German Expressionism: documents from the end of the Wilhemine empire to the rise of national socialism*. Los Angeles: University of California Press, 1995.

RANCIÈRE, Jacques. *A partilha do sensível*. São Paulo: Editora 34, 2004.

SÜSSEKIND, Flora. "Desterritorialização e forma literária. Literatura brasileira contemporânea, a experiência urbana". *Literatura e sociedade*, FFLCH, DTLLC, n. 8, São Paulo, Universidade de São Paulo, 2005.

_____. *Literatura e vida literária: polêmicas, diários e retratos*. Belo Horizonte: UFMG, 2004.

_____. *Tal Brasil, qual romance?* Dissertação de mestrado. Departamento de Letras, PUC-Rio, 1982.

6. Memórias de delinquência e sobrevivência

O ensaísta e professor alemão de literatura comparada Andreas Huyssen aponta em estudos agudos para a emergência da memória como um dos fenômenos culturais mais característicos das sociedades ocidentais. Se antes a atenção pairava sobre os *futuros presentes*, parece que o interesse a partir da década de 1980 se desloca para os *passados presentes,* num *boom* de "obsessiva auto-musealização através da câmera de vídeo, da literatura memorialística e confessional crescente, do crescimento dos romances autobiográficos e históricos pós-modernos (com as suas difíceis negociações entre fato e ficção), da difusão das práticas memorialísticas nas artes visuais, geralmente usando a fotografia como suporte, e do aumento do número de documentários". Tal procura de entretenimento memorialístico, de identidade "retrô" e nostálgica, revela ao mesmo tempo um lado traumático da cultura que se evidencia não apenas no interesse pelos estudos sobre o trauma do ponto de vista psicanalítico, mas principalmente no renovado interesse por histórias marginais sobre experiências da periferia da cidade, das favelas, das prisões, do ambiente do crime, sobre violências, abusos e genocídios, em que o trauma parece ser uma chave de interpretação da nossa realidade contemporânea. No Brasil, assistimos no mercado editorial à emergência de uma literatura semidocumentária e confessional voltada para um público expressivo interessado nesse aspecto da história mais recente. E claro que uma das causas desse interesse editorial tem sido o enorme sucesso de algumas produções sobre o tema, principalmente o romance *Cidade de Deus*, de Paulo Lins, e *Estação Carandiru*, de Drauzio Varella, que têm tido um sucesso de vendas inesperado para livros que tratam de temas com essa gravidade, projetados também pelas versões cinematográficas de Fernando Meirelles e Hector Babenco. Em outros momentos tenho discutido essa nova literatura marginal ou confessional na perspectiva de uma "sede geral de realidade" da nossa cultura contemporânea, em que a arte e a literatura procuram encontrar uma expressão diferencial em relação ao *reality show* generalizado da realidade midiática, mostrando que há caminhos que separam as obras comprometidas estética e eticamente com a denúncia dos lados escuros da sociedade da superexposição obscena e pornográfica do escandaloso e do chocante que tanto seduz o grande público dos meios de comunicação sem abrir nenhuma possibilidade de intervenção e mudança. Neste capítulo gostaria de discutir alguns exemplos dessas narrativas, na perspectiva do surgimento de uma *voz* da exclusão à procura de autorização autoral pelo mercado na construção de uma memória institucional da violência e da repressão social. Trata-se de um fenômeno editorial que em certos casos retoma o documentarismo jornalístico da década de 1970 ou a literatura confessional da década de 1980, cujo foco era a revelação da realidade autoritária dos anos de chumbo; mas hoje aparecem escritores e depoimentos transcritos de pessoas que viveram ou ainda vivem na subcultura da marginalidade e do crime, como Ferréz, Jocenir, Hosmany Ramos e André do Rap, assim como os presidiários que apareceram na coletânea *Letras de liberdade*, organizada pelo escritor, roteirista e jornalista Fernando Bonassi. Foi o mesmo Bonassi quem abriu a porta editorial da Companhia das Letras para o presidiário Luiz Alberto Mendes e seu livro autobiográfico *Memórias de um sobrevivente*, que em seguida tomarei como exemplo de análise. O que se deve questionar diante desse fenômeno é se realmente trata-se de uma nova voz literária. Que tipo de depoimento e testemunho podemos extrair desses livros e qual é o papel dessa memória na cultura brasileira contemporânea? Um fato que se destaca é a centralidade da instituição carcerária no seio dessas experiências e, principalmente, a importância do famigerado massacre do Carandiru, em 1992, que provocou a morte de 111 presos, muitos deles fuzilados a sangue-frio pela tropa de choque policial. Como é sabido, a repercussão desse ataque foi muito significativa. A revelação da vida dentro dos muros da prisão que na época, antes de sua demolição, em 2002, era a maior da América Latina, catalisou uma onda de testemunhos, reportagens, filmes documentários, músicas e ficções, expondo a violência carcerária como uma chave alegórica de explicação para o crime e a violência social brasileira. A espetacularidade do evento e a violência acumuladas parecem autorizar essas produções culturais. O silêncio oficial em torno dos fatos ocorridos atribui voz a quem antes não falava e a revolta ressalta o Carandiru como emblema de denúncia contra um sistema criminal, judicial e penal totalmente ineficiente e autoritário. Mas trata-se de fato de uma nova voz? E que tipo de memória cultural encontra-se aqui? Seria evidente sublinhar a importância da violência na simbolização social e, principalmente, na elaboração cultural expiatória e redentora de memória que atua na constituição da identidade nacional. O papel fundamental do massacre de Canudos para a constituição da república é um exemplo clássico no Brasil, assim como as polêmicas em torno dos monumentos comemorativos das atrocidades da Segunda Guerra Mundial na Alemanha mostram como a negociação entre memória e esquecimento continua sendo fundamental para o trabalho de luto cultural das nações. Outra perspectiva, no entanto, encontramos nos trabalhos de Foucault sobre as instituições psiquiátricas e penais na França do século XVIII e sua relação com uma nova ordem do discurso. No ensaio "A vida dos homens infames", de 1977, que prefacia uma recopilação de *lettres de cachet*, ou seja, cartas com denúncias particulares de vizinhos e familiares contra criminosos e malfeitores, Foucault observa como a noção moderna de literatura surge simultaneamente com o novo regime discursivo do vigiar, interditar e punir.

> Nasce uma arte da linguagem cuja tarefa não é mais cantar o improvável, mas fazer aparecer o que não aparece — não pode ou não deve aparecer: dizer os últimos graus, e os mais sutis, do real. No momento em que se

instaura um dispositivo para forçar a dizer o "ínfimo", o que não se dizia, o que não merece nenhuma glória, o "infame" portanto, um novo imperativo se forma, o qual vai constituir o que se poderá chamar a ética imanente ao discurso literário do Ocidente: suas funções cerimoniais vão se apagar pouco a pouco; não terá mais como tarefa manifestar de modo sensível o clamor demasiado visível da força, da graça, do heroísmo, da potência; mas ir buscar o que é o mais difícil de perceber, o mais escondido, o mais penoso de dizer e de mostrar, finalmente o mais proibido e o mais escandaloso.[1]

O abandono do fabuloso e o surgimento da ficção moderna, comprometida simultaneamente com o artifício e com a criação de efeitos de realidade, fizeram da leitura parte deste grande

[...] sistema de coação através do qual o Ocidente obrigou o cotidiano a se pôr em discurso; mas ela ocupa um lugar particular: obstinado em procurar o cotidiano por baixo de si mesmo, em ultrapassar os limites, em levantar brutal ou insidiosamente os segredos, em deslocar as regras e os códigos, em fazer dizer o inconfessável, ela tenderá então a se pôr fora da lei ou, ao menos, a ocupar-se do escândalo, da transgressão ou da revolta. Mais do que qualquer outra forma de linguagem, ela permanece o discurso da "infâmia": cabe a ela dizer o mais indizível — o pior, o mais secreto, o mais intolerável, o descarado.[2]

---
[1] Michel Foucault, *Ditos e escritos*, p. 220.
[2] Ibidem, p. 221.

Assim, a procura da verdade foi central no discurso da literatura desde o século XVIII, explicando tanto a presença do realismo ou como corrente principal ou como subfundo recalcado da literatura experimental, como a afinidade entre a psicanálise e a literatura. A pergunta, que devemos colocar, é se nos encontramos hoje diante de um novo tipo de realismo e de outra procura de relacionamento ético com a verdade revelada? Ou se o deslocamento para essas vozes de exclusão simplesmente revela um aprofundamento dessa ansiedade tipicamente moderna de discursivização da realidade? Um primeiro traço que precisamos destacar é a vontade documentária dessa literatura que chega a anular a relação autoral com a obra. No caso do *Sobrevivente André do Rap*, quem escreveu o relato em realidade foi o autor Bruno Zeni, que transcreveu quatro grandes entrevistas com o personagem, mas não economizou na criatividade de escritor ao reviver em primeira pessoa os fatos dramáticos e violentos da chacina do Carandiru, que se mantêm como centro do livro. O uso de ilustrações fotográficas aumenta a característica documental do livro e a mistura entre o relato transcrito por Zeni e os fragmentos de cartas trocadas entre André e seus amigos, assim como letras de rap e hip-hop escritas por André, oferecem um formato livre de gênero entre ficção e documento. No livro *Pavilhão 9: paixão e morte no Carandiru*, o médico e presidiário Hosmany Ramos usa o mesmo procedimento na transcrição do relato do presidiário Milton Marques Viana, que encontrou o autor em 1995, quando foi transferido do Carandiru para a prisão de Avaré. Viana e Ramos constroem juntos um relato ao mesmo tempo ficcional, documental e ensaístico cheio de referências jornalísticas e até filosóficas na reconstituição da experiência testemunhal de Viana, também ricamente ilustrado, desta vez com fotos publicadas na imprensa com cenas dos assassinados. O estilo de ambos os livros não apresenta nenhuma novidade, nem propriamente um esforço de expressão desafiado pela matéria de experiência. No caso de Hosmany Ramos, a descrição mantém uma certa banalidade e o *pathos* de uma escrita sobrecarregada e maneirista, cheia de clichês, que só expressa a impotência diante do testemunho.

> O massacre do Pavilhão Nove não pode cair em esquecimento. Lembro-me diariamente dos acontecimentos. Até hoje carrego comigo o trauma físico e psicológico daquele tiroteio macabro. Vejo em flashback meus companheiros mortos e isso me impulsiona a manter a memória e a lutar por melhores condições de cumprimento de pena.[3]

Para o médico Drauzio Varella, o massacre do Carandiru ofereceu um contexto narrativo adequado para a composição dos pequenos relatos fragmentários dos personagens que ele conheceu durante dez anos de trabalho voluntário, e de certa maneira autorizou seu relato. Para os outros depoimentos não escutamos a singularidade da voz narrativa de cada um, mas a experiência violenta desse encontro com a morte autoriza um novo estatuto biográfico de "sobrevivente" com direito à fala. Nesse sentido, formam-se muitas semelhanças com os relatos autobiográficos tradicionais e às vezes com o formato particular do romance de formação em que a narrativa se organiza em torno de uma morte simbólica que permite

---
[3] Hosmany Ramos, *Pavilhão 9*, p. 270.

emergir uma nova personalidade. Um exemplo privilegiado é o romance de Luiz Alberto Mendes, *Memórias de um sobrevivente*, escrito na década de 1990, mas publicado apenas em 2001, depois de ele ser apresentado a Fernando Bonassi durante uma oficina de escritores no Carandiru em 1999. O escopo do relato de Mendes é a delinquência de São Paulo da década de 1960 e início da década de 1970. É um testemunho impressionante da escalada da violência carcerária vivida por um garoto e adolescente de classe média baixa que, fascinado pelas luzes, pela diversão, pelas garotas e pelas drogas da grande cidade, mergulha no mundo do crime e entra e sai constantemente de instituições corretivas e penais, até, já maior de idade, receber em 1974 uma pena longa por assalto e latrocínio. O livro tem muitas qualidades de linguagem e representa um depoimento não só do desenvolvimento radical da criminalidade na capital paulista como das torturas, dos maus-tratos, da violência nas prisões e da ética particular e nada invejável entre os malandros na rua e atrás das grades. Toda a narrativa gira em torno de uma vontade de entender a própria fraqueza diante da sedução do crime:

> Apenas escrevi para ter uma sequência que me permitisse que eu mesmo entendesse o que havia acontecido realmente. Pois afora poucos momentos em que estive no comando da minha existência, a maior parte da minha vida transcorreu em uma roda-viva, descontrolada e descontínua. Eu queria ordenar momentos e acontecimentos, ações e reações, para ver se entendia um pouco dessa balbúrdia que foi minha existência.[4]

---

[4] Luiz Alberto Mendes, *Memórias de um sobrevivente*, p. 476.

Não há dúvida de que Mendes possui uma inteligência privilegiada, escreve com precisão e contundência e constrói uma narrativa que culmina em 1974, quando, depois de nove meses de cela forte e outros seis meses de solitária, começa a encarar o futuro na prisão de maneira diferente. Durante o tempo na solitária, quando já está no desespero último, encontra um amigo pela comunicação através da tubulação do vaso sanitário que lhe abre a perspectiva da literatura e do conhecimento, o que lhe permite aguentar e sobreviver, enfrentando uma pena de quase cem anos. Mesmo assim, o romance não é propriamente uma história de ressocialização, pois Mendes continua na prisão e durante os anos posteriores à escrita do livro tentou fugir duas vezes e ainda aguarda muitos anos de pena atrás das grades. Em seu depoimento, o autor relata como a escrita foi seu trabalho de memória e aprendizagem:

> Aprendi muitas coisas sobre mim. Os sofrimentos podem causar diversas reações e consequências. Reagimos diferentemente, cada um à sua maneira. Mesmo dentro de nós mesmos, reagimos hoje de um modo e, amanhã, diante do mesmo sofrimento, será de outro modo que nos manifestaremos.[5]

Reconhece, no entanto, que essa construção existencial de uma compreensão de si fracassa e o que mais impressiona no relato é a impenetrabilidade no cerne do desejo que leva o personagem a uma vida de crime e violência. Em vez disso, emerge na voz do personagem a impossibilidade

---

[5] Ibidem, p. 474-475.

de uma personalidade soberana de si, e isso talvez seja sua maior força, e desloca-se a atenção para o espaço constitutivo dessa narrativa como um embate entre o poder e um indivíduo que aqui é moldurado, lembrando-nos das palavras de Foucault:

> Afinal, não é um dos traços fundamentais de nossa sociedade o fato de que nela o destino tome a força da relação com o poder, da luta com ou contra ele? O ponto mais intenso das vidas, aquele em que se encontra sua energia, é bem ali onde elas se chocam com o poder, se debatem com ele, tentam utilizar suas forças ou escapar de suas armadilhas. As falas breves e estridentes que vão e vêm entre o poder e as existências as mais essenciais, sem dúvida, são para estas o único monumento que jamais lhes foi concedido; é o que lhes dá, para atravessar o tempo, o pouco de ruído, o breve clarão que as traz até nós.[6]

Uma parte importante da crítica foucaultiana da noção de autor era o desmembramento da frase entre o exterior da enunciação, a situação que a produz como evento de linguagem, e o interior do enunciado, reduzido a um conjunto de frases ditas e enunciados que não revelam uma interioridade intencional de um sujeito; pelo contrário, a subjetividade do autor torna-se uma função da relação entre o exterior e o interior. Nesse sentido, o "arquivo" de Foucault se instala no intervalo entre esses dois extremos, ou seja, entre a memória obsessiva da tradição, que só sabe o que foi dito, e a arbitrariedade do

---
[6]Michel Foucault, *Ditos e escritos*, p. 208.

esquecimento, que apenas se preocupa com o que não foi dito. Em outras palavras, o arquivo representa o dizível e o indizível inscritos em tudo o que foi enunciado, é um fragmento de memória, diria Giorgio Agamben, que é dito sempre no ato de dizer "eu". Em contraponto a essa memória arqueológica do arquivo, que designa o sistema de relações entre o dito e o não dito, entre o interior e o exterior da linguagem (*parole*), Giorgio Agamben define o "testemunho como o sistema de relações entre o interior e o exterior da língua (*langue*), entre o dizível e o indizível em qualquer linguagem — isto é, entre a potencialidade de falar e sua existência, entre a possibilidade e a impossibilidade de falar".[7] Na constituição do arquivo, na relação entre o que é dito e o não dito, Foucault pressupunha um esvaziamento da subjetividade, seu desaparecimento no "murmúrio anônimo dos enunciados", mas no testemunho o espaço vazio do sujeito torna-se a questão principal, na relação entre a linguagem e sua existência, "entre *langue* e o arquivo, exige subjetividade como aquilo que na própria possibilidade de falar carrega o testemunho da impossibilidade de falar".[8] Assim, a definição de testemunho de Agamben resulta paradoxal, pois "a autoridade do testemunho consiste na sua capacidade de falar, apenas em nome da incapacidade de falar — isto é, no ser um sujeito dele ou dela".[9] Tentando entender essa difícil definição, diria que Agamben abre a possibilidade de uma outra memória dos silêncios que não é igual à memória

---

[7] Giorgio Agamben, *Remnants of Auschwitz*, p. 145.
[8] Ibidem, p. 146.
[9] Ibidem, p. 158.

da *Arqueologia do saber*, que elimina a subjetividade sob a definição de episteme. Trata-se da memória de um silêncio que se expressa como tal na redução radical dos enunciados e das narrativas a pequenas máquinas ou fórmulas, à maneira de Kafka, em que a descrição abre mão de exprimir uma subjetividade para, em vez disso, exibir o gerenciamento da sociabilidade que delimita as fronteiras de uma ética possível. Nesse sentido, a pobreza dos discursos aqui descritos, a aparente falta de autenticidade, sua espantosa banalidade, seus clichês e seu *pathos* e sentimentalismo às vezes exagerado ganham um certo significado, como prova não de um processo edificante de iluminação e reconhecimento, mas de embate discursivo com a impossibilidade desse.

Um exemplo das artes plásticas que consegue trabalhar essa dimensão é a exposição de Rosângela Rennó *Cicatrizes* (1994), em que ela trabalha as fotos dos arquivos do Carandiru enfocando marcas e cicatrizes dos presidiários, documentos ao mesmo tempo da vigilância e do investimento corporal nesse silêncio imposto pelo sofrimento repressivo. A escrita sobre os corpos evidencia a estigmatização, a violência, a tortura e, ao mesmo tempo, a inscrição de resistências mudas de protesto contra uma condição excluída. Percebemos no silêncio um grito mudo de protesto. Na memória há um esquecimento imposto e no esquecimento uma memória possível. Blanchot nos lembra que:

> A poesia rememora o que os homens, os povos e os deuses ainda não consideram como recordação própria, mas sob cuja guarda homens, povos e deuses permanecem e que, ao mesmo tempo, está confiado à sua guarda. Essa

grande memória impessoal que é a recordação sem recordação da origem e da qual se aproximam os poemas de genealogia, nas lendas terrificantes onde nascem, no próprio relato e, a partir da força narrativa, os deuses primeiros, é a reserva à qual ninguém, poeta ou ouvinte, ninguém, em sua particularidade, tem acesso. É o longínquo. É a memória como abismo.[10]

Assim o esquecimento torna-se a essência da memória, sua verdadeira possibilidade, graças à qual se preserva o escondido das coisas, o não dito e o silêncio como a possibilidade de toda criação.
Num tempo em que a prisão emergiu como foco de atenção das denúncias contra um sistema jurídico penal ineficiente e corrupto, a pesquisa da artista mineira exibe uma abordagem original, sem tentações de cair no escândalo. Se a maior parte dos testemunhos que apareceram depois do massacre do Carandiru centrou sua atenção em torno das condições de sobrevivência inumanas na prisão, a abordagem de Rennó segue, em princípio, uma linha de trabalho fundada na pesquisa de arquivos, mergulhando na memória histórica do país, já iniciada, por exemplo, no trabalho *Imemorial,* de 1994, em que aproveitou fotos das carteiras de identidade dos trabalhadores da construção de Brasília para chamar atenção para a história secreta desse monumento nacional. *Cicatriz* emerge como resultado de uma pesquisa no arquivo fotográfico do Museu Penitenciário Paulista no complexo do Carandiru, com mais de 15 mil negativos em placas de vidro dos anos de

---
[10]Maurice Blanchot, *L' Entretien infini*, p. 460 (tradução de Fátima Saadi).

1920 a 1940, que foram usados para identificação dos detentos, mostrando tatuagens e cicatrizes corporais. Acompanhando as fotos escolhidas, Rennó aproveita ao mesmo tempo os textos coletados na imprensa e nos discursos oficiais entre 1992 e 1996 para seu *Arquivo Universal* como um contraponto discursivo para as imagens que em si não revelam suas histórias. Durante os últimos anos, o trabalho de Rosângela tem se destacado pela sensibilidade histórica e pelo compromisso com a memória íntima e nacional. Na exposição *Candelária*, de 1993, Rennó se abstém de usar as fotos jornalísticas e aproveita apenas textos do *Arquivo Universal* iluminados com luz fosforescente, em um gesto que revela uma outra timidez diante do óbvio na denúncia do massacre de crianças de rua no centro do Rio de Janeiro. Muitas coisas foram ditas a respeito da relação com a memória nacional e com a história íntima no trabalho de Rennó, mas gostaria de destacar outros aspectos que dialogam diretamente com os temas discutidos antes. É evidente que a artista se inspira na tradição da arte conceitual de apropriação de imagens e textos da imprensa, de arquivos institucionais e da memória pública e privada. Nesse gesto, Rennó já coloca uma diferença em relação à representação realista da realidade, pois converte as representações em sua própria realidade, incorporando metonimicamente sua inserção discursiva. A representação da representação não é feita para construir um jogo de espelhos autorreferencial com a finalidade de expor a construção ficcional das representações. Pelo contrário, o ato de escolher essas imagens como vestígios entre as ruínas da memória frisa ou recupera sua realidade exemplar; são incluídas na obra como índices de algo que efetivamente existe ou existiu. Aqui, a realidade do signo se sobrepõe a seu sentido, emerge do caos das representações como um fragmento duro do efêmero, recirculando e reinvestindo sua significação e finalidade original. É claro que podemos ler a seleção de 18 imagens, escolhidas no arquivo de 15 mil placas, como exemplos de uma estratégia disciplinadora da instituição carcerária, como evidência de um projeto científico fracassado ou como a denúncia dos estigmas corporais infligidos pelo poder. No entanto, isso seria apenas uma parte da verdade, pois a artista se recusa à facilidade da negação ideológica previsível. A ampliação e a exposição dos corpos de presos, inscritos pela violência, seja das cicatrizes, seja das tatuagens e marcas autoinfligidas, estabelecem uma escrita do silêncio que puxa os fios das histórias pessoais de anônimos, mas principalmente expõem o corpo afetivamente, comunicando amor, saudade, dor, esperança, fé e sacrifício. É impossível ficar imune ao toque dessa superfície corporal, em relevo pelo material rústico e pela cor amarelada. Se o olhar do espectador procura desdobrar as imagens em narrativas, não encontra apoio, pois as imagens são anônimas e as histórias continuam desconhecidas; se o espectador ainda tenta entender o contexto pelo fragmento de escrita que acompanha a foto, logo descobre que o texto explica menos do que a imagem ilustra. No projeto *Imemorial*, Rennó deixava os rostos das carteiras de identidade sem nome e sem dados explicativos na abertura nua. A opção pelo anonimato opera numa redução hermenêutica que aumenta a relação afetiva estabelecida na exposição dos corpos registrados. Sem intenção de chocar, a artista trabalhou com imagens chocantes, que muitas vezes só aparecem para o público nos dramas da imprensa sensacionalista e da superexposição espetacular das histórias íntimas na esfera pública, com uma lisura que já parece subversiva comparada ao aproveitamento espetacular desses dramas afetivos da vida como ela é. O mais importante na contribuição de Rosângela Rennó para um novo realismo, entretanto, parece ser a maneira pela qual a artista estabelece uma nova relação de produção e recepção que altera profundamente o estatuto da autoridade e da autoria criativa e abre para a possibilidade de uma estética participativa. A maneira pela qual a obra se cria, através de um processo de pesquisa e apropriação nos porões das instituições autoritárias, já é um aprofundamento apropriativo em que a criação perde sua centralidade autoral e se constitui na união entre elementos de autoria diversa. O rosto de mulher tatuado no peito de um preso, sobre a superfície do seu corpo, obviamente, não significa em si nada como representação da mulher do preso. Dá continuidade à circulação de imagens entre o autor da tatuagem, o fotógrafo institucional, a direção disciplinar da prisão que acolheu o registro e a artista mineira que performa sobre o espectador. Acompanhada de um texto do *Arquivo Universal* com uma relação de não relação com a imagem, não só evidencia a autonomia da imagem na nossa cultura e a impossibilidade de equivalência entre texto e imagem, mas estabelece talvez o que poderíamos chamar de um novo "regime das artes", que nas palavras de Jacques Rancière se define como "a conexão entre maneiras de produção, formas de visibilidade e modos de conceituação que são articulados junto com as formas de atividade, organização e conhecimento num determinado universo histórico".[11] É nesse sentido que a obra de Rennó expressa uma outra maneira de *engajamento* na realidade em que o impacto afetivo é sustentado na produção participativa, na realização performativa e na recepção comunitária e institucional com consequências sociais e educacionais estendidas.

Em ensaio instigante no Caderno Mais! da *Folha de S.Paulo*, o crítico e pesquisador João Cezar de Castro Rocha classifica os livros aqui comentados como a primeira etapa de uma *dialética da marginalidade*[12] qualificada como uma "poética da sobrevivência". Numa etapa posterior, exemplificada pelo romance *Manual prático do ódio*, de Ferréz, ele percebe uma "radiografia da desigualdade" e, finalmente, aponta para a realização dessa dialética numa "produção cultural vista como modelo de organização comunitária". Apesar de simpatizar muito com a ideia de João Cezar, confesso minhas dúvidas a respeito dessa perspectiva traçada. É verdade que a literatura e as artes em questão não conciliam diferenças, optam por evidenciá-las, mas acredito que João Cezar não distingue dois níveis na sua análise, o da *dialética da malandragem*, que, apesar de exemplificada com mostras da literatura, funciona na organização social da vida brasileira, e o da *dialética da marginalidade*, que parece só operar nas estratégias representativas sobre o tema, mas não na organização social. O que é certo e onde tenho a maior

---

[11] Jacques Rancière, *La partage du sensible*, p. 27.
[12] João Cezar de Castro Rocha, "Dialética da marginalidade — caracterização da cultura marginal brasileira", Caderno Mais!, *Folha de S. Paulo*, 29/2/2004.

concordância com a leitura de João é quando ele chama atenção para a necessidade de aproximar a construção comunitária da produção cultural e artística para inserir o compromisso estético na construção de uma memória ética das inumanidades da nossa sociedade.

Referências bibliográficas

AGAMBEN, Giorgio. *Remnants of Auschwitz*. Nova York: Zone Books, 1999.
BLANCHOT, Maurice. *L'Entretien infini*. Paris: Gallimard, 1969.
FOUCAULT, Michel. *Ditos e escritos: estratégia, poder-saber*, vol. 4. Rio de Janeiro: Forense Universitária, 2003.
HUYSSEN, Andreas. *Seduzidos pela memória*. Rio de Janeiro: Aeroplano, 2002.
MENDES, Luiz Alberto. *Memórias de um sobrevivente*. São Paulo: Companhia das Letras, 2001.
RAMOS, Hosmany. *Pavilhão 9: paixão e morte no Carandiru*. São Paulo: Geração Editorial, 2001.

7. Expressão da crueldade e crueldade da expressão

> *Do ponto de vista do espírito, a crueldade significa rigor, aplicação e decisão implacáveis, determinação irreversível, absoluta.*
>
> CLEMENT ROSSET

O desafio que o tema da violência põe para a escrita e a crítica literária pode ser situado na discussão sobre a relação que se estabelece entre o conteúdo e sua expressão como uma questão de representação na qual há uma dimensão implícita de ética. Ou, em outras palavras, podemos colocar a questão de duas maneiras opostas. A primeira discute como escrever a violência transitivamente, um tema que deve ser tratado na literatura de maneira diferente de como é tratado pelos discursos do Estado, do jornalismo e das ciências sociais e políticas. Para tais discursos se coloca a questão ética na responsabilidade de denunciar o problema e não ceder à tentação do sensacionalismo fascinado que frequentemente provoca as chamadas à censura necessária. Desse ponto de vista apenas observa-se que a literatura e as artes em geral, aqui também o cinema e a fotografia, tratam a violência com certa contenção, para não dizer pudor, no esforço de não criar uma linguagem que possa ser confundida com a exploração midiática e pornográfica da superexposição. É importante seguir essa discussão, principalmente pela proximidade entre tecnologias e linguagens que fazem parte de ambos os domínios, por exemplo, na difícil fronteira entre a fotografia de reportagem jornalística e a fotografia artística, ou entre as reportagens televisivas e os filmes documentários. Mas nesta oportunidade serão explorados elementos de um outro caminho que procura desvendar as relações entre escrita e violência na perspectiva intransitiva, quer dizer, na discussão de uma escrita que se desenvolve, se expressa e se presentifica como violência.

Em outras palavras, o que interessa esclarecer é em que medida a violência na literatura moderna surge como um conteúdo privilegiado, trazendo consequências para a própria expressão literária que são cruciais para uma experiência estética da literatura característica não só de um certo gênero maldito, mas do fenômeno que posteriormente convenha-se considerar "literatura". Representar a violência tematicamente pode ser visto como uma domesticação por meio do discurso. Na perspectiva escolhida aqui, a violência se expressa por meio da escrita; escreve-se a violência e, em vez de cometê-la ou comentá-la, a escrita encontra na violência um meio de liberdade e de transgressão das finalidades da linguagem com maior eficiência, maior efeito de realidade. Essa ideia encontra-se primeiro nos escritos teóricos do Marquês de Sade sobre o romance oitocentista, depois será amplamente discutida por filósofos e teóricos da literatura como Bataille, Blanchot, Foucault, Barthes e Deleuze. No segundo momento a mesma questão será aberta na perspectiva de uma estética da crueldade assim como definida por Nietzsche e Artaud. Começando pelo começo, observa-se na famosa "Nota sobre romances ou a arte de escrever ao gosto do público", escrita por Sade, provavelmente em 1788, um comentário sobre o romance gótico, que estava alcançando grande sucesso na época e cujo ambiente contaminaria a prosa de Sade com a mesma força que a filosofia moral de Rousseau e de outros.

> Convenhamos apenas que este gênero, por muito mal que dele se diga, não é de modo algum destituído de certo mérito; ora, ele é fruto inevitável dos abalos revolucionários de que a Europa inteira se ressentia. Para quem conhecia todos os infortúnios com que os malvados podem oprimir os homens, o romance tornava-se tão difícil de escrever como monótono de ler; não havia um único indivíduo que não tivesse experimentado em quatro ou cinco anos uma soma de desgraças que nem em um século o mais famoso dos romancistas poderia descrever. Era, pois, necessário pedir auxílios dos infernos para produzir obras de interesse, e encontrar na região das quimeras o que era de conhecimento corrente dos que folheavam a história dos homens neste século de ferro.[1]

---
[1] Marquês de Sade, *Os crimes do amor*, p. 38.

Sade oferece aqui uma visão sumamente contemporânea do desafio que a realidade de uma época histórica pode colocar para os meios expressivos da literatura, quando toda representação parece ficar aquém da experiência da grande maioria. Nesse contexto, a mera descrição dos costumes pela história parece superficial e exterior e o romance emerge para Sade com a finalidade de captar o homem "no interior [...] pega-o quando ele retira sua máscara, e o esboço, bem mais interessante, é também mais verdadeiro: eis a utilidade dos romances".[2] Como é sabido, Sade se afasta nesse texto dos exageros do gótico, defendendo a *verossimilhança*, e critica a leviandade da literatura de Restif de la Bretonne como um exemplo de escrita rasa e sem compromisso verdadeiro com os infortúnios que descreve. Ao contrário, para Sade, a literatura deve ser regida não pela ausência de moral, mas por uma espécie de hipermoral,[3] como observará mais tarde Bataille, que obriga o escritor a mergulhar no espírito da negação. "Nunca, repito, nunca pintarei o crime senão com as cores do inferno; quero que o vejam a nu, que o temam, que o detestem, e não conheço outro modo de fazê-lo senão mostrando-o com todo o horror que o caracteriza."[4]

Bataille, Blanchot e Foucault veem Sade como a expressão mais pura da liberdade que será característica princi-

---

[2] Ibidem, p. 38.
[3] "A literatura é o essencial ou não é nada, o Mal — uma forma aguda do Mal — que a literatura expressa possui para nós, pelo menos assim eu penso, um valor soberano. Mas essa concepção não supõe a ausência de moral, senão, em realidade, exige uma hipermoral" (Georges Bataille, *La literatura y el Mal*, p. 19).
[4] Marquês de Sade, *Os crimes do amor*, p. 46.

pal da literatura moderna, com sua vontade de negação, seu espírito rebelde e revolucionário, sua transgressão de todo limite e de toda utilidade, seu dispêndio radical, seu êxtase, seu gozo e sua insubordinação. O exemplo de Sade para a literatura está, nas palavras de Blanchot, na "liberdade solitária" de sua negação absoluta. Sade não aceita nenhuma redenção, seu projeto não se incorpora em nenhuma utilidade e sua negação aponta para além da própria dialética.

> Finalmente, ele é a própria negação: sua obra é apenas o trabalho de negação, sua experiência o movimento de uma negação furiosa, sanguinolenta, que nega os outros, nega Deus, nega a Natureza e, nesse círculo eternamente percorrido, goza de si mesma como da absoluta soberania.[5]

Nesse aspecto Blanchot destaca a afinidade entre a literatura e o ato revolucionário:

> A ação revolucionária é, em todos os pontos, análoga à ação tal como é encarnada pela literatura: passagem do nada ao todo, afirmação do absoluto como acontecimento e de cada acontecimento como absoluto. A ação revolucionária se desencadeia com a mesma força e a mesma facilidade com que o escritor, para mudar o mundo, só precisa alinhar algumas palavras.[6]

---
[5]Maurice Blanchot, *A parte do fogo*, p. 310.
[6]Ibidem, p. 307.

A imagem de Sade encerrado na prisão durante 27 anos em consequência de sua dedicação obsessiva à escrita representa para Blanchot a solidão essencial do escritor e torna Sade o "escritor por excelência", levado por uma *folie d'ecrire*, uma demanda de dizer tudo, de escrever tudo, de levar a razão além do limite, à loucura da razão, e à negação além de toda proibição. Nesse movimento infinito da escrita aparece uma violência na imaginação feroz que não se exaure e não se acalma e que se perpetua na negação de toda contenção e de todo limite. Para Sade o grande sonho libertino do crime perpétuo só é imaginável na dinâmica repetitiva e monótona da escrita, o que para Blanchot expressa o trabalho da morte no processo criativo, ou como diz:

> A língua é de natureza divina, não porque nomeando ela eterniza, mas porque, diz Hegel, "ela inverte imediatamente o que nomeia, para transformá-lo numa outra coisa", não dizendo aquilo que não é, mas falando precisamente em nome desse nada que dissolve tudo, sendo o devir falante da própria morte e, no entanto, interiorizando esta morte, purificando-a talvez para reduzi-la ao duro trabalho do negativo, pelo qual, num combate incessante, o sentido vem a nós e nós a ele.[7]

A liberdade revolucionária se aproxima segundo Blanchot da liberdade da escrita de Sade, pois ele entendeu a liberdade como "esse momento em que as paixões mais aberrantes podem se transformar em realidade política,

---
[7]Idem, *A conversa infinita 1*, p. 76.

têm direito à luz do dia, são a lei",[8] e fazia a si mesmo a mesma exigência de converter a vida particular e privada em afirmação universal e pública da condição do homem.

> Nada mais que um escritor, ele representa a vida elevada até a paixão, a paixão transformada em crueldade e loucura. Do sentimento mais singular, mais oculto e mais privado do senso comum ele fez uma afirmação universal, a realidade de uma palavra pública que, entregue à história, se torna uma explicação legítima da condição do homem em seu conjunto.[9]

Nesse sentido Blanchot identifica as exigências, na ação revolucionária, de virtude, rigor, pureza com as características concisas e demonstrativas do estilo de Sade submetido ao rigor da razão: "Sade é de leitura difícil. Ele é claro, seu estilo natural, sua linguagem sem rodeios. Ele almeja a lógica, raciocina, só se preocupa em raciocinar."[10] Sua escrita é o próprio movimento da razão para além dos limites da razão, ela é a lei e simultaneamente a negação da lei. É nessa força repetitiva e monótona da narração que não encontra nenhum limite que Blanchot vê sua maior impropriedade, o movimento infinito de sua negação, o contar o interdito, que expressa a temporalidade do silêncio, o intervalo da fala, que só se expressa quando a fala nunca cede. O que fascina em Sade é que a essência da poesia se revela na vontade de dizer tudo, e nessa procura de totalidade, do direito de

---
[8]Idem, *A parte do fogo*, p. 309.
[9]Ibidem, p. 310.
[10]Idem, *A conversa infinita* 2, p. 204.

falar tudo e de significar tudo, o tudo, em sua ausência, começa a aparecer em cada palavra poética falada.

De forma análoga, é na procura poética de uma referencialidade precisa, de uma concisão direta e asserção rigorosa que a linguagem de Sade ganha sua autonomia e sua realidade própria. Ou, como observa Barthes, em *Sade, Fourier, Loyola*, a escrita de Sade é a performance da razão do crime com a qual o erotismo se realiza.

> Para Sade, só há erotismo se se raciocina o crime, raciocinar quer dizer filosofar, dissertar, arrengar, enfim, submeter o crime (termo genérico que designa todas as paixões sadianas) ao sistema da linguagem articulada; mas isso também quer dizer combinar segundo regras precisas as ações específicas da luxúria, para fazer dessas sequências e agrupamentos de ações uma nova língua, não falada mas agida; a "língua" do crime, ou novo código do amor, tão elaborado quanto o código cortês.[11]

Assim, a autonomia e a autossuficiência da escrita de Sade criam sua própria realidade em uma sintaxe combinatória e recíproca e uma semântica assertiva e exaustiva,[12] e na análise de Barthes esse é o aspecto paradoxal da escrita sadiana. Ao mesmo tempo que re-

---

[11] Roland Barthes, *Sade, Fourier, Loyola*, p. 18.
[12] Deleuze escreve assim sobre Sade: "Na obra de Sade as palavras de ordem e as descrições se ultrapassam para uma mais alta função demonstrativa; essa função demonstrativa repousa no conjunto do negativo como processo ativo, e da negação como *Ideia* da razão pura; ela opera conservando e acelerando a descrição, carregando-a de obscenidade" (Gilles Deleuze, *Apresentação de Sacher-Masoch*, p. 39).

sulta totalmente inverossímil em seu exagero, ela torna o romance de Sade

> mais real do que o romance social (que é, este, realista); as práticas sadianas parecem-nos hoje totalmente improváveis: basta, entretanto, viajar por um país subdesenvolvido (análogo nesse ponto, em linhas gerais, à França do século XVIII) para compreender que ali elas são imediatamente operáveis: mesma corte social, mesmas facilidades de recrutamento, mesma disponibilidade dos sujeitos, mesmas condições de retiro e, por assim dizer, mesma impunidade.[13]

No ensaio de Foucault "Linguagem e literatura", de 1963, encontramos uma proposta de genealogia da literatura moderna que se define a partir de duas figuras. Uma é a da transgressão, representada de modo exemplar por Sade, e a outra é a figura "da repetição contínua da biblioteca",[14] um paradigma gêmeo representado por Chateaubriand. Na visão de Foucault, a escrita de Sade pode ser vista como um gigantesco pastiche profanador com a "pretensão de apagar toda a filosofia, toda a literatura, toda a linguagem anterior, pela transgressão de uma palavra que profanaria a página que novamente voltava a estar em branco".[15] É esse movimento de apagamento que abre o "espaço vazio onde a literatura moderna encontrará seu lugar". Para Foucault, Sade é o próprio paradigma da literatura, isto é, a experiência moderna da literatura

---

[13] Roland Barthes, *Sade, Fourier, Loyola*, p. 154.
[14] Michel Foucault, "Linguagem e literatura", p. 144.
[15] Ibidem, p. 145.

ligada à figura da transgressão e a passagem para além da morte, o interdito e a biblioteca, a propósito exemplificada pela obra de Chateaubriand. Às duas figuras, Foucault acrescenta uma terceira, a do simulacro, efeito do desdobramento da linguagem literária moderna comprometida em narrar uma história e, simultaneamente, "tornar visível o que é a literatura, o que é a linguagem da literatura, pois a retórica, outrora encarregada de dizer o que deveria ser a bela linguagem, desapareceu".[16] Dessa forma, Foucault marca a passagem da obra literária clássica à moderna na desaparição da linguagem ontológica (de Deus, do homem ou da Natureza) e na emergência de uma "linguagem transgressiva, mortal, repetitiva, reduplicada: a linguagem do próprio livro",[17] cuja realidade simulacral aparece no lugar da retórica, assim como foi analisado no realismo particular da escrita de Sade. Na ficção moderna esse efeito aparece em forma de uma autorreferencialidade que desestabiliza a ficção na medida em que a realidade do enunciado emerge como ato de fala. É assim que Foucault em outro ensaio mostra que o enunciado "Eu falo" adquire sua realidade particular não pela representação do sentido, pela *mimesis*, mas pela performance (de sempre ser verdadeiro), de maneira totalmente diferente, do paradoxo "Eu minto", cuja impossibilidade (sempre ser falso) desestabilizava o pensamento clássico. A característica principal da literatura moderna assim aparece na sua dispersão em eventos linguísticos singulares e incomensuráveis, e o papel de

---

[16] Ibidem, p. 147.
[17] Ibidem, p. 154.

Sade aqui é exemplar pela simultânea negação paródica de seus conteúdos e pelo poder assertivo de seus efeitos de realidade muito além do realismo representativo do século XIX. No ensaio "A linguagem ao infinito", também de 1963,[18] Foucault aprofunda a centralidade da literatura gótica e de Sade como exemplos de uma procura além da linguagem, ou por meio de emoções intensas de terror ou pela exaustão das possibilidades linguísticas na monotonia das descrições enciclopédicas das relações de sexo e violência entre os corpos. Aqui a linguagem aparece segundo Foucault como um signo simples do desejo de derrubar as distinções entre vida e morte e expressa um movimento em direção ao infinito, em direção àquilo que não pode representar ou ser. O paradoxo, no entanto, é que o esforço de acessar a linguagem imediatamente se volta sobre si mesmo; na tentativa de engajar seus leitores, o romance gótico se torna uma paródia, e no esforço de causar efeitos emocionais de medo e terror ele cria estranhamento e distância. Assim, a procura do efeito do real por meio do uso de técnicas realistas, combinado com o peso das referências intertextuais, permite a proliferação de técnicas literárias em lugar das retóricas e jornalísticas. No ensaio "A vida dos homens infames", de 1977, que prefacia uma recopilação de *lettres de cachet*, ou seja, cartas com denúncias particulares de vizinhos e familiares contra criminosos e malfeitores, Foucault observa como a noção moderna de literatura surge com a aparição de um novo material para o discurso, a matéria-prima do que "não deve aparecer [...] os últimos graus, e os

---

[18]Michel Foucault, *Ditos & Escritos III*, p. 47-60.

mais sutis, do real".[19] Foucault registra a coincidência entre a literatura e um novo regime discursivo do vigiar e punir que se "instaura" como um "dispositivo para forçar a dizer o 'ínfimo', o que não se dizia, o que não merece nenhuma glória, o 'infame'".[20] Observemos então que, segundo a leitura de Foucault, o apagamento da retórica e a desaparição das funções cerimoniais da literatura clássica abrem espaço para uma literatura com uma dimensão singular e essencial de eficiência estética ligada à ética imanente de "ir buscar o que é o mais difícil de perceber, o mais escondido, o mais penoso de dizer e de mostrar, finalmente o mais proibido e o mais escandaloso".[21] Desse modo, a literatura moderna nasce sob o signo de um duplo escândalo, pela transgressão negativa de todo sentido e pela revelação discursiva de sua realidade infame. É essa ambiguidade entre um crime que se põe em discurso e uma escrita que se torna criminosa que percorre a obra de Sade e que aparece no texto "Eu, Pierre Riviere, que degolei minha mãe, minha irmã e meu irmão", escrito por um assassino e analisado por Foucault na mesma época. No relato explicativo de

---

[19]Michel Foucault, *Ditos & Escritos IV*, p. 220.
[20]Ibidem, p. 220.
[21]Ibidem. O abandono do fabuloso e o surgimento da ficção moderna, comprometida simultaneamente com o artifício e a criação de efeitos de realidade, fizeram da leitura parte desse grande "sistema de coação através do qual o Ocidente obrigou o cotidiano a se pôr em discurso; mas ela ocupa um lugar particular: obstinado em procurar o cotidiano por baixo de si mesmo, em ultrapassar os limites, em levantar brutal ou insidiosamente os segredos, em deslocar as regras e os códigos, em fazer dizer o inconfessável, ela tenderá, então, a se pôr fora da lei ou, ao menos, a ocupar-se do escândalo, da transgressão ou da revolta. Mais do que qualquer outra forma de linguagem, ela permanece o discurso da 'infâmia': cabe a ela dizer o mais indizível — o pior, o mais secreto, o mais intolerável, o descarado" (ibidem, p. 221).

um garoto que cometeu um famoso matricídio no século XIX, a escrita do texto não era nem uma confissão nem uma defesa, mas a própria consumação do ato criminoso, uma narrativa já concebida antes do ato e realizada depois. Foucault comenta assim: "Logo o fato de matar e o fato de escrever, os gestos consumados e as coisas contadas entrecruzavam-se como elementos da mesma natureza."[22]

De certa maneira o discurso na escrita de Pierre Riviere converte-se num aparelho mortal, no que Foucault chamou de um "discurso-arma", em "poemas-invectivas", "invenções verbo-balísticas"[23] ou "palavras-projéteis que doravante não mais cessarão de sair de seus lábios e jorrar de suas mãos".[24] Além de ganhar uma nova essência e eficiência, essa escrita é portadora de uma experiência do cotidiano popular, uma literatura infame, em que o crime, principalmente o assassinato, autoriza e legitima o cotidiano na memória da história. "A narrativa do assassinato instala-se nesta região perigosa da qual utiliza a reversibilidade: comunica o proibido com a submissão, o anonimato com o heroísmo; por ela a infâmia toca a eternidade."[25]

O percurso desenhado aqui não seria completo sem a discussão de sua relação com a crueldade, ou com a estética e a ética da crueldade, pensada a partir da noção nietzschiana de *"Grausamkeit"* e da *"cruauté"* de Antonin

---
[22]Michel Foucault, *Eu, Pierre Riviere, que degolei minha mãe, minha irmã e meu irmão*, p. 214.
[23]Ibidem, p. 214.
[24]Ibidem, p. 214.
[25]Ibidem, p. 217.

Artaud. Nos dois filósofos a crueldade é expressão de vida, de uma vontade de potência, de um excesso violento em direção ao real que será tematizado amplamente pela literatura de Kafka, Dostoiévski, Bataille e Genet, entre outros. Pois, se a vida é a crueldade, a vida apaixonada e convulsa, como disse Artaud, ela expressa uma potência em direção ao outro, em direção ao real como objeto do desejo violento do homem, rompendo com os limites da sua própria autopreservação. (Ou seja, em vez de ameaçar a integridade do outro, atinge os limites do próprio sujeito.) E, se a escrita da violência expressa essa potência em sua liberdade, isso só é possível lançando mão da mesma implacabilidade e do mesmo rigor de seu desejo. Para Artaud,[26] trata-se assim de eliminar a gratuidade poética, procurar a extrema condensação de seus elementos e uma alta precisão expressiva que simultaneamente procura apagar a diferença entre conteúdo e expressão e preservar a força encantatória, mágica e imaginária das palavras e dos gestos. O princípio da "realidade suficiente", definido por Clement Rosset[27] como o centro da crueldade do real, refere-se também à realidade da linguagem, e pode então ser compreendido na perspectiva daquilo que, na linguagem de Sade, Deleuze caracteriza de "pornologia" e que é o desenvolvimento mais surpreendente da "faculdade demonstrativa". Deleuze observa como os cenários transgressivos em Sade são sempre embutidos em outro nível de narrativa dos libertinos com o objetivo de "mostrar que o próprio raciocínio é uma violência, que está do lado dos

---

[26] Antonin Artaud, *O teatro e seu duplo*, p. 95.
[27] Clement Rosset, *O princípio de crueldade*.

violentos, com todo o seu rigor, toda a sua serenidade, toda a sua calma".[28] Ou em resumo:

> Trata-se de demonstrar a identidade da violência e da demonstração. Assim o raciocínio não será partilhado com o ouvinte a que se dirige como o prazer com o objeto que o produz. As violências sofridas pelas vítimas são apenas a imagem de uma mais alta violência que a demonstração testemunha.[29]

Assim experimenta-se um desdobramento na linguagem de Sade,

> uma dupla linguagem: o fator imperativo e descritivo, representando o elemento pessoal, pondo em ordem e descrevendo as violências pessoais do sádico como gostos particulares; mas também um mais alto fator que designa o elemento impessoal do sadismo, e que identifica essa violência impessoal com uma ideia da razão pura, com uma demonstração terrível capaz de subordinar a si o outro elemento.[30]

Deleuze caracteriza essa dupla linguagem de um "estranho espinozismo" pela divisão entre o nível de um naturalismo sensual das descrições narrativas e a articulação matemática das relações entre os corpos em cena. É importante observar que esse segundo nível do desdobramento não corresponde ao desdobramento da linguagem

---
[28]Gilles Deleuze, *Apresentação de Sacher-Masoch*, p. 21.
[29]Ibidem, p. 22.
[30]Ibidem, p. 22.

referencial em um nível de figuras retóricas, por exemplo, na alegoria engajada ou na paródia pós-moderna, mas a uma potência mais forte que a figura, o que Deleuze e antes dele Lyotard chamaram de *figural* e que irrompe na *figuração* como nas mutações dos retratos corporais do pintor Francis Bacon, estraçalhados de dentro para fora além de seus limites. Ou talvez corresponda à performance das máquinas na escrita em Kafka, que, por exemplo, possibilita desdobrar o discurso amoroso em um adiantamento infinito do encontro e do casamento, ou à escritura da lei que também é a consumação do veredicto como na terrível invenção do comandante da Colônia Penal.

O que interessa aqui é insistir nessa realidade na escrita como um limite da representação que não deve ser confundido com o silêncio do inefável e do sublime, nem com o choque do nojo, efeito da estética da negatividade, mas que é a expressão dinâmica e espacial de um outro agenciamento afetivo no texto, que pode tornar perceptível o que ainda não é dizível e visível representativamente.

E como se dá o contraste entre os dois níveis na literatura contemporânea? Um exemplo seria o contraponto irônico provocado pelos romances e contos de André Sant'Anna em consequência do contraste provocado pela simplicidade figurativa do clichê em tensão com a monotonia insistente e repetitiva de sua sintaxe. Entre o compromisso realista e referencial e a dissolução das formas estáveis de gênero na prosa de Luiz Ruffato ou, na narrativa de Noll, entre o ambiente de sensualidade erotizada e uma força cega e mecânica que leva os personagens em direção à destruição e à morte.

Em todos esses exemplos acontece uma suspensão da diferença arbitrária entre forma e conteúdo, não como efeito da banalização redundante entre o representado e suas formas, mas como resultado de um desdobramento contrapontual que permite à potência real da própria expressão confundir a expressão da realidade com a realidade da expressão.

Faz sentido hoje usar a expressão *estética da crueldade* no campo da literatura? O que significaria uma linguagem da crueldade para a literatura contemporânea? Até que ponto podemos, adotando a noção do Teatro da Crueldade de Artaud, traçar o paralelo entre a expressão literária e a ideia de uma crueldade da expressão ligada em Nietzsche à desmesura dionisíaca da tragédia e em Artaud a um teatro por vir? Encontro a motivação para essa discussão na óbvia brutalização da realidade e na demanda implícita sobre a literatura de responder a essa condição, não apenas criando uma imagem desbotada da experiência real mas intervindo na percepção da realidade e afetando seu caminho. Sem criar ilusões sobre aquilo de que a literatura é capaz, sem cair na tentação de exigir que transforme o mundo, acolhemos e formulamos a exigência mínima de ela ser o que é, de ela ser real como literatura! O convite é pensar como a literatura torna-se real e assim conquista sua legitimidade e seu lugar. Nesse sentido partimos de uma premissa comparável às aporias de Artaud quando expressa no manifesto sua confiança na potência do teatro de "influenciar o aspecto e a formação das coisas". Eis o verdadeiro centro do argumento de Artaud e da definição que dá ao Teatro da Crueldade. A crueldade de Artaud não é a

> crueldade que podemos exercer uns contra os outros despedaçando mutuamente nossos corpos, serrando nossas anatomias pessoais ou, como certos imperadores assírios, enviando-nos pelo correio sacos de orelhas humanas, de narizes e narinas bem cortadas, mas trata-se da crueldade muito mais terrível e necessária que as coisas podem exercer contra nós. Não somos livres e o Céu ainda pode desabar sobre nossas cabeças. E o teatro é feito para, antes de mais nada, nos mostrar isso.[31]

Ou seja, não é o sadismo nem o sangue que define a crueldade; a crueldade está na necessidade terrível das circunstâncias da vida, na implacabilidade do destino e de sua falta de sentido. É importante não confundir-se nesse ponto porque a crueldade do novo teatro não está, pelo menos não em primeiro lugar, na descrição da violência, não se procura a crueldade nos conteúdos, mas no real da expressão que desafia os limites das possibilidades representativas.

Em ensaio do livro *Escritura e diferença* (2002) dedicado ao Teatro da Crueldade, Derrida enfatiza a centralidade da questão representativa na comparação entre Nietzsche e Artaud e conclui: "Pensar o encerramento da representação é pensar o trágico: não como a representação do destino, senão como o destino da representação."[32] A aposta de Artaud é segundo Derrida enfrentar o pro-

---
[31] Antonin Artaud, *O teatro da crueldade*, p. 89.
[32] Jacques Derrida, *Escritura e diferença*, p. 137.

blema da representação, e é nessa perspectiva, na exposição ao "choque do ininteligível", que se torna evidente a conexão com O *nascimento da tragédia,* de Nietzsche. A crueldade é da vida, diz Artaud, e Derrida acrescenta que por isso não se trata de criar "uma representação da vida em si, já que a vida é irrepresentável".[33] A ideia é, pelo contrário, que a crueldade seja a expressão direta do apetite de vida, não da vida individual, mas de uma "espécie de vida liberada que varre a individualidade", e que pode ser traduzido pelo teatro em seu aspecto universal, abrindo mão do humano em direção ao mito. Isto é o real para Artaud: a tirania e a necessidade das forças vitais imprevisíveis que irrompem nos limites da realidade tal como a razão humana a percebe. Um Teatro da Crueldade comprometido com o real visa a produzir uma expressão que ultrapasse a representação e as formas costumeiras das linguagens teatrais por via de uma série de choques, de colisões de imagens, sons e atos selvagens numa linguagem primordial não verbal e sinestética. Há nesse sentido uma figura fundamental no esforço de Artaud de transgressão da linguagem, tanto a visual quanto a verbal, abrindo caminho para uma dimensão espontânea e corporal mais radical e violenta.

Nas correspondências, Artaud articula o caminho do Teatro da Crueldade contra a tradição ocidental de um teatro psicológico e fala dele como uma "metafísica em atividade" cujo programa passa por uma quebra da linguagem. A linguagem fixa e ostensiva não permite uma percepção adequada das manifestações da vida,

---

[33] Ibidem, p. 137.

e o teatro de Artaud se propõe exatamente à tarefa de revelar a essência cruel da vida através de uma dimensão performática que presta atenção à "fala anterior às palavras", ou melhor, à "necessidade da fala" em lugar da linguagem já formada. Se as palavras "detêm e paralisam o pensamento", a procura é por uma linguagem verbal de outra natureza, cujas possibilidades expressivas possam explorar a quebra de formas fixas de representação por uma necessidade implacável intrínseca à expressão. Na interpretação que oferece da ideia da crueldade, o filósofo francês Clement Rosset[34] acentua o aspecto autossuficiente da expressão do real, "o princípio da realidade suficiente", entendendo o real como aquilo que dispensa qualquer mediação, aquilo que basta em si, que não tem causa exterior, o aspecto implacável e inelutável da realidade. "Assim", diz Rosset, "a realidade é cruel — indigesta — a partir do momento em que a despojamos de tudo o que não é ela para considerá-la apenas em si mesma".[35] Também a procura de Artaud partia do despojamento da teatralidade representativa ao abandonar as linguagens convencionais do teatro burguês, abrindo mão da própria subjetividade e identidade do ator e de suas autodefesas, eliminando tudo que não fosse performance da corporalidade expressiva. Daí, a crueldade da expressão não estar definida pelo conteúdo, mas pela suspensão da diferença entre forma e conteúdo e pela potência real da

---

[34] "*Cruor*, de onde deriva *crudelis* (cruel) assim como *crudus* (cru), designa a carne escorchada e ensanguentada: ou seja, a coisa mesma privada de seus ornamentos ou acompanhamentos ordinários, no presente caso a pele, e reduzida assim à sua única realidade, tão sangrenta quanto indigesta" (Clément Rosset).
[35] Clément Rosset, *O princípio da crueldade*, p. 17.

própria expressão que chega a eliminar a diferença entre a expressão da realidade e a realidade da expressão. No entanto, nada disso representa realmente uma novidade de leitura. Para poder trazer a questão para a discussão atual, precisamos aprofundar uma diferença que surge com relação à noção de Artaud. No *Manifesto do Teatro da Crueldade*, Artaud aponta para uma dissolução da linguagem representativa na desmesura expressiva em direção à vida, a vida apaixonada e convulsa, em sua expressão pré-verbal e pré-conceitual. A crueldade expressa essa potência sobre o outro, em direção ao real, o objeto do desejo violento do homem ao romper com os limites da sua própria autopreservação. Ou seja, em vez de ameaçar a integridade do outro, a crueldade se volta sobre o próprio ator e ameaça os limites da subjetividade com relação a seu objeto. Para Artaud trata-se, assim, de transgredir a diferença entre conteúdo e expressão e, ao mesmo tempo, preservar a força encantatória, mágica, imaginária e, por que não, metafísica e mitológica das palavras e dos gestos.

Sem os recursos de corpo, movimento, fala, gesto, som e presença material, a questão obviamente se coloca de maneira diferente para a literatura. Se a escrita literária procura expressar essa potência em sua liberdade, ela deve dirigir a mesma implacabilidade e o mesmo rigor do desejo que a guia sobre seu próprio projeto. Na introdução ao pequeno livro *O princípio da crueldade*, Rosset inicia seu argumento dizendo que só há "obra sólida [...] no registro do implacável e do desespero".[36] Logo cita Ernesto Sábato,

---

[36] Idem, *O princípio de crueldade*, p. 26.

que, no romance *Abaddón, o exterminador*, escreve: "Desejo ser seco e não enfeitar nada. Uma teoria deve ser implacável e volta-se sobre seu criador se este não trata a si mesmo com crueldade."[37] Na perspectiva de Clement Rosset a crueldade do real é profundamente ligada à alegria e à afirmação da existência apesar da aspereza do real. Tampouco para Rosset a crueldade significa "o prazer de manter o sofrimento, mas uma recusa de complacência para com qualquer que seja o objeto"[38] e, poderíamos acrescentar, com qualquer que seja a consideração subjetiva. Rosset fala nessa obra de uma filosofia do real guiada por dois princípios, o princípio da "realidade suficiente" e o "princípio da incerteza", formando uma verdadeira "ética da crueldade", fundamental para qualquer obra filosófica. Há nesses dois princípios uma ética e, a meu ver, também uma estética. O primeiro princípio se coloca para Rosset contra as correntes principais da filosofia ocidental de Platão a Hegel, incapazes de pensar o real a partir de sua experiência sensível sem procurar uma causa exterior, um sentido abstrato para poder explicar a insuficiência de sua mera existência. O problema na superação dessa premissa, segundo Rosset, não vem tanto do fato de que o real em si mesmo é inexplicável, mas "sim do fato que ela seja cruel e que consequentemente a ideia de realidade suficiente, privando o homem de toda possibilidade de distância ou de recuo com relação a ela, constitui um risco permanente de angústia e de angústia

---

[37] Ibidem, p. 26.
[38] Ibidem, p. 26.

intolerável".[39] A crueldade do real vem assim da natureza trágica da realidade, é claro, mas em segundo lugar do "caráter único e consequentemente irremediável e inapelável desta realidade — caráter que impossibilita ao mesmo tempo conservá-la a distância e atenuar seu rigor pelo recurso a qualquer instância que fosse exterior a ela".[40]

Para Rosset a crueldade está ligada principalmente à singularidade do real, sua natureza incontestável que não se deixa representar por nenhum substituto, que não permite nenhum duplo e não possibilita nenhuma perspectiva exterior de sentido. Assim, Rosset nos leva a enxergar um outro caminho para a estética da crueldade, que, em vez da desmesura performativa na dissolução da linguagem, encontra na escrita literária seu cerne na extrema contenção e precisão. A demanda se exerce simultaneamente sobre a linguagem e sobre seu objeto, eliminando a gratuidade retórica e a arbitrariedade descritiva à procura de uma rigorosa condensação poética e uma alta precisão expressiva da escrita. Só assim a escrita cruel é levada por uma necessidade intrínseca que extrapole a subjetividade expressiva, expondo-a vulneravelmente ao real. Quanto ao segundo princípio da ética da crueldade, o "princípio de incerteza", o argumento de Rosset é de teor cético, alegando que só uma verdade incerta é uma verdade irrefutável, só contra a Dúvida a própria Dúvida nada pode. Lida na perspectiva da escrita literária, a incerteza é um traço característico da ficção, que, ao oscilar entre criação e reprodução, acompanha seu poder de realidade.

---

[39] Ibidem, p. 16.
[40] Ibidem, p. 17.

Enquanto a escrita literal "certeira" apenas se sustenta no desdobramento de uma realidade exterior, a ficção é passível de desdobramentos figurativos, acolhendo outras camadas de significação. A existência precária de uma escrita cuja concretude se sobrepõe aos conteúdos convencionais e que não se permite ser traduzida em interpretações figurativas é o que acompanha a afirmação literária de realidades que não se apoiam em nada a não ser em sua própria existência.

Queria ampliar a questão a partir de uma leitura do conto "O voo da madrugada", do livro homônimo de Sérgio Sant'Anna, publicado em 2003. O narrador-personagem do conto é um viajante, provavelmente um vendedor, que narra um episódio ocorrido durante uma visita a Boa Vista, depois num voo de volta a São Paulo, mencionado como o único episódio "digno de registro" numa vida "dura e insípida". As circunstâncias são descritas como talvez "fortuitas — mas que depois pareceram pertencer a uma cadeia de fatos necessariamente interligados".[41] É essa necessidade intrínseca que interessa aqui e que leva o relato, escrito no estilo contido e preciso do autor, aos limites do sobrenatural e do fantástico sem nunca abrir mão do realismo. O primeiro episódio acontece quando o narrador, despertado pelos barulhos em frente ao hotel, sai à noite em direção à boate Dancing Nights, um típico lugar de prostituição, em busca de um programa furtivo. Diante da porta do estabelecimento, encontra uma jovem acompanhada por um homem e logo sente um forte ódio pelo cafetão, descrito como encarnação do demônio, a

---

[41] Sérgio Sant'Anna, *O voo da madrugada*, p. 9.

ponto de querer matá-lo. Em seguida, quando a jovem abre o vestido, o narrador percebe que se trata de uma criança: "Antes de recuar o rosto, não pude deixar de contemplá-la, hipnotizado pelo meu próprio horror, pois a menina, quase sem pelos, devia ser impúbere."[42] Chocado pela cena e pelo horror de seu próprio fascínio, o narrador volta ao hotel e resolve sair da cidade na mesma noite. Consegue, contra qualquer probabilidade, trocar a reserva e se vê em seguida num voo especial que transporta os corpos de um grupo de passageiros vítimas da queda de um avião no mato. A bordo do avião estão os familiares dos defuntos, e durante o voo acontece o segundo episódio desconcertante quando uma enigmática mulher aparece por entre os passageiros e de repente e sem motivo se aproxima e se encosta no narrador com intimidade sensual Inicia-se uma espécie de encontro amoroso improvável que o narrador descreve da seguinte forma:

> Minha desconfiança se dissipou de todo no momento em que reconheci que a amava, jamais amara alguém tanto. Pouco importava que nunca a houvesse visto, pois aquele sentimento me vinha como algo que só podia brotar entre totais desconhecidos.[43]

Quando o avião inicia o pouso, o narrador desperta de novo e, apesar de seus esforços, não encontra mais a jovem mulher, mas se lembra do encontro como um momento dos "mais felizes e plenos", cheio de "alegria e

---
[42]Ibidem, p. 13.
[43]Ibidem, p. 21.

expectativa". Perplexo com tais acontecimentos, o narrador começa a duvidar da experiência e levanta a hipótese de que a mulher fora um fantasma inconcebível e talvez até o espectro de uma das vítimas do desastre, mas não encontra nenhuma evidência disso. Pergunta-se se podia ter sido um sonho, uma alucinação ou um fantasma, mas nenhuma explicação racional justifica a emoção forte, nem dá conta da materialidade da experiência ou da duração, da completude e do calor da sensação do corpo da mulher.

O terceiro momento do episódio acontece quando o narrador finalmente chega em casa, entra no quarto e lá encontra um homem sentado sobre a cama e logo o reconhece como sendo ele mesmo: "Como se fosse possível eu me repartir em dois: aquele que viajara e aquele que aguardava tranquilamente em casa, ou, talvez, num espaço fora do tempo."[44] Essa experiência de encontrar o próprio duplo, tão bem conhecida da literatura do século XIX, aqui serve para marcar uma cisão na subjetividade do narrador, pois nesse encontro ele consegue se ver como foi visto pela misteriosa mulher, não como um homem marcado pelo cansaço mortal, "pela melancolia e pela solidão exasperadas",[45] mas "atravessando minha máscara crispada para poder amar-me do jeito que eu a amava: como aquele que eu poderia ser, ou, quem sabe, como aquele que verdadeiramente eu era, vencidas as barreiras mais entranhadas".[46] Assim se abre uma passagem pelo afeto amoroso, pelo encontro cruel dos corpos e por

---
[44]Ibidem, p. 26.
[45]Ibidem, p. 27.
[46]Ibidem, p. 27.

uma sensibilidade vulnerável atiçada pela presença da transgressão erótica na atração pela criança e pela proximidade da morte violenta. A parte final do relato retoma essa possibilidade e procura a "fusão tão almejada" com uma dimensão além da subjetividade que parece ser a vida real vista por alguém cuja realidade agora não passa de um jogo de fantasmas. Assim a narrativa termina com as seguintes palavras: "E, antes de ser esta uma história de espectros — acrescento com uma gargalhada, pois uma súbita hilaridade me predispõe a isso —, é uma história escrita por um deles."[47]

Antes das possibilidades interpretativas, o que fascina nesse relato é a insuficiência de qualquer proposta hermenêutica e a potência de sua construção rigorosa e sua realidade incerta. O livro de Sérgio tem sido considerado sua obra mais angustiada, e talvez seja esse o desespero que se concretiza na escrita numa vulnerabilidade particular. A psicanalista Suely Rolnik usa em várias obras o conceito de *vulnerabilidade* na arte como "condição para que o outro deixe de ser simplesmente objeto de projeção de imagens preestabelecidas e possa se tornar uma presença viva, com a qual construímos nossos territórios de existência e os contornos cambiantes de nossa subjetividade".[48] Segundo o raciocínio de Rolnik, essa vulnerabilidade permite romper com uma anestesia cultural que predomina em nossa cultura moderna e, agindo no nível subcortical, "nos permite apreender o mundo em sua condição de campo de forças que nos afetam e se fazem

---

[47]Ibidem, p. 28.
[48]Suely Rolnik, "Geopolítica da cafetinagem".

presentes em nosso corpo sob a forma de sensações".[49] Para essa sensibilidade o outro se torna perceptível como "presença viva feita de uma multiplicidade plástica de forças que pulsam em nossa textura sensível, tornando-se assim parte de nós mesmos".[50] Interessa aqui refletir sobre essa particular "vulnerabilidade" na perspectiva do que Mark Seltzer chamou de uma "Cultura da ferida" para a compreensão do papel do trauma na reorganização contemporânea da esfera pública. Em princípio a definição da "cultura da ferida" se delimita ao fascínio público em torno de corpos abertos e dilacerados, uma mobilização pública ao redor do choque, do trauma e da ferida que provoca uma espécie de "patologização" da esfera pública na qual os desejos privados invadem o espaço público antes idealizado como lugar da razão. Logo Seltzer aprofunda a questão ao acatar uma diferença entre a modernidade do século XIX como uma "cultura do choque", definição conhecida de Baudelaire a Benjamin, e a modernidade tardia como uma "cultura do trauma". Em vez de simplesmente marcar essa diferença como a diferença entre o choque da experiência urbana como causa exterior e o trauma, cuja natureza íntima se aloja no interior do sujeito, Seltzer define a cultura do trauma (o termo grego de ferida) como uma cintilação entre o exterior e o interior, entre os domínios público-representativo e a privacidade subjetiva. O trauma assim vem a ser interpretado como um ponto de fusão entre o psicológico e o social em que se perde a distinção entre interior e exterior, entre o

---

[49] Ibidem.
[50] Ibidem.

individual e o coletivo. A incerteza quanto ao status da ferida no trauma, situada entre a ordem psíquica e a física, entre a representação (fantasia) e a percepção (evento), se amplia nessa perspectiva para uma maior ambiguidade entre o privado e o público e entre o individual e o coletivo. O trauma se desprende de seu domínio específico e descreve nessa perspectiva uma erosão entre corpo e mundo, entre corpo e imagem, entre corpo e máquina, e caracteriza uma patologização direta em decorrência do "colapso da distinção entre interior e exterior, observador e cena, representação e percepção: como a derrota da distância própria do sujeito com a representação (o externo, mecânico, simbólico), um colapso da manutenção dos limites próprios — a abertura de corpos e pessoas".[51] É óbvio que esse diagnóstico da confusão entre os registros psíquicos e sociais e da eliminação do limite entre interior e exterior, entre sujeito e mundo, entre a representação e o evento, entre a fantasia e a percepção, na visão de uma leitura da cultura midiática representa uma crítica explícita da cultura contemporânea, por exemplo na análise do papel da fascinação provocada pela violência nos grandes meios de divulgação. Por outro lado, percebemos como essa perda de fronteiras também demarca o território estratégico da arte e da literatura. Como no conto de Sant'Anna, é na abertura da ferida que se misturam duas emoções e que a atração privada pela sexualidade proibida se confunde com o luto coletivo. É importante na compreensão do trauma levar em conta sua relação com a *mimesis*, com

---

[51] Mark Seltzer, *Serial Killers*, p. 21.

uma identificação hipnótica, uma repetição compulsória, que define a ligação mínima de sociabilidade, um contágio mimético entre o *self* e o outro como base da constituição coletiva. (Ver o teatro da peste de Artaud.) A intervenção literária se dá nessa relação, como uma repetição ou realização cruel da condição traumática e sua repetição em sensibilidade vulnerável que comunique vivamente com o outro e com outros por cima dos limites da subjetividade própria, desenhando na sua realização possíveis topologias coletivas entre o privado e o público.

Referências bibliográficas

ARTAUD, Antonin. *O teatro e seu duplo*. São Paulo: Martins Fontes, 1999.

BARTHES, Roland. *Sade, Fourier, Loyola*. São Paulo: Martins Fontes, 2005.

BATAILLE, George. *La literatura y el Mal*. Madri: Taurus, 1981 (1957).

BLANCHOT, Maurice. *L'entretien infini*. Paris: Gallimard, 1969.

_____. *Lautréamont et Sade*. Paris: Minuit, 1963.

_____. *A parte do fogo*. Rio de Janeiro: Rocco, 1997.

_____. *A conversa infinita 1: a palavra plural*. São Paulo: Escuta, 2001.

_____. *A conversa infinita 2: experiência limite*. São Paulo: Escuta, 2007.

DELEUZE, Gilles. *Apresentação de Sacher-Masoch*. Rio de Janeiro: Livraria Taurus Editora, 1983.

DERRIDA, Jacques. *Escritura e diferença*. São Paulo: Perspectiva, 2002.

FOUCAULT, Michel. "Linguagem e literatura". In: MACHADO, Roberto. *Foucault, a filosofia e a literatura*. Rio de Janeiro: Jorge Zahar, 2000.
_____. *Ditos e escritos*, vol. III. Rio de Janeiro: Forense, 2001.
_____. *Ditos e escritos*, vol. IV. Rio de Janeiro: Forense, 2002.
_____. *Eu, Pierre Riviere, que degolei minha mãe, minha irmã e meu irmão*. Rio de Janeiro: Graal, 2004.
MACHADO, Roberto. *Foucault, a filosofia e a literatura*. Rio de Janeiro: Jorge Zahar, 2000.
ROLNIK, Suely. "Geopolítica da cafetinagem". Disponível em: http://www.pucsp.br/nucleodesubjetividade/Textos/SUELY/Geopolitica.pdf. Acessado em 2/2/2013.
ROSSET, Clément. *Le Reèl: Traité de l'idiotie*. Paris: Minuit, 1977.
_____. *Alegria: a força maior*. São Paulo: Relume Dumará, 2000.
_____. *O princípio de crueldade*. Rio de Janeiro: Rocco, 1989.
SADE, Marquês de. *Os crimes do amor*. Porto Alegre: L&PM Pocket, 2007.
SANT'ANNA, Sérgio. *O voo da madrugada*. São Paulo: Companhia das Letras, 2003.
SELTZER, Mark. *Serial Killers: Death and Life In America's Wound Culture*. Nova York/Londres: Routledge, 1998.

8. As práticas de uma língua menor e as duas gagueiras

Nas seguintes reflexões, gostaria de discutir o conceito de "literatura menor" — desenvolvido por Deleuze e Guattari no livro *Kafka: por uma literatura menor* (1977) —, que durante as últimas décadas tem aparecido com frequência nos debates sobre a relação "literatura e sociedade" em suas várias implicações, desde uma reformulação da questão política nas práticas analíticas da literatura até uma caracterização de certas literaturas canônica e geograficamente marginais na perspectiva dos estudos culturais.

Não me proponho a oferecer uma cartografia da emergência da ideia do caráter "menor" de certas literaturas, apenas revisitar sua introdução no contexto da leitura sistemática da obra de Kafka e seu desdobramento nos comentários sobre a possibilidade atual de um cinema político no livro *A imagem-tempo* (1990). É claro que o interesse que o conceito de uma "literatura menor" desperta hoje é motivado pela possibilidade que oferece de retomar a questão política na literatura de uma maneira que simultaneamente evita recair nas armadilhas de uma literatura engajada à moda dos anos 1960 e 1970 e preserva a insistência da literatura como realidade social. Nesse sentido, a questão política se apresenta como o lado "realista" da literatura, não por descrever a realidade de maneira realisticamente verossímil e engajada, mas por ser ela mesma uma realidade que intervém nas práticas da sociedade. A principal questão a ser discutida então é como a literatura intervém e como a leitura e a análise teórica podem participar fortalecendo essa intervenção. Antes de começar, é importante sublinhar que essa pergunta não visa a redimir a exclusividade cultural da literatura nem a lhe atribuir uma nova missão em relação a grupos sociais oprimidos ou excluídos aos quais não pertence. Muito pelo contrário, isso seria um erro crasso, já que repetiria o esquema paternalista que a teoria de uma literatura engajada sempre supunha, de uma literatura "aqui" que se dirige a uma realidade "aí", de um autor que sabe mais que os leitores, que precisam ser salvos da ignorância e da alienação. No cerne do conceito de uma literatura menor, opera uma outra concepção de realismo, em que a realidade é entendida como agenciamento, ou seja, como prática, e, nesse sentido, trata-se aqui de uma reformulação do que entendemos por política e por realidade.

Em *Kafka: por uma literatura menor*, Deleuze e Guattari definem claramente sua motivação na leitura de Kafka, que se desdobra da sua compreensão da relação entre literatura e teoria. Em primeiro lugar, rejeitam a análise interpretativa e sua procura por níveis de profundidade imaginária, fantasmagórica ou simbólica no texto, assim como as abordagens estritamente estruturais, que reduzem o texto a oposições formais. Positivamente, os autores entendem sua leitura como estratégica, uma leitura que em vez de ressaltar a hermenêutica de uma profundidade escondida insiste na política da superfície do texto, ou seja, na sua inserção real como enunciado, na prática da linguagem. Em segundo lugar, insistem no caráter experimental tanto da literatura quanto da análise literária, que se expressa na compreensão da obra literária como um laboratório de experimentação e de experiências discursivas, poéticas e sociais cujos resultados a leitura extrai, realiza e expressa dinamicamente. Percebemos, dessa maneira, o fundamento pragmático da leitura que acompanha o texto literário no seu funcionamento experimental e nos seus efeitos, que não se restringem aos efeitos poéticos epifânicos, suprassensíveis, sublimes e trangressivos nem aos cognitivos e edificantes, isto é, não se interessam pelos efeitos restritamente individuais e subjetivos. Descobrir a máquina do texto significa situá-lo entre o nível individual da psicologia, da memória e da imaginação e o nível abstrato e objetivo da estrutura, do sentido e do símbolo, para descobrir e articular o que faz, como cria conexões e agenciamentos e como transmite e transforma intensidades inseridas em outras multiplicidades. Trata-se, em outras palavras, de articular os protocolos de experiência, os repertórios de vida, contidos na máquina de expressão que é a literatura. Aqui, a teoria tem um papel decisivo, não só como descrição de um objeto alheio a si, mas também como afirmação positiva daquilo que já está presente virtualmente no texto. Nesse sentido, a teoria, ou seja, a leitura analítica que se desdobra da obra, se mostra positiva e afirmativa em relação à máquina, uma vez que a desmonta e remonta ludicamente, procurando a continuidade da força encontrada no texto. Força que, no livro sobre Kafka, basicamente se revela como intensidades, linhas de fuga e metamorfoses, principalmente no devir animal. Percebemos que a teoria, desenvolvida como prática de leitura, se propõe a afirmar o movimento experimental detectado na máquina de expressão que é a obra. Por um lado, mostra, através de uma descrição objetiva, uma "mecânica da leitura",[1] revelando como a obra produz certos efeitos. Por outro, desenvolve uma "pragmática experimental",[2] que aborda a obra como agenciamento maquínico, avaliado segundo os valores e objetivos da própria leitura. Logo de início, Deleuze e Guattari evocam o estatuto particular que atribuem à literatura como objeto de estudo.[3] Para eles, a literatura não é só um objeto para a teoria literária ou para o pensamento filosófico. Ela é uma prática na língua, que agencia seu próprio desdobramento em teoria. Assim, a teoria não pode ser entendida independentemente do seu objeto, pois ela se encontra virtualmente contida na literatura. A principal atividade do pensador e do leitor é desdobrá-la dinamicamente, afirmando sua real criatividade, sua força de realização, ou seja, seu devir-realidade, do qual

---

[1] Bruce Baugh, "How Deleuze Can Help Us Make Literature Work", p. 35.
[2] Ibidem.
[3] Gilles Deleuze e Felix Guattari, *Kafka: por uma literatura menor*.

a teoria é cúmplice, pois seu alvo principal sempre será explorar até onde a sensibilidade literária pode levar o pensamento.

Mas a questão principal que ainda se impõe é em que sentido podemos, nessa perspectiva de Deleuze e Guattari, entender a procura da literatura por efeitos de realidade. E, se a literatura não expressa a intimidade do autor nem representa sua realidade exterior, o que expressa precisamente? Na leitura que Deleuze e Guattari fazem de Kafka, encontramos certas contradições aparentes, que podem ser férteis para entender sua proposta. Depois de rejeitar vigorosamente as leituras de Kafka de teor psicanalítico e biográfico, os autores reinserem as máquinas expressivas analisadas — as cartas, os contos e os romances — ou na relação entre a vida pessoal de Kafka e sua escrita ou na relação entre sua experiência individual e o contexto histórico. No caso das cartas a Felice, os autores observam como se constrói um pacto diabólico que afasta o matrimônio, permitindo que as intensidades eróticas circulem. Os contos expressam uma linha de fuga inscrita na autonomia fechada da estrutura breve, na forma de uma metamorfose, de um devir-animal. Nos romances, por sua vez, os autores percebem uma espécie de *"reenactment"* alegre e desafiador dos agenciamentos maquínicos coletivos dos sistemas sociais, burocráticos, jurídicos e políticos. Mas isso não significa, na perspectiva de Deleuze e Guattari, uma volta aos papéis representativos da literatura. Ao contrário, ela expressa como a história pessoal e coletiva se converte em matéria-prima para as máquinas de Kafka. Nos três casos, o argumento central é que a escrita desterritorializa o autor como subjetividade da enunciação e indivíduo intencional. Nas cartas, por meio de uma anulação da distinção clara entre um sujeito da enunciação e um sujeito do enunciado, em que a presença oferecida pela voz íntima possibilita a exclusão e a ausência do escritor em relação à realização do noivado com Felice; nos contos, o devir-animal neutraliza a autoridade intencional, assim como a intimidade lírica do autor, numa linha de fuga possibilitada pelo rigor estrutural da narrativa curta; e, nos romances, o personagem é tão alegremente afirmativo em relação aos sistemas que enfrenta a Lei, o castelo etc., e sua ação se confunde com o mesmo funcionamento dessas forças sociais. É nessa operação que observamos como a literatura não emana de um "eu" autoral como reflexo da sua biografia. Ao contrário, ela intervém na esfera íntima, neutralizando a suposta profundidade e autonomia na exteriorização dos mecanismos que a amarram nas engrenagens da família, do trabalho e da sociedade, interpeladas e contestadas pela própria escrita. Por isso não podemos entender a escrita como a esfera exclusiva de Kafka, na qual ele encontraria proteção contra as exigências do mundo e conquistaria liberdade. Na verdade, é muito mais uma prática que se articula nas interfaces com os mecanismos repressivos da família, do trabalho e da sociedade e que procura uma continuidade de intensidades no movimento de fuga. Em relação aos sistemas sociais e históricos, a mesma lógica funciona na escrita, que, em vez de negar e criticar a realidade dialeticamente, desterritorializa-a numa aposta de alegre afirmação, que a leva ao seu limite de evidência e redundância. O real efeito da literatura se desloca da recepção individual para um nível coletivo, em que os agenciamentos maquínicos são desmontados pela máquina expressiva da escrita: "Kafka se propõe a extrair das representações sociais os agenciamentos de enunciação, e os agenciamentos maquínicos, e a desmontar esses agenciamentos."[4] No romance *O processo*, o que para alguns críticos era entendido como a representação da transcendência da lei e da interioridade da culpa para Deleuze e Guattari reflete "apenas" a imanência do agenciamento maquínico da justiça, nutrido do desejo que permeia todas as relações entre os agentes da justiça e os sujeitos que circulam no seu sistema. Se a lei parece incognoscível, não é por ser transcendente, mas, segundo Deleuze e Guattari, por ser despojada pela escrita de Kafka de toda interioridade e por se confundir com sua enunciação na sentença. O exemplo se justifica por mostrar a função dupla da escrita como máquina de representação: "transcrever em agenciamento, desmontar os agenciamentos".[5] Assim, o objetivo da própria leitura analítica é continuar e estender a função principal da literatura: "ele consiste antes em prolongar, em acelerar todo um movimento que já atravessa o corpo social: ele opera em um virtual, já real sem ser atual (as potências diabólicas do futuro que no momento apenas batem à porta)".[6]

Na definição de uma literatura menor, Deleuze e Guattari apontam três elementos fundamentais. Em primeiro lugar, a literatura menor se caracteriza como uma prática de uma minoria numa língua maior que é modificada "por um forte coeficiente de desterritorialização".[7]

---

[4] Ibidem, p. 70.
[5] Ibidem, p. 70.
[6] Ibidem, p. 72.
[7] Ibidem, p. 25.

Em segundo lugar, a literatura menor se caracteriza pela natureza imediatamente política do seu enunciado. O espaço exíguo faz com que cada caso individual seja ligado à política, abolindo assim as distinções entre o privado e o público, o íntimo e o social. Em terceiro lugar, a característica é que tudo adquire um valor coletivo, o enunciado individual é imediatamente coletivo e o escritor, na sua individualidade, desde já, articula uma ação comum. Mas como entender essa prática motivada por "um forte coeficiente de desterritorialização"? No caso histórico de Kafka, trata-se de um escritor que escreve em alemão como parte de uma minoria judia em Praga e, portanto, é desterritorializado triplamente. Não escreve em tcheco, a língua da sua pátria, não escreve em iídiche, a língua da sua comunidade, mas num alemão deficitário, deslocado da língua maior. Assim, a desterritorialização da língua de Kafka expressa a ruptura do seu compromisso nato com as ideologias de uma língua materna, estofo da consciência nacional e conteúdo de uma identidade orgânica, que naturalmente representa. O caráter imediatamente político da literatura de Kafka é resultado da corrosão da identidade e da ideologia da nação, que possibilita uma prática literária em vias de "suprir uma consciência nacional muitas vezes inativa e sempre em vias de desagregação e cumprir tarefas coletivas na falta de um povo".[8] É por essa desarticulação da consciência coletiva e nacional que a "literatura se torna positivamente encarregada do papel político",[9]

---

[8]Gilles Deleuze, 1990, p. 259.
[9]Gilles Deleuze e Felix Guattari, *Kafka: por uma literatura menor*, p. 27.

um papel que de maneira fundamental visa a exprimir "uma outra comunidade potencial, a forjar os meios de uma outra consciência e de uma outra sensibilidade".[10] Mas é importante, aqui, insistir que o caráter minoritário da literatura de Kafka, para Deleuze e Guattari, exemplifica as condições de uma prática minoritária e revolucionária em toda língua. "Menor" é aquela prática que assume sua marginalidade em relação aos papéis representativos e ideológicos da língua e que aceita o exílio no interior das práticas discursivas majoritárias, formulando-se como estrangeira na própria língua, gaguejando e deixando emergir o sotaque e o estranhamento de quem fala fora do lugar ou de quem aceita e assume o não lugar como seu deserto na impossibilidade de uma origem. Assim, o escritor ou o artista não precisa efetivamente formar parte de uma minoria, basta "encontrar seu próprio ponto de subdesenvolvimento, seu próprio patoá, seu próprio Terceiro Mundo, seu próprio deserto"[11] para assumir a prática menor. A dimensão positiva dessa prática é que ela carrega em si uma comunidade possível ou um "povo por vir", segundo a formulação enigmática de Deleuze e Guattari. É uma literatura que participa nessa tarefa: "não dirigir-se a um povo suposto já presente, mas contribuir para a invenção de um povo".[12] Inventar um povo marca exatamente a passagem, na literatura menor, de um efeito estritamente receptivo sobre um suposto leitor, previsto nas poéticas do modernismo, para um efeito que se dá

---

[10] Ibidem, p. 27.
[11] Ibidem, p. 28-29.
[12] Gilles Deleuze, *A imagem-tempo*, p. 259-260.

como uma enunciação coletiva de uma comunidade potencial. A diferença fundamental é que o efeito pensado por Deleuze e Guattari não é uma consequência da obra sobre o receptor. É pensado como a materialização no exercício menor de uma língua, mesmo de uma língua maior, de um enunciado coletivo, que se engrena como agenciamento diretamente na rede discursiva do poder. Assim, o aspecto imediatamente político da literatura menor não tem nada a ver com seu conteúdo ideológico, mas com sua performance como uma multiplicidade de atos de fala que forma uma máquina expressiva. No entanto, a condição fundamental dessa prática é que o escritor abdique da sua autoridade autoral, renuncie "ao exercício individual para se fundir na enunciação coletiva da 'inumerável' multidão dos heróis de (seu) povo".[13] Nas leituras de Kafka feitas pelo escritor e teórico francês Maurice Blanchot, nas quais Deleuze e Guattari se inspiraram diretamente, essa renúncia se dá em primeiro lugar como uma passagem do "eu" ao "ele". Acontece a primeira vez de maneira notável no conto "O veredicto" e expressa não só a objetivação do íntimo "eu" numa terceira pessoa "ele", mas a emergência de um "neutro" que se instala no intervalo indeterminado entre sujeito da enunciação e sujeito do enunciado. O "neutro" vem de uma zona indiscernível entre o "eu" e o "ele", da qual transparece aquilo que Blanchot denomina o "fora" da literatura. Na leitura de Deleuze e Guattari, o "fora" é o

---

[13] Gilles Deleuze e Felix Guattari, *Kafka: por uma literatura menor*, p. 27.

lugar da multidão,[14] isto é, de uma vitalidade anônima e de intensidades sem sujeito, constituído de puras *hecceidades*, blocos de perceptos e afetos, como um avesso a partir do qual e em direção ao qual a língua e as práticas culturais e sociais se articulam. Dito de outra maneira, é no "neutro" que sujeito e objeto se fundem, no sentido em que a escrita aqui não é um resultado da intenção de um sujeito mais do que o sujeito é resultado da escrita, possibilitando que uma comunidade se expresse na desindividualidade de um escritor levado pelos agenciamentos da sua própria máquina expressiva. É nesse sentido que Deleuze e Guattari podem falar que é a "solidão de Kafka [que] o abre para tudo o que hoje atravessa a história".[15] Essa relação entre o indivíduo em seu anonimato e a comunidade, tão importante para Deleuze e Guattari, oferece um paralelo significativo com a noção de Blanchot[16] de uma "comunidade inconfessável". Ela é definida como a comunidade que se abre na iminência da morte do outro ou na perda mútua de identidade no pacto sacrificial dos amantes, isto é, no movimento que põe o indivíduo "fora-de-si", abrindo-o, em sua impossibilidade, ao Aberto que é uma comunidade.

---

[14] Antonio Negri e Michael Hardt têm esclarecido esse ponto em Deleuze e Guattari distinguindo "povo" de "multidão": "O conceito moderno de povo é, na verdade, produto do Estado-nação, e só sobrevive dentro do seu contexto ideológico específico... A multidão é uma multiplicidade, um plano de singularidades, um conjunto aberto de relações, que não é nem homogênea nem idêntica a si mesma, e mantém uma relação indistinta e inclusiva com os que estão fora dela. Em contraste, o povo tende à identidade e à homogeneidade internamente, ao mesmo tempo que estabelece suas diferenças em relação ao que dele está fora e excluído" (Antonio Negri e Michael Hardt, *Império*, p. 120).
[15] Gilles Deleuze e Felix Guattari, *Kafka: por uma literatura menor*, p. 28.
[16] Maurice Blanchot, *The Unavowable Community*.

Dez anos mais tarde, as mesmas ideias voltam a aparecer no livro *A imagem-tempo*, no qual Deleuze define o cinema político moderno como aquele que evidencia a ausência de um povo. "No cinema americano, no cinema soviético, o povo está dado em sua presença, real antes de ser atual, ideal sem ser abstrata. Daí a ideia de que o cinema como arte das massas possa ser a arte revolucionária por excelência, ou democrática, que faz das massas um verdadeiro sujeito."[17] Mas essa ilusão faz parte exatamente das ilusões narrativas da *imagem-movimento* de representar uma totalidade orgânica de maneira coerente e motivada, enquanto a condição de uma verdadeira arte é romper a fantasmagoria representativa para ser realmente política, isto é, mostrar o povo ausente, mostrar a impossibilidade ou a intolerabilidade da revolução, e mostrar que em vez de um povo só existem minorias fragmentadas e estilhaçadas. É a partir dessa condição marginal nada favorável que o cinema e a arte encontram sua verdadeira vocação e criatividade, a

> de produzir enunciados coletivos, que são como que os germes do povo por vir, e cujo alcance político é imediato e inevitável. Por mais que o autor esteja à margem ou separado de sua comunidade, mais ou menos analfabeta, essa condição ainda mais o capacita a exprimir forças potenciais e, em sua própria solidão, ser um autêntico agente coletivo, uma ferramenta coletiva, um catalisador.[18]

---

[17]Gilles Deleuze, *A imagem-tempo*, p. 258.
[18]Ibidem, p. 264.

Embora o tom desse livro seja bem menos otimista, Deleuze esclarece aqui uma mudança fundamental na concepção do "teor" político da arte. Se antes ela era ligada à agitação ideológica, hoje

> a agitação não decorre mais de uma tomada de consciência, mas consiste em fazer tudo entrar em *transe*, o povo e seus senhores, e a própria câmera, em levar tudo à aberração, tanto para pôr em contato as violências quanto para fazer o negócio privado entrar no político e o político no privado.[19]

É claro que o termo *transe* é motivado pelo exemplo do artista moderno do Terceiro Mundo, que Deleuze encontra no cinema de Glauber Rocha. Nos filmes de Glauber, o transe é um estado de coisas que subverte as dicotomias estáveis entre o privado e o público, o íntimo e o político, o histórico e o mito, a realidade e a ficção, e, ao mesmo tempo, atualiza essas categorias contraditórias na aberração dinâmica da imagem.

Transe, aberração e delírio são apenas alguns dos termos que, para Deleuze, refletem a possibilidade de a literatura perder sua forma representativa e funcionalidade comunicativa. Na introdução a *Crítica e clínica* (1997), Deleuze determina a finalidade da literatura como arrastar

> a língua para fora de seus sulcos costumeiros, levá-la a delirar. Mas o problema de escrever é também inseparável de um problema de ver e ouvir: com efeito, quando se

---

[19] Ibidem, p. 261.

cria uma outra língua no interior da língua, a linguagem inteira tende para um limite "assintático", "agramatical", ou que se comunica com seu próprio fora.[20]

O alvo da literatura, segundo Deleuze, sempre é chegar ao limite do "fora", que só pode ser aproximado no processo delirante da linguagem, na sua metamorfose, seu devir, em que emergem "visões e audições não linguageiras" de onde a linguagem nasce. Como comentamos anteriormente, a realidade da literatura se dá exatamente nesse *devir* em que a língua perde sua forma, se torna *informe*, abrindo mão do seu compromisso com a representação, e, simultaneamente, provoca uma instabilidade da realidade que aparece por meio dela como devir-mulher, devir-animal, devir-vegetal, devir-molécula, devir-imperceptível etc. Trata-se assim de uma literatura ou uma arte que arranca o véu de Maia da representação, perfura buracos na linguagem (Beckett) para ver e ouvir "o que está escondido atrás".[21] Como fica claro na arguição de Deleuze, essa passagem implica ir do nível individual ao nível coletivo, pois o que se revela na literatura e na arte, na derrota da representação, não é o inconsciente subjetivo, a memória íntima nem a experiência privada.

> Essas visões, essas audições não são um assunto privado, mas formam as figuras de uma história e de uma geografia incessantemente reinventadas. É o delírio que as

---

[20] Gilles Deleuze, *Crítica e clínica*, p. 9.
[21] Ibidem, p. 9.

inventa, como processo que arrasta as palavras de um extremo a outro do universo. São acontecimentos na fronteira da linguagem.[22]

Simplificando, com a intenção de entender melhor a noção deleuziana da literatura, poderíamos dizer que o processo dinâmico, catalisado pela literatura na língua, é sua verdadeira *saúde*. Sua potência, que a leva ao limite da expressão, nos permite ver e ouvir outra coisa além daquilo que a língua identifica, representa e imita. Mas de onde vêm esses afetos e perceptos? O que significa dizer que vêm do "fora"? A resposta é que vêm da pura potência coletiva, do plano de imanência, da vida ou da multidão, que carrega uma história e uma geografia em si, como um tempo qualitativo, e de onde um "povo" poderia vir. Mas trata-se de um povo sem destino heroico nem redentor, nunca chamado "a dominar o mundo. É um povo menor, eternamente menor, tomado num devir-revolucionário. Talvez ele só exista nos átomos do escritor, povo bastardo, inferior, dominado, sempre inacabado... É o devir do escritor".[23] Na literatura, esse povo aparece para Deleuze encarnado em personagens à margem da sociedade e da razão, nos originais e anômalos, como o escrivão Bartleby do conto de Melville ou como Ahab, do romance *Moby Dick*. Em "Bartleby, o escrivão", o personagem é contratado como copista num pequeno escritório e a princípio faz o trabalho satisfatoriamente. Um dia começa a se recusar a ler seus próprios textos para revisão com a enigmática

---

[22] Ibidem, p. 9.
[23] Ibidem, p. 14.

frase *I would prefer not to,* que com o tempo repete cada vez mais, recusando-se a fazer qualquer serviço no seu emprego. Quando, por motivos óbvios, é demitido, ele se recusa a sair do escritório e, finalmente detido, morre na prisão, recusando-se a aceitar alimentos. Na leitura de Deleuze, Bartleby é a encarnação da "fórmula" — *I would prefer not to* —, uma frase que mesmo parecendo uma anomalia gramatical absorve a individualidade toda do personagem, sua psicologia, sua intimidade e sua história. Mas também impõe uma lógica rigorosa na narração, determinando o destino dos envolvidos, principalmente do narrador, que, apesar de bem-intencionado, não consegue lidar com a recusa do escrivão. De fato, desenvolve-se entre os dois uma espécie de amizade fraternal, um sentido de comunhão pela total vulnerabilidade de Bartleby, que o narrador, incapaz de responder à responsabilidade de tomar conta do escrivão, acaba traindo, levando-o à morte. É nesse momento comunitário, aberto pela imanência da morte de Bartleby, que o sujeito "original" e sua vida revelam-se imanência, como Deleuze escreve no ensaio "Imanência: uma vida", seguindo o exemplo de um personagem de Dickens:

> Entre sua vida e sua morte, há um momento que é somente de uma vida jogando com a morte. A vida do indivíduo é substituída por uma vida impessoal, embora singular, que produz um puro acontecimento, livre dos acidentes da vida interna e exterior, ou seja, da subjetividade e da objetividade do que acontece. *Homo tantum*, por quem todo o mundo se compadece e que atinge uma certa beatitude. É uma *hecceidade* que não é mais de

individuação, mas sim de singularização: vida de pura imanência, neutra, além do bem e do mal, já que só o sujeito que o encarnava no meio das coisas a tornava boa ou má. A vida de tal individualidade se apaga em benefício da vida singular imanente a um homem que não tem mais nome, embora não se confunda com nenhum outro. Essência singular, uma vida...[24]

Dessa forma, a singularidade de uma vida atualiza o plano da imanência como índice de multiplicidade a partir do qual um povo pode ser inventado. Mas a singularidade e a potência da fórmula têm um outro significado mais geral na teoria estética de Deleuze, pois representam o princípio autônomo de *estilo* que, como uma *figura* mais forte do que a figura do enredo aristotélico, obriga a narrativa a sair dos seus eixos. Assim como a figuratividade dos corpos de Francis Bacon se dissolve pela potência de uma *figura figural*, que provoca um dinamismo em direção à perda de forma, a fórmula *I would prefer not to* instala um princípio interior à narrativa que subverte a hierarquia representativa. Devemos a Jacques Rancière[25] o esclarecimento brilhante desse problema em Deleuze. Depois de analisar a ruptura perpetrada por Flaubert do sistema representativo clássico de origem aristotélica, que sustentava o edifício das belas letras por princípios de normatividade, hierarquia e unidade dos representados, como um resultado da superioridade e da autonomia do estilo, Rancière sugere que Deleuze, na "fórmula", procura

---

[24] Ibidem, p. 18.
[25] Jacques Rancière, "Deleuze e a literatura", p. 3.

a radicalização dessa ruptura que inaugura a literatura moderna. A ruptura de Flaubert inverte o sistema representativo, substituindo as verificações da semelhança e as normas pela demonstração da própria *potência*. Mas de onde vem essa potência, origem do estilo? As respostas são várias: a potência vem da individualidade autoral, da totalidade e unidade da obra ou da linguagem, na pureza do seu exercício. O importante é, segundo Rancière, que todas as respostas abordam uma outra noção de *natureza*, diferente da *physis* cuja obra a *tekhné* imitava e completava no contexto clássico.

> Para que a literatura afirme sua potência própria, não basta que ela abandone as normas e as hierarquias da *mimesis*. É preciso que abandone a metafísica da representação. É preciso que abandone a "natureza" que a funda: seus modos de apresentação dos indivíduos e as ligações entre os indivíduos; seus modos de causalidade e de interferência, em suma, todo seu regime de significação.[26]

Trata-se aqui de uma natureza desvinculada e anterior à fenomenologia do mundo da representação, formada por puros devires e por blocos de afetos e perceptos desvinculados. É um mundo "molecular, indeterminado, desindividualizado, anterior à representação, anterior ao princípio de razão", de sensações que formam a materialidade da potência e que encontram seus efeitos no exercício do estilo e nos traços singulares de expressão. O problema, em Flaubert, é que essa heteronomia molecular

---
[26]Ibidem, p. 3.

e antirrepresentativa de sensações acaba sendo reintegrada pelo impressionismo, na reconstrução do universo representativo. Em vez de manter o conflito aberto entre a *autonomia* da forma e a *heteronomia* da sua matéria, Flaubert e o realismo impressionista abafam a potência molecular emancipada da expressão, reintegrando-a no sistema representativo. Segundo Rancière, a reflexão de Deleuze visa a radicalizar essa ruptura essencial, procurando evitar converter os traços emancipados de universo mimético em "traços de atmosfera", ordenados "na bela totalidade da obra concebida sob o modelo platônico e aristotélico do belo ser vivo".[27] Em vez de uma natureza romântica, panteísta e organicamente integrável, Deleuze propõe uma figura vegetal, rizomática, plural, múltipla, que beira a antiphysis da esquizofrenia e da loucura saudável. Exatamente essa tensão entre *autonomia* e *heteronomia*, instalada mas também domada na proposta de Flaubert, reaparece em Deleuze na forma radicalizada de uma tensão entre a "fórmula" e o "delírio", que sempre visa a acentuar a "performance" da literatura como a potência da indeterminação ou das metamorfoses.

É nessa perspectiva que precisamos entender as práticas de uma língua menor, procuradas pela literatura no uso particular que se afasta dos usos extensivos e representativos. No caso de Kafka, Deleuze e Guattari analisam essas práticas em duas dimensões: a primeira é resultado da emergência do primado sonoro da palavra sobre seu sentido, causando a aparição de uma nova linguagem, que não é sensata e não tem sentido ainda, mas que aparece

---
[27]Ibidem, p. 5.

como força musical, neutralizando o sentido literal e atualizando o devir de uma nova expressão. Em Kafka, percebemos essa nova linguagem na sua origem, quando o som — a tosse, o zumbido, o resmungo e o assobio — atrai a atenção, abafando o sentido da fala. Deleuze e Guattari descrevem isso como uma atividade que atravessa a língua com sentido, formando uma linha de fuga que a leva ao seu extremo de *nonsense*. As crianças que repetem a mesma palavra esvaziando-a de sentido, a velocidade de certa fala que impede a compreensão do dito ou um acento extremo na pronúncia são todas formas de uma tal neutralização ativa do sentido.

A segunda dimensão parte da primeira por uma diferença significativa. Quando o esvaziamento da palavra de seu sentido próprio e literal ocorre ou quando um nome próprio começa a evocar significados pelos deslizamentos sonoros, como nos exemplos dados anteriormente, em ambos os casos a palavra ganha uma nova significação que ainda se situa no domínio extensivo e figurado do sentido possível. Uma outra possibilidade mais radical é de que a palavra, no momento da desligação do seu sentido, provoca o efeito intensivo de dar "diretamente nascimento à imagem",[28] o que é diferente da sua atividade designativa, mas também da metafórica e figurada. Nesse caso, a palavra presentifica a coisa ou a imagem concretamente, como uma sequência de estados intensivos. Podemos entendê-lo como um circuito de intensidades formado pela imagem, que pode ser percorrido dinamicamente, articulando o aspecto transformatório, afetivo e dinâmico

---

[28] Gilles Deleuze e Felix Guattari, *Kafka: por uma literatura menor*, p. 33.

da língua, a metamorfose, o devir ou seu tornar-se realidade, como no caso de tornar-se animal na e pela língua. Os procedimentos dessa dimensão são analisados a partir dos elementos linguísticos que levam a linguagem a seus extremos, "para um além ou um aquém reversíveis".[29] Seguindo o linguista Vidal Séphiha, citado por Deleuze e Guattari, esses elementos são tipicamente: palavras *passe-partout* (verbos ou preposições que assumem um sentido qualquer); verbos pronominais ou propriamente intensivos; conjunções, exclamações, advérbios; termos que conotam dor e acentos internos das palavras na sua função discordante.[30]

Percebemos, dessa forma, que a língua menor, menos do que uma língua própria, caracteriza um procedimento revolucionário dentro de qualquer língua, uma subversão do seu uso representativo, que sempre se coloca a serviço de um determinado poder institucional ou de uma ideologia nacional. Trata-se então de uma língua que abole a retórica autoafirmativa, o bem-falar, o lado doutor da linguagem, como diria Oswald de Andrade, e assume o lugar da diferença dentro da língua, o sotaque, o acento, o uso estrangeiro e desfamiliarizante da própria língua, o gaguejar e a opção pela pobreza e pelo jejum de articulação. O artista da fome é o artista dessa renúncia, desse

---

[29] Ibidem, p. 35.
[30] A descrição de Wagenbach, citada por Deleuze e Guattari, do alemão usado em Praga é similar à seguinte análise: "o uso incorreto de preposições, o abuso do pronominal, o emprego de verbos *passe-partout* [...] a multiplicação e a sucessão dos advérbios, o emprego das conotações doloríficas, a importância do acento como tensão interior da palavra, e a distribuição das consoantes e das vogais como discordância interna". Gilles Deleuze e Felix Guattari, *Kafka — por uma literatura menor*, p. 36.

exílio voluntário dentro da singularidade própria, dessa desistência geral sob a potência da fórmula — *I would prefer not to* —, optando pela linha de fuga para não se confrontar negativamente com o poder. No fundo, indica a desistência expressiva da língua menor uma estratégia afirmativa, positiva e transformadora. Ao tornar-se menor, a língua ganha intensidade e os agenciamentos são depurados e se transformam de imediato em práticas. Ou melhor, como a verdadeira arte revolucionária, os agenciamentos são desde já práticas sociais. Uma versão particularmente interessante da língua menor se expressa na gagueira, ou pelo menos nessa imagem da gagueira que Deleuze utiliza como chave de leitura de alguns textos literários. Podemos examinar duas citações na tentativa de elucidar essa imagem nos estudos sobre literatura na sua obra:

> Parece contudo que há uma terceira possibilidade: quando dizer é fazer. É o que acontece quando a gagueira já não incide sobre palavras preexistentes, mas ela própria introduz as palavras que ela afeta; estas já não existem separadas da gagueira que as seleciona e as liga por conta própria. Não é mais o personagem que é gago de fala, é o escritor que se torna gago da língua, ele faz gaguejar a língua enquanto tal. Uma linguagem afetiva, intensiva, e não mais uma afecção daquele que fala.[31]

A segunda citação é de um texto de 1897 do crítico brasileiro Sílvio Romero[32] com uma óbvia semelhança com

---

[31]Gilles Deleuze, *Crítica e clínica*, p. 122.
[32]Sílvio Romero, *Machado de Assis: estudo comparativo de literatura*.

a abordagem de Deleuze, embora não consiga esconder um certo desprezo:

> O estilo do autor [Machado de Assis], sem ter grande originalidade, sem ser notado por um forte cunho pessoal, é a fotografia exata de seu espírito, de sua índole psicológica indecisa. Correto e maneiroso, não é vivaz nem rútilo, nem grandioso, nem eloquente. É palácio e igual, uniforme e compassado. Sente-se que o autor não dispõe profusamente, espontaneamente do vocabulário e da frase. Vê-se que ele apalpa e tropeça, que sofre de uma perturbação qualquer nos órgãos da palavra. Sente-se o esforço, a luta. "Ele gagueja no estilo, na palavra escrita, como fazem outros na palavra falada", disse-me uma vez não sei que desabusado num momento de expansão, sem reparar talvez que me dava destarte uma verdadeira e admirável notação crítica. Realmente, Machado de Assis repisa, repete, torce e retorce tanto suas ideias e as palavras que as vestem, que deixa-nos a impressão dum perpétuo tartamudear. Esse vezo, esse sestro, para muito espírito subserviente tomado por uma coisa conscientemente praticada, elevada a uma manifestação de graça e humor, é apenas, repito, o resultado de uma lacuna do romancista nos órgãos da palavra.

Os leitores de Deleuze provavelmente reconhecem com facilidade a primeira citação como fragmento de um pequeno texto do volume *Crítica e clínica*, intitulado "Gaguejou...". O alvo do texto de Sílvio Romero é ninguém menos que Machado de Assis. No caso do texto de Deleuze, em que se fala de escritores tão diversos como Melville, Kafka, Gherasim Luca, T. E. Lawrence, Beckett e e. e. cummings, entre outros, a gagueira é um traço de expressão que desequilibra e bifurca a linguagem desde dentro numa modulação ou variação que leva a semântica e a sintaxe a tremer e delirar como se alguma força estranha, um sotaque incontrolável ou uma outra língua brotasse no seio da língua em função de uma necessidade anônima, uma força vinda dos limites da própria escrita. Deleuze sempre cita Proust quando este fala que o escritor se encontra como um estrangeiro em sua língua natal, e esse estranhamento funciona como um dispositivo para um uso menor da língua maior. Os escritores gagos inventam segundo essa ideia uma língua menor, eles minorizam a língua, deixam-na deslizar numa fuga em uma variação incessante que acaba excedendo "as possibilidades da fala", atingindo "o poder da língua e mesmo da linguagem". Outra coisa acaba se expressando além desse limite, ou desse avesso da linguagem, audições e visões de um "fora" da linguagem, o que para Deleuze é o que a literatura no final de contas procura. A análise de Sílvio Romero, tão aguda quanto a de Deleuze, no entanto serve para rebaixar o talento de Machado como "pobre" comparado com a norma *beletrista* de Alexandre Herculano, Latino Coelho e Rui Barbosa, cujo estilo rico e opulento faz o contraste perfeito com aquilo que Haroldo de Campos chama a "magreza estética do estilo machadiano (estilo de lacunas e reiterações de elipse e redundância, de baixa temperatura vocabular e alta temperatura informacional estética)".[33] Partindo do exemplo de Machado, a leitura de Haroldo persegue o que chama de o "procedimento menos" na literatura brasileira, perfilado com Machado

---

[33]Haroldo de Campos, "Arte Pobre, Tempo de Pobreza, Poesia Menos", p. 182.

contra o modelo ornamental parnasiano-acadêmico de Coelho Neto, e que depois se reformula em Oswald de Andrade, na rebeldia do manifesto *Pau Brasil* contra a "eloquência balofa e roçagante" (Paulo Prado), na fragmentação dos livros *Miramar* e *Serafim Ponte Grande*, na arte pobre de Graciliano Ramos, em que a gagueira se traduz na afasia, afonia e mudez deslinguada do Fabiano de *Vidas secas*, depois em escritores como Dyonélio Machado (*Os ratos*), Cyro Martins e Augusto de Campos. A contribuição iconoclasta de Haroldo de Campos é inestimável e aponta um caminho a ser explorado na recanonização da literatura brasileira em torno dessa ideia do "procedimento menos" que certamente pode ser explorada até a contemporaneidade, passando por uma *estética da fome* de Glauber Rocha, uma *literatura do subdesenvolvimento* de Antonio Candido até o *cosmopolitismo do pobre* de Silviano Santiago, retrabalhando escritores como Nelson Rodrigues, Dalton Trevisan, e a prosa curtíssima dos escritores contemporâneos, como, por exemplo, *Mínimos, múltiplos e plurais*, de João Gilberto Noll. Mas, voltando à leitura de Deleuze, sublinhamos o diálogo direto entre Haroldo de Campos e a ideia de Kafka de uma "literatura menor" que Deleuze e Guattari exploram na monografia sobre o escritor tcheco. Para avançar gostaria de explorar a própria metáfora da *gagueira*, que de imediato apenas parece atingir o nível expressivo da linguagem, desestabilizando a semântica da palavra e a solidez enunciativa, isto é, a relação entre sujeito de enunciação e sujeito do enunciado, por exemplo, como um ponto de vista diferente entre narrador e personagem ou incongruência entre o que o personagem quer dizer e o que de fato expressa. Nesse plano, a gagueira é uma vacilação que prolifera a palavra em direção a algo afônico e agramatical ou que se dá como um aspecto *dialógico*, que, como Bakhtin aponta em Dostoiévski, consegue na mesma frase dizer e desdizer o dito, na construção ambígua de um diálogo indireto livre. Vou deixar esse aspecto de lado por enquanto e colocar a questão das consequências da gagueira para a estrutura narrativa, ou seja, para a formação da história a ser contada. No ensaio citado sobre a gagueira, Deleuze recorre ao conhecido modelo bidimensional elaborado por Roman Jakobson no contexto da Escola de Praga, que distingue as dimensões paradigmática e sintagmática da linguagem. A primeira refere-se à disjunção ou escolha a ser feita para encontrar a palavra certa entre opções semelhantes, e a segunda, à dimensão linear de conexão ou consecução dos combináveis na formação do sintagma. Deleuze observa que num sistema em equilíbrio a escolha na primeira dimensão paradigmática é necessariamente exclusiva: não se falam nem se escrevem duas palavras ao mesmo tempo; na segunda, as conexões são progressivas e lineares. No desequilíbrio da gagueira, no entanto,

> as disjunções tornam-se inclusas, inclusivas, e as conexões, reflexivas, segundo um andamento irregular que concerne ao processo da língua e não mais ao curso da fala. Cada palavra se divide, mas em si mesma (*pas-rats*, *passions-rations* — não-rato, paixões-rações), e se combina, mas consigo mesma (pas-passe-passions — não-passa-paixão). É como se a língua inteira se pusesse em movimento à direita e à esquerda e balançasse, para trás e para a frente: as duas gagueiras.[34]

---

[34] Gilles Deleuze, *Crítica e clínica*, p. 125.

Em outras palavras, a gagueira se instala no meio da frase e a faz proliferar, crescer pelo meio, partícula por partícula, como uma grama ou um rizoma que se estende em todas as direções, atraídos pelo limite no silêncio ou no seu "fora". Mas se exploramos melhor a segunda gagueira, a que atinge a formação da estrutura narrativa, percebemos uma clara diferença entre o acontecimento na narrativa tradicional, por um lado, e um outro acontecimento em que todos os encadeamentos virtuais se presentificam simultaneamente. Na estrutura aristotélica o Meio organiza a distribuição de um movimento no tempo do Início ao Fim, e o acontecimento é a plenitude presente de um corte entre passado e futuro. Assim, o acontecimento marca a distribuição entre passado, presente e futuro, no desenvolvimento de uma trama por meio da realização das possibilidades dadas na ação. Na estrutura gaga, pelo contrário, o Meio é o aprofundamento no *devir* em que passado, presente e futuro se relacionam em outro nível de simultaneidade. O acontecimento aqui não é a plenitude do presente, mas o que se abre como interstício entre dois presentes, é um entre-lugar, um entre-tempo, um espaço inter-relacional, similar ao que Maurice Blanchot chama de um *"entre-tiens"*, uma entre-vista, entendida como a zona que se abre, na interrupção do diálogo, radicalmente neutra, impessoal e elusiva. Por isso, o acontecimento não faz parte da ação narrativa que realiza uma possibilidade de consequência através do enredo, mas deve ser entendido como uma *paralisia de ação* que nos obriga a ver e ouvir o que está além de qualquer ação possível e que apresenta ou atualiza todas as virtualidades contidas na situação diretamente.

Talvez possamos figurar duas estruturas narrativas distintas em consequência da segunda gagueira. Uma que se bifurca infinitamente como uma espécie de hipertexto em que todos os elementos são interligados sem hierarquia temporal, em que todas as consequências possíveis de um acontecimento se realizam simultaneamente, como, por exemplo, no famoso conto de Borges "O jardim de veredas que se bifurcam".[35] Outra, em que a narrativa acaba presa na paralisia e absorvida por uma estrutura ambígua e paradoxal, uma poderosa fórmula, que acaba abrindo para um outro limite de realidade em que o virtual e o atual se fazem presentes simultaneamente como um devir dinâmico.

O primeiro dispositivo narrativo revela uma afinidade entre a economia expressiva escassa do "procedimento menos", como foi definido por Haroldo de Campos, e o dispêndio excessivo de uma proliferação saturada e híbrida do corpo textual que podemos caracterizar como barroca e na qual cada dobra desdobrada leva à atualização de uma nova dobra em direção ao infinito. Haroldo de Campos sublinha bem a diferença radical entre o volume retórico do bem-falar e do bem-escrever e a saturação sensível e polifônica do texto barroco que, por exemplo, caracteriza a narrativa de João Guimarães Rosa.

No segundo dispositivo narrativo, por outro lado, o limite aparece como uma zona paradoxal e dialógica em que o escriturário Bartleby, por exemplo, tem boa vontade para trabalhar e não é exigente (particular), mas,

---

[35] Jorge Luis Borges, *Ficções*.

ao mesmo tempo, "prefere não" realizar qualquer das possibilidades apresentadas.

Para dar um outro exemplo do segundo caso, poderíamos voltar a Machado de Assis e sugerir que o problema no romance *Dom Casmurro* não é julgar se Capitu foi ou não foi infiel, assim como se coloca para a interpretação hermenêutica, mas aceitar que na construção narrativa de Machado ela aparece numa zona de indeterminação em que simultaneamente *foi e não foi infiel*. São duas virtualidades que se atualizam no mesmo nível de realidade em que a distinção entre as fantasias ciumentas de Dom Casmurro e o que de fato aconteceu, entre imaginação e realidade, não tem mais relevância, pois se apaga nos seus "olhos de ressaca" sob o poder do falso da própria fabulação narrativa. O importante para os grandes romancistas, diz Deleuze, é que "as coisas permanecem enigmáticas e, contudo, não arbitrárias".[36] Exatamente essa dupla característica faz de Dom Casmurro um dos grandes originais de Machado, um que Deleuze chamaria de "monomaníaco" e "mestre da razão" e que impõe sobre o mundo "uma nova lógica", tão rigorosa que leva a história ao delírio e a narrativa a sair dos eixos causais. Trata-se de uma lógica que "não nos reconduz à razão e que capta a intimidade da vida e da morte".[37]

Poderíamos fazer um paralelo óbvio aqui com os livros de Deleuze sobre o cinema nos quais o corte entre a imagem-movimento e a imagem-tempo sugere duas estruturas narrativas e duas relações diferentes com o tempo, de uma

---

[36] Ibidem, p. 94.
[37] Ibidem, p. 94-95.

apresentação indireta do tempo para uma apresentação direta do tempo. Mas não vou entrar na explanação da questão do tempo na imagem-tempo, apenas sublinhar que a imagem-tempo consegue, segundo Deleuze, um tempo originário em imagem, em vez de criar uma imagem do tempo.

Mantendo a questão no campo literário, devemos então perguntar o que é que se expressa no limite da linguagem e da narrativa literária em função dessa espécie de instabilidade delirante que as gagueiras provocam. No ensaio "Literatura e vida" encontramos uma citação que explicita o limite da literatura como "fora", definido por Deleuze em outro lugar como aquilo que é mais exterior que todo exterior e mais interior que todo interior. Trata-se de um

> avesso que consiste em Visões e Audições que já não pertencem a língua alguma. Essas visões não são fantasmas, mas verdadeiras Ideias que o escritor vê e ouve nos interstícios da linguagem, nos desvios da linguagem. Não são interrupções do processo, mas paragens que dele fazem parte, como uma eternidade que só pode ser revelada no devir, uma paisagem que só aparece no movimento. Elas não estão fora da linguagem, elas são seu fora. O escritor como vidente e ouvidor, finalidade da literatura: é a passagem da vida na linguagem que constitui as ideias.[38]

De que tipo de *ideias* estamos falando aqui? *Ideias* que se veem e ouvem? Em *Diferença e repetição,* Deleuze define a noção de *ideia* como semelhante àquilo que

---
[38] Gilles Deleuze, *Crítica e clínica*, p. 16.

Espinoza chama de *essência* e que explica a diferença fundamental entre os signos materiais do mundo das sensações e os signos imateriais da arte. A essência ou a ideia é precisamente a unidade de signos e sentidos como é revelada numa obra de arte. Assim, o signo da arte pode expressar uma essência que não é mais uma abstração da mente, senão o poder ativo do mundo, o poder próprio da expressividade, o desdobramento da expressão de um Ser unívoco que é a Vida. Em sua análise do tempo no livro *Proust e os signos*, Deleuze distingue, como é sabido, entre quatro linhas temporais distribuídas pelos diferentes signos correspondentes: o tempo perdido (signos do amor), o tempo que se perde (signos mundanos), o tempo que redescobrimos (signos sensíveis) e o tempo redescoberto (signos da arte). O último remete exatamente à essência, definida como a diferença absoluta, o princípio de individuação, diz Deleuze, que, por sua vez, remete ao nascimento do tempo, à origem do mundo, a um tempo original. A obra de arte nos revela um "tempo 'complicado' em sua própria essência, idêntico à eternidade".[39] Para não perder o argumento no exercício conceitual, podemos tentar entender a ideia ou a essência pela comparação entre o tempo que redescobrimos no mundo sensível, beliscando a *madeleine* de Proust, e o tempo redescoberto por meio da recriação dessa experiência na literatura e que eleva o signo material de um tempo passado ao signo imaterial do tempo original. No primeiro caso, a experiência repetida levaria apenas ao enjoo; no segundo, a repetição é possível e desejável porque a essência, sendo a diferença

---

[39] Gilles Deleuze, *Proust e os signos*, p. 77.

absoluta, é o princípio de individualização, cuja potência partiria do signo único para a criação de um mundo. Assim, a *madeleine* é apenas o ponto de partida para a construção de um universo de romance num nascimento perpétuo de mundo.

Mas o que na arte possibilita essa transmutação da matéria para uma existência mais espiritual? O que desmaterializa os meios físicos para refratar a essência? É o estilo, disse Deleuze, e a ideia que vem ao escritor do "fora" é a identidade do signo como estilo e do sentido como essência: essa é a característica da obra de arte. Por isso seria errado entender o "fora" da literatura como uma transcendência última e mística, uma experiência interior e negativa radical como no pensamento de Bataille. O "fora" acompanha a literatura e a obra de arte como uma imanência permanente, cuja potência de vida deixa suas marcas instáveis nos signos representativos, um traço expressivo, um rumor da língua, um deslize, algo capaz de provocar blocos de perceptos e afetos, que em qualquer instante podem transparecer através dos furos nas palavras rasgadas ou perfuradas pela agudeza e pela força anônima do estilo.

Referências bibliográficas

BAUGH, B. "How Deleuze Can Help Us Make Literature Work". In: BUCHANAN, Ian e MARKS, John. *Deleuze and Literature*. Edimburgo: Edinburgh University Press, 2000.

BLANCHOT, Maurice. *The Unavowable Community*. Barrytown, NY: Station Hill Press, 1988.

BORGES, Jorge Luis. *Ficções*. São Paulo: Companhia das Letras, 2007.

CAMPOS, Haroldo de. "Arte Pobre, Tempo de Pobreza, Poesia Menos". In: *Metalinguagem & outras metas*. 4ª ed. rev. e ampl. São Paulo: Perspectiva, 1992.

DELEUZE, Gilles. *A imagem-tempo*. São Paulo: Brasiliense, 2005.

_____ . *Crítica e clínica*. São Paulo: Editora 34, 1997.

_____ . *Proust e os signos*. 2ª ed. Rio de Janeiro: Forense Universitária, 2003.

DELEUZE, Gilles e GUATTARI, Felix. *Kafka: por uma literatura menor*. Rio de Janeiro: Imago, 1977.

NEGRI, Antonio e HARDT, Michel. *Império*. Rio de Janeiro: Record, 2005.

RANCIÈRE, Jacques. "Deleuze e a literatura". *Matraga,* n. 12, 1999. Disponível em: http://www.pgletras.uerj.br/matraga/matraga12/matraga12ranciere.pdf.

ROMERO, Sílvio. *Machado de Assis: estudo comparativo de literatura*. Campinas: Ed. da Unicamp, 1992 [1ª ed. 1987].

9. O espetáculo, o gesto e o profano

Em 1958, na primeira *Tese sobre a Revolução Cultural*, Guy Debord escreveu que o sucesso estético da arte sempre foi medido pelos valores do passado. A partir de uma noção de beleza sustentada na duração e com pretensão de eternidade, procurava escapar à desordem das aparências sujeitas à devastação do tempo. Contrariando essa perspectiva, o

> objetivo dos situacionistas é a participação imediata numa abundância apaixonada de vida através da mudança de momentos perecíveis que são deliberadamente preparados. O êxito desses momentos só pode ser efeito passageiro. Os situacionistas pensam a atividade cultural, sob o aspecto de totalidade, como um método de construção experimental da vida cotidiana, a ser permanentemente desenvolvido com a extensão dos lazeres e o desaparecimento da divisão do trabalho (a começar pela divisão do trabalho artístico).[1]

---
[1] Guy Debord *apud* Paola Berenstein Jacques, *Apologia da Deriva*, p. 73.

Se inicio o capítulo com esse trecho de Debord é porque, precisamente, sua contribuição em análises da sociedade contemporânea como "espetáculo" serve de referência fundamental para as ideias centrais do filósofo italiano Giorgio Agamben sobre a relação entre a experiência estética contemporânea e as tarefas éticas e políticas da arte e da literatura que aqui me interessa. Em 1967 Debord lançava o livro *A sociedade do espetáculo*, que foi um grande sucesso e, mais que isso, se impôs como marco teórico de uma crítica estética da sociedade de consumo que fundamentaria a ação do movimento situacionista. O situacionismo se iniciou em 1958 com o primeiro número da revista *International Situationiste*, sob a liderança do mesmo carismático Debord. A importância do movimento hoje pode ser percebida muito mais pelo forte impacto que tiveram seus manifestos analíticos sobre as décadas seguintes do que por seu poder de mobilização social que, em realidade, nunca foi importante. A compreensão da sociedade ocidental em termos de "espetacularização" continuou sendo central para os diagnósticos do pós-moderno e sobrevive até o presente como a suspeita de que a realidade contemporânea se determina mais pela aparência estetizada, pelos valores imaginários, pela encenação e pelo poder manipulador de um sistema midiático do que pelas forças produtivas e econômicas.

Na época da atuação dos situacionistas, Debord questionava o valor da ação artística pelo envolvimento, que considerava inevitável, das instituições e do mercado de arte no próprio espetáculo e pela troca promíscua de imagens e de signos que caracteriza o ambiente institucional e comercial da arte. Ou seja, de nada adiantava amarrar o signo artístico a um determinado conteúdo se a cibernética de sua circulação mantinha as mesmas estruturas de poder. Embora profundamente inspirado pelo dadaísmo e pelo surrealismo e convivendo com importantes artistas plásticos, como os integrantes do grupo CoBrA, dentro das fileiras do movimento situacionista, Debord pensava que a arte estava destinada a deixar de ser arte para converter-se em pensamento e ação. Daí sua crítica aos movimentos da vanguarda modernista, que ele via como insuficientes, e cujo fracasso determinava nos seguintes termos: "o dadaísmo procurou abolir a arte sem realizá-la", escreveu, "e o surrealismo, realizar a arte sem aboli-la. A posição crítica elaborada, posteriormente, pelos situacionistas demonstra que a abolição e a realização da arte são aspectos inseparáveis de uma mesma transcendência da arte".[2]

No fundo, Debord acabava por formular um certo puritanismo, que podia ser confundido com iconoclasmo, em que condenava a arte a ser necessariamente substituída pela filosofia radical, em consequência da falta de opção própria. Restava apenas para Debord o "situacionismo", uma ação estético-política que criava uma espécie de *happening*, uma "situação", isto é, um evento moldado segundo os ideais vitalistas de subjetividade espontânea que marcara a revolta juvenil da década de 1960, e que intervinha diretamente no espaço social da vida comum (*la vie courante*) como esfera de ação.

---

[2]Guy Debord, *The Society of the Spectacle*, p. 136.

Uma noção estratégica dentro dessa proposta era *détournement*, que significava uma espécie de intervenção ou "reinvestimento" na cultura burguesa afirmativa para finalidades revolucionárias. Em outras palavras, trazia a dialética negativa da teoria crítica para um novo plano em que se propunha afirmar, numa aposta arriscada e estratégica de jogo, o que na própria sociedade aparecia como negativo, como negação da vida. Assim, abria-se um campo de ação diferenciado e perigoso, sustentado pela dinâmica dialética entre afirmar e negar, em que o situacionismo elaborou sua contribuição para a discussão contemporânea sobre a possibilidade de uma ação estética transformadora da realidade.

É nesse ponto que a leitura de Giorgio Agamben da "situação" situacionista começa a fazer sentido. Debord define a "situação" como um "momento de vida" construído deliberadamente através da organização coletiva de um meio de realização e através de um jogo de eventos. Apesar de rejeitar uma interpretação estética dessa estratégia, Agamben como Debord não aceita ver nem a vida virando arte nem a arte virando vida — o filósofo italiano acaba descrevendo a situação como um *gesto* teatral, que, no espírito do "eterno retorno" de Nietzsche, muda o mundo integralmente, "deixando-o, ao mesmo tempo, quase intacto: tudo aqui, de fato, ficou igual, mas perdeu sua identidade".[3] Sem pretensão de entrar no palco da política, sem programa e sem proposta, o *gesto* transforma o que envolve. Numa introdução a

---
[3] Giorgio Agamben, *Means without End*, p. 78-79.

Commentaries on the Society of the Spectacle (1990), de Debord, Agamben escreve:

> O gesto é o nome da interseção entre vida e arte, ato e poder, geral e particular, texto e execução. É um momento de vida, subtraído do contexto da biografia individual assim como um momento de arte subtraído da neutralidade da estética: é práxis pura. O gesto não é nem valor de uso nem valor de câmbio, nem experiência biográfica nem evento impessoal: é o outro lado da mercadoria que deixa os "cristais dessa substância social comum" penetrar na situação.[4]

Em diversos momentos, Agamben retoma a análise de Debord, fazendo referência ao que denomina de fase extrema do capitalismo, na qual "todas as coisas são exibidas na sua separação de si mesmas", "a separação faz parte da própria forma do objeto, que se distingue em valor de uso do valor de troca e se transforma em fetiche inapreensível", e assim até o corpo humano, a linguagem e a sexualidade são divididos de si mesmos e alocados numa esfera separada de consumo. O ponto principal é que o capitalismo nessa fase extrema tornou-se uma nova religião cuja sacralização da mercadoria e de seu valor de exibição retirou-a do uso dos homens, como acontece no consumo contemporâneo, no turismo e na museificação geral da realidade.

> O que não pode ser usado acaba, como tal, entregue ao consumo ou à exibição espetacular. Mas isso significa que se tornou impossível profanar (ou, pelo menos, exige

---

[4] Ibidem, p. 79.

procedimentos especiais). Se profanar significa restituir ao uso comum o que havia sido separado na esfera do sagrado, a religião capitalista, na fase extrema, está voltada para a criação de algo absolutamente Improfanável.[5]

Segundo uma reflexão epistemológica, Agamben redefine a religião não na raiz de *religare* — o que liga o homem ao divino — mas como derivado de *relegere* — que denomina a atenção às distinções entre o domínio dos deuses e dos homens, àquilo que separa os dois domínios. Profanar, por sua vez, significa tirar do templo aquilo que lá foi sacralizado e restituí-lo ao uso dos homens. Na profanação não se trata de abolir as separações entre o sagrado e o não sagrado, senão de aproveitá-las e inventar novos usos, jogar com elas, transformá-las em *meios puros*, ou *meios sem fins*, o que significa ignorar ou recusar qualquer finalidade específica ou alvo exterior predeterminado a favor do prazer ligado ao ato profanatório.

Não caberia discutir aqui a relação entre a proposta de Agamben e o estudo clássico de Max Weber, nem tampouco a propriedade da interpretação que Agamben faz da ideia de Walter Benjamin do "capitalismo como a religião da modernidade", formulação que surge numa nota enigmática encontrada entre os escritos póstumos do autor alemão. Apenas cabe observar que, nessa perspectiva, a perda de aura da obra de arte deve-se à sacralização estetizante e fetichista geral do consumo que indica um estado culminante de *alienação*. O argumento de Agamben é que a alienação ao mesmo tempo significa a separação

---

[5] Idem, *Profanações*, p. 71.

extrema do homem por meio de uma sacralização geral dos objetos — que elimina a distinção essencial entre o profano e o sagrado, e com isso a possibilidade de profanação verdadeira, isto é, de devolução real dos objetos ao uso comum — e o último limiar que permite ao homem não só uma experiência privilegiada de sua condição alienada, mas que abre a possibilidade de colocar o sistema em xeque por meio de apostas afirmativas e desafiantes, em gestos sem fim que tornam possíveis a realização e a apropriação do irreal, isto é, o fazer presente aquilo que é ausente especificamente por meio da negação de sua ausência.

A política é para Agamben a *esfera dos meios puros*. Isso significa a gestualidade absoluta e completa dos seres humanos, mas uma das perguntas que é preciso fazer aqui é: de que maneira uma política de meios puros pode levar a alguma liberação se o capital em si é caracterizado pelo uso sem fim?

A questão do gesto é central na obra de Agamben e o autor dedica alguns textos seminais a sua definição. Em "Notas sobre o gesto", originalmente parte do livro *Meios sem fim*, de 1996, o ponto de partida é uma observação de Benjamin segundo a qual a época moderna, no final do século XIX, tinha perdido seus gestos e, por essa razão, teria se tornado obcecada pela reapropriação do perdido e pelo registro da perda, como se podia notar na dança, na arquitetura, na poesia e principalmente no cinema. A tensão entre a perda e o apagamento do gesto, por um lado, e sua transmutação em destino, por outro, chega a seu ápice filosófico e cultural com Nietzsche, pois "é só como um gesto em que potência e ação, natureza e artifício, contingência e necessidade tornam-se indiscerníveis que a doutrina do eterno retorno faz sentido. *Assim falou Zaratustra* é um balé de uma humanidade desprovida de seus gestos".[6] Mas o importante nesse simultâneo "apagamento e transfiguração" da humanidade moderna em relação a seus próprios gestos é que a vida cotidiana e comum torna-se cada vez mais indecifrável e inexplicável.

No ensaio sobre o crítico literário alemão Max Kommerell intitulado "Kommerell, ou Sobre o gesto", Agamben afirma que "uma vez que os gestos simples e mais cotidianos se tornaram tão estranhos como as gesticulações de marionetes, a humanidade — cuja existência corporal já virou sagrada até o grau de tornar-se impenetrável — estava pronta para o massacre".[7] Mas a apresentação de Kommerell, que, para Agamben, era o crítico alemão do entreguerras mais importante depois de Benjamin, além de fazer parte do círculo de Stefan George, situa a compreensão do gesto na perspectiva de uma crítica literária que aqui se articula em três níveis: primeiro o filológico-hermenêutico, que interpreta a obra, segundo o fisionômico, que a situa no contexto histórico, e terceiro o gestual, que é descrito como aquele que resolve a "intenção da obra num gesto (ou numa constelação de gestos)".[8] A dimensão gestual não é um elemento absolutamente não linguístico, mas, pelo contrário, algo intimamente ligado à linguagem, à presença poderosa

---
[6]Idem, *Means without End*, p. 52-53.
[7]Giorgio Agamben, *Potentialities*, p. 83.
[8]Ibidem, p. 77.

da linguagem em si. É o "estrato da linguagem que não é exaurido na comunicação" e que é "mais originário do que a expressão conceitual". Se podemos entender o gesto como a pura comunicabilidade da linguagem, também podemos com Kommerell ver a linguagem como um gesto originário, uma voz que não tem outra coisa a expressar além do acontecer da linguagem em si. A partir da obra de Kommerell, Agamben delineia uma possibilidade crítica gestual que se aproxima ao que chama "o outro lado da linguagem, o silêncio inerente na capacidade humana de falar, seu pouso mudo na linguagem".[9] A crítica gestual é um modo de conhecimento que procura essa experiência de gesto como pura comunicabilidade na "redução da obra à esfera do gesto puro. Essa esfera está além da psicologia e de certa maneira de qualquer interpretação".[10]

No livro *Estâncias* Agamben argumentava que, na medida em que a cultura ocidental aceita a cisão entre filosofia e poesia, o conhecimento repousa sobre uma divisão em que "a filosofia deixou de elaborar uma linguagem própria, como se pudesse existir um 'caminho régio' para a verdade que prescindisse do problema da sua representação, e a poesia não se deu nem um método nem sequer uma consciência de si".[11] Com relação ao objeto de conhecimento e à questão da representação, Agamben sugere que "a poesia possui o seu objeto sem o conhecer, e que a filosofia o conhece sem o possuir",[12] e a nova crítica surge desse "ponto extremo" da divisão entre

---

[9]Ibidem, p. 78.
[10]Ibidem, p. 80.
[11]Idem, *Estâncias*, p. 12-13.
[12]Ibidem, p. 12.

filosofia e poesia e com a tarefa de descobrir "a unidade de um mundo fragmentado".[13]

Mas, afinal, o que é o gesto? Agamben aproveita uma observação valiosa do escritor latino Varrão em que ele inscreve o gesto na esfera da ação, mas o distingue do agir (*agere*) e do fazer (*facere*). Um poeta pode escrever uma peça (*facere*) sem interpretá-la (*agere*), um ator pode interpretar uma peça sem escrevê-la. O *imperator*, por sua parte, isto é, o soberano com poder supremo, sobre quem se usa a expressão *res gerere*, não faz a peça nem a interpreta, mas assume sua responsabilidade e carrega seu peso.

Nessa perspectiva se percebe a dimensão ética do gesto ligada ao fato de assumir e bancar um fato e fazer dele um evento. A questão ganha profundidade com a discussão estratégica de Aristóteles realizada por Agamben, principalmente na distinção, em *Ética a Nicômaco*, entre ação (*práxis*) e produção (*poiesis*), em que a produção define uma atividade com uma finalidade fora de si, um produto, por exemplo, e a ação possui seu próprio fim, fazer o que é certo. A tensão entre os dois conceitos oferece a Agamben o enquadramento de várias questões fundamentais; por exemplo, entre a arte de um passado em que a humanidade era definida pela *poiesis*, por um fazer que trouxe o mundo para a verdade de sua presença, e a modernidade, em que toda ação é *práxis*, não a produção de algo além do próprio homem, o puro ato do artista; ou também entre uma estética de contemplação da obra como em Kant ou uma estética do fazer artístico como em Nietzsche; ou,

---

[13]Ibidem, p. 12.

ainda, entre uma *potência* (*dynamis*) como possibilidade de atualização e a *potência* própria que não se exaure embora plenamente atualizada. O gesto é pensado por Agamben nessa tensão e talvez seja mais fácil entender seu argumento no ensaio "O autor como gesto", em que escreve: "A marca do autor está unicamente na singularidade de sua ausência."[14] No primeiro momento o ensaio apenas segue o conhecido argumento de Foucault, que desconstrói a ideia do autor como uma fonte infinita de significados que preenche a obra para substituí-la com uma análise aguda da "função" autor, entendida como um dispositivo, um princípio funcional "através do qual, em nossa cultura, se limita, se exclui, se seleciona; em uma palavra, é o princípio através do qual se criam obstáculos para a livre circulação, a livre manipulação, a livre composição e recomposição da ficção".[15] Se a função autor funciona como um dispositivo biopolítico de subjetivação que atua sobre os corpos criando a vida política (*Bios*), o que Agamben procura mostrar é que existe uma potência especificamente humana na vida biológica (*Zoé*), ligada a sua capacidade de ser linguístico, que não deve ser ignorada na luz da objetiva pressão biopolítica subjetivizante. Sob a sombra da biopolítica o risco é perder a atenção à vida como potência aberta, nem inumano nem humano, do qual o homem falante emerge. "Uma subjetividade produz-se onde o ser vivo, ao encontrar a linguagem e pondo-se nela em jogo sem reservas, exibe em um gesto

---

[14]Idem, *Profanações*, p. 55.
[15]Michel Foucault *apud* Giorgio Agamben, *Profanações*, p. 57.

a própria irredutibilidade."[16] Levando em consideração que no argumento de Foucault que Agamben analisa os exemplos utilizados são as chamadas *lettres de cachett*, cartas anônimas que denunciam os atos criminosos de outras pessoas, escritas sem nenhum brilho estilístico e sem nenhuma ambição autoral, o que importa na sua leitura é a maneira como a vida é jogada na obra. Tanto Foucault quanto Agamben percebem uma aposta ética nessas denúncias que não se expressa explicitamente, mas que está no gesto, configurando aquilo que continua inexpresso em cada ato de expressão. Ao escrever, o autor apenas está presente nesse gesto, que testemunha sua própria inumanidade, pondo-se em jogo irrevogavelmente e sem reservas mesmo "correndo o risco de que, dessa maneira, venham a ser decididas, de uma vez por todas, a sua felicidade e sua infelicidade".[17]

Referências bibliográficas

AGAMBEN, Giorgio. *Potentialities*. Stanford, Califórnia: Stanford University Press, 1999.
_____. *Means without End: notes on politics*. Minneapolis/Londres: University of Minnesota Press, 2000.
_____. *Profanações*. São Paulo: Boitempo, 2007.
_____. *Estâncias: a palavra e o fantasma na cultura ocidental*. Belo Horizonte: Editora da UFMG, 2007.
DEBORD, Guy. *The Society of the Spectacle*. Nova York: Zone Books, 1994.

---

[16] Ibidem, p. 63.
[17] Ibidem, p. 61.

_____. *Comments on the Society of the Spectacle*. Londres/Nova York: Verso, 1990.

JACQUES, Paola Berenstein. *Apologia da Deriva: escritos situacionistas sobre a cidade*. São Paulo: Casa da Palavra, 2003.

McDONOUGH, Tom (org.). *Guy Debord and the Situationist International: texts and documents*. Cambridge/Londres: MIT Press, 2002.

10. Performance e literatura: perspectivas e contradições

Depois do auge teórico das décadas de 1960 e 1970, a teoria da literatura passa hoje por uma reformulação crítica que chega a ameaçar sua autonomia e a clareza de seus contornos disciplinares. Muitos departamentos de literatura procuraram redefinições de seus campos de trabalho incorporando-se na abrangência da área de literatura comparada ou acrescentando a perspectiva da cultura na tentativa de encontrar seu lugar próprio nos estudos culturais em diálogo e concorrência com disciplinas como história, antropologia, comunicação, psicologia e filosofia. Um dos fatores dessa reformulação foi a mudança na compreensão do próprio objeto literário, que, em vez de ser definido pela qualidade do "literário", algo tentado durante muito tempo, perdeu sua característica intrínseca, ganhando apenas definições exteriores pelo posicionamento no sistema cultural. Hoje, não só caiu em descrédito qualquer tentativa de definir a *literariedade* como também foi problematizada a exclusividade dos estudos literários a favor de abordagens transdisciplinares. A tendência que examinarei a seguir é de deslocar o centro das leituras dos conteúdos e das características de discurso e estilo para uma atenção cada vez mais acentuada no fazer pragmático do texto, seus efeitos e sua performance. Na antropologia literária de Wolfgang Iser,[1] o performativo foi analisado como aspecto constitutivo da *mimesis* aristotélica, importante para noções de jogo e de encenação (*staging*). Iser observa a relevância do conceito de performance à luz do "fim da representação", mas pergunta ao mesmo tempo se esse termo descreve apenas uma "condição histórica, ou a falta de adequação do conceito (de representação) enquanto explicação do que acontece nas artes e na literatura".[2] A insistência de Iser é enfatizar o aspecto performático dos "atos de ficcionalização" no conceito aristotélico de *mimesis* e não restringir a representação a uma mera cópia de uma realidade preexistente e empírica.[3] Em vez de criar uma dicotomia entre representação e performance, Wolfgang Iser insiste em entender a *mimesis* como criadora de sua própria referência, que é, em última instância, na perspectiva da antropologia literária, permitir ao leitor um conhecimento melhor de si e da sua inserção no mundo. Essa realidade literária é para Iser um resultado

---

[1] Wolfgang Iser, *O fictício e o imaginário*.
[2] Ibidem, p. 293.
[3] "A representação só pode se desdobrar na mente do receptor, e é apenas através de suas imaginações que o intangível se torna imagem. Disso resulta que a representação, superando as diferenças e fazendo o intangível concebível, é um ato de performance e não — como a tradição ocidental pressupõe — uma realidade que deve ser retratada de uma maneira ou de outra" (ibidem, "Representation: A Performative Act", p. 203).

do contato entre o texto e o sujeito que levará a algo que só existia virtualmente na prefiguração do texto e nas expectativas do leitor e vai se constituir processualmente para além da noção de interpretação.

O campo não hermenêutico

É na obra de Hans Ulrich Gumbrecht que as consequências desse deslocamento ficam mais óbvias, em primeiro lugar com a emergência do interesse pela "materialidade da comunicação", que leva ao afastamento da hermenêutica histórica da Estética de Recepção de Jauss à procura de formas mais concretas de vivenciar a alteridade histórica, e em segundo lugar a partir da teoria sistêmica de Niclas Luhmann, de investigar as

> condições de possibilidade da constituição de um sentido em vez de privilegiar a decodificação de um sentido já dado — seja este um texto tradicionalmente concebido como possuindo uma interpretação "correta" ou mesmo concebido numa sofisticada teoria da recepção segundo a qual o significado é resultado temporário de atos particulares de leitura.[4]

É na sequência de livros escritos durante os últimos quinze anos, principalmente *Em 1926: vivendo no limite do tempo* (1999), editado originalmente em 1998,

---
[4]Hans Ulrich Gumbrecht e João Cezar de Castro Rocha (orgs.), *Corpo e forma*, p. 18.

e *Production of Presence* (2004), que se articula essa mudança de forma sistemática, mas o público brasileiro já teve uma antecipação privilegiada por meio da coletânea *Corpo e forma* (1998), cujos ensaios mostram o desenvolvimento da crítica explícita dos preceitos hermenêuticos e a articulação de novas abordagens aos estudos literários. Percebe-se claramente o deslocamento da atividade interpretativa de exclusiva procura de um sentido intrínseco para a sensibilidade histórica e material de suas condições comunicativas, ou seja, para a compreensão de como "as condições concretas de articulação e de transmissão de uma mensagem influem no caráter de sua produção e recepção".[5] Essa transformação é analisada por Gumbrecht como índice de uma nova condição epistemológica, descrita como a emergência do campo não hermenêutico e que é o pano de fundo para entender não só o papel da teoria da literatura nas ciências humanas contemporâneas, a crise da crítica hermenêutica universitária, mas mais profundamente a condição geral do trabalho científico com o objeto literário.

De certa maneira, Gumbrecht se aproxima por esse caminho dos estudos da *singularidade* da experiência do evento estético tratados no campo transdisciplinar dos estudos performáticos. O conceito do "performativo" foi introduzido de modo sistemático pela primeira vez em 1955, quando o linguista J. L. Austin, nas palestras William James Lectures na Universidade de Harvard, distinguiu o enunciado descritivo e constatativo, que pode ser julgado verdadeiro ou falso, do enunciado performativo,

---

[5]Ibidem, p. 18.

um ato de fala particular que realiza no mundo social a ação à qual parece se referir. Os enunciados performativos não são submetidos a critérios de verdade, mas seu sucesso performático depende do contexto e das convenções aos quais se relacionam. Em seu argumento original, Austin distingue entre os atos de fala performativos convencionais (*conventional*) e relacionais (*relational*), os primeiros dependendo de um "contexto institucional" e os segundos de um "testemunho" (*Witness*). Essa distinção entre o uso convencional e o domínio social-relacional ganha importância na aplicação do conceito em outros campos. Para Austin é crucial que os sujeitos dos atos de fala performativos sejam autorizados a performar suas falas; por exemplo, é preciso ser padre ou pastor para realizar um batizado cristão ou ser juiz para pronunciar um veredicto. Mas, na pragmática de Austin, também a comunicação "relacional" e intersubjetiva produz efeitos performáticos que são em primeiro lugar constitutivos de atos que se realizam no mundo social, e não se dá importância à questão da expressão individual e de seus efeitos estéticos. Ao contrário, no livro posterior *How to Do Things with Words* (1962), Austin faz uma distinção entre o uso "normal" e o uso "parasítico" dos atos de fala, em que este último denomina a incorporação dos atos de fala em contextos teatrais e literários que são considerados circunstâncias impróprias para seu uso sério. Segundo essa definição, Austin exclui o uso do conceito de enunciado performativo na literatura e nas artes cênicas, uma vez que a teoria destaca a importância convencional de seu funcionamento. Na mesma época, o termo "performance" e a metáfora cênico-teatral apareceram e ganharam centralidade no pensamento social construtivista de Gregory Bateson e Irwin Goffman, e mais tarde, no livro *A condição pós-moderna*, de 1979, Jean-François Lyotard sugeriu que é a performatividade, as pequenas intensidades estéticas, que substitui as grandes narrativas. Num período em que se perde a confiança em narrativas do progresso, do conhecimento ou da emancipação, surgem novos valores relacionados à eficiência performática em detrimento das projeções narrativas. Constitui-se assim um campo de estudos em torno do conceito de performance que envolve um número considerável de disciplinas e aparentemente se divide em um grupo que enfoca seu papel culturalmente constitutivo e normativo e outro que exalta a dimensão singular e única de uma experiência não reproduzível e fugaz. A historiadora de arte Mieke Bal argumenta, no seu mapeamento da migração do conceito,[6] que essa diferença entre *performance* e *performativity* tem sua origem na aplicação em diferentes campos discursivos, pois, se o termo performance é usado na antropologia, na etnografia, na sociologia e nos estudos teatrais, o conceito de performatividade ganhou mais aceitação nos estudos da linguagem, na filosofia da linguagem, nos estudos da literatura, nos estudos de gênero e também nos estudos teatrais. Nesse sentido o valor conceitual da performance está em discussão, sendo ao mesmo tempo celebrado como o conceito central da década de 1990, e sua popularidade transdisciplinar provocou o surgimento de uma área específica de "estudos da performance", um campo híbrido em parentesco com as artes cênicas e visuais, abrindo um

---

[6] Mieke Bal, *Travelling Concepts in the Humanities*.

diálogo com a pesquisa da performatividade de vários fenômenos artísticos e socioculturais.

Para a aplicação do conceito nos estudos da literatura é importante prestar atenção à discussão e à crítica feitas por Derrida da teoria de Austin. Derrida se afasta da distinção feita por Austin entre o uso normal e o "parasítico" da linguagem e enfatiza o fato de que toda linguagem é passível de citação e de repetição. Seu argumento fundamental é que o enunciado performativo funciona em função dessa iteratividade universal tanto para a linguagem normal quanto para a ficcional, poética e teatral. Não é uma anomalia poder citar, duplicar e repetir uma frase ou um texto, ressalta Derrida, senão o essencial de seu funcionamento sígnico.[7] A linguagem se refere a si mesma e se devora a si mesma e nesse ponto observa-se uma confluência em Derrida entre uma teoria geral da escrita e uma teoria universal dos atos de fala com um questionamento intrínseco da ideia do controle subjetivo e intencional do uso da linguagem. A performatividade não pode ser nessa perspectiva entendida como resultado de um ato intencional; pelo contrário, faz-se possível em decorrência da possibilidade reiterativa e citatória em relação à qual o sujeito é designado como efeito. Para Derrida, a literatura é uma possibilidade na linguagem de transgredir o que o discurso tem de normativo e constitutivo, transformar o lado construtivo do discurso por via da ficção. A performatividade da linguagem tem um papel conservador e legislador na sociedade, mas a literatura abre a possibilidade de introduzir um elemento de

---

[7] Jacques Derrida, "Signature Event Context", p. 320-321.

desconstrução nessa mesma performatividade, um efeito de ironia por via da repetição, da citação, da autorreferencialidade, e principalmente pela ficcionalização que abre a possibilidade de questionar o lado construtivo da linguagem.

Na discussão da filósofa Judith Butler sobre o papel da linguagem na constituição de gênero fica ainda mais clara a diferença entre o aspecto construtivo e performativo das normas de gênero e o uso performativo da linguagem. Os dois aspectos podem convergir na medida em que as normas sociais são citadas pela linguagem e repetidas de modo afirmativo no uso discursivo apesar de as normas também serem alvo de subversão performativa por via de uma inversão irônica dos mesmos discursos. É importante na discussão de Butler acentuar que para ela a performatividade não deve ser vista como um "ato singular e deliberado, mas como a prática reiterativa de citar por meio da qual o discurso produz o efeito que nomeia".[8] Não há nenhum sujeito constituído antes do gênero que pode escolher o gênero que quer. Como sujeito, a pessoa já é definida em termos de gênero. A performatividade do gênero funciona por meio da prática de repetição contínua e compulsória de normas subjetivantes cuja idealidade esperada nunca chega a ser consumada totalmente. Exatamente aqui existe a possibilidade de resistência e de inversão subversiva na própria repetição performativa das normas de linguagem. É assim que Judith Butler traz o argumento de Derrida para dentro de uma discussão da constituição cultural do gênero, arguindo

---

[8] Judith Butler, *Gender Trouble*, p. 2.

que a performatividade não é um ato singular ou intencional de um sujeito cuja identidade de gênero é precondição de sua prática. Pelo contrário, problematizando a compreensão esboçada por Foucault da subjetividade como determinada pelas práticas discursivas, Butler insiste na possibilidade de intervenção performativa na identidade de gênero por meio de um certo agenciamento (*agency*) por parte do sujeito na construção da identidade subjetiva. Para Butler a intenção é mostrar a inércia que a materialidade do corpo impõe às transformações da identidade de gênero e insistir que a construção social não é um campo determinista, mas possibilita uma certa performatividade transgressiva. Apesar de entender a subjetividade como um processo, uma série de práticas discursivas que estabilizam a materialização ao longo do tempo, ela se distancia da vertente construtivista das teorias culturais, descartando ao mesmo tempo a possibilidade de mudar o gênero apenas como resultado de uma decisão voluntarista. A consolidação da identidade de gênero passa por formas de comportamento cuja realização performática é demorada e aberta à intervenção. É essa liberdade de intervir na codificação discursiva que cria efeitos irônicos de distanciamento e a abertura de um espaço de resistência e subversão. É nas diferenças provocadas pela prática iterativa que um deslocamento pode se produzir, abrindo a possibilidade de mudança e intervenção do sujeito no processo de subjetivação. E é a partir dessa liberdade que surge na repetição e na citação que Butler reformula a distinção entre performance e performatividade, pois, se a repetição se faz dentro das instituições da sociedade e da cultura, como a força reiterativa da convenção, a performatividade faz emergir um efeito de subjetividade contra a identidade forçada e normativa. A similitude e a diferença são ambas efeitos produzidos dentro da prática repetitiva, e a ação e o deslocamento se dão no espaço da repetição. Enquanto na maioria das teorias contemporâneas a performance vem a corresponder com autenticidade e presença, emerge assim uma distinção entre performance e performatividade que parece diferenciar a repetição forçada das convenções sociais, por um lado, e da singularidade do evento, por outro.

No caso da prática literária a estrutura dupla que analisamos na compreensão do conceito de performance parece se reproduzir. A pergunta de como a escritura literária sai da representação para se converter em performatividade corresponde à interrogação de como o texto representativo sai do mero domínio comunicativo e do campo hermenêutico e interpretativo. Na desconstrução de Paul de Man a tensão entre a dimensão constatativa e performativa da linguagem correspondia à tensão entre a função representativa da linguagem e de seus possíveis efeitos retóricos, sempre abrindo a linguagem para uma certa indeterminação dinâmica. Para as teorias de recepção esse desdobramento tem se dado como uma relação entre escrita e leitura em que a leitura desconstrói e reconstrói os preceitos de sentido contidos na escrita e seu impacto sobre registros culturais, sociais e históricos de expectativa hermenêuticos. Para quem trabalha com a materialidade da linguagem, a atenção tem sido dirigida aos efeitos provocados pela encenação teatral dos textos em leitura em voz alta, canto e declamação ou na sua inserção em diferentes formas de instalação artística multimídia. Segundo o medievalista Paul Zumthor,[9] a performance do texto literário se destaca da recepção principalmente pela diferença na perspectiva de tempo. A performance da leitura cria uma estrutura dupla em que a performatividade narrativa da palavra pronunciada torna-se, na mesma expressão, um comentário à palavra e à narração na sonoridade da voz e no movimento. Assim, a narração se desdobra em narração e interpretação, jogando cada uma seu jogo particular. A palavra é ao mesmo tempo um signo do objeto ausente e uma presença performativa de sua própria realidade, e ambos os lados corroboram na criação de uma veracidade particular, um conjunto de confiança e participação que emerge da relação experimentada na leitura entre esses dois lados. "O que chamamos dicção forma uma retórica da voz e do gesto dos lábios do locutor, com os quais ele situa o texto poético, assim como a si mesmo, no contínuo de seus interlocutores."[10] Zumthor define a performance de maneira que nos ajuda a entender a especificidade da enunciação poética e sua recepção. Para ele, a recepção remete-nos ao processo histórico de compreensão e tem uma perspectiva temporal de longa duração, eventualmente inconclusa e inacabável e que define a existência real do texto na comunidade de leitores dentro das esferas temporais, espaciais e sociais em que se efetua. A performance, por sua vez, refere-se à apresentação e à experiência do texto, à ação comunicativa que envolve a presença dos participantes na ação e à concretização da

---

[9] Paul Zumthor, "Body and performance".
[10] Ibidem, p. 222.

recepção. Sua temporalidade é diferente, ativa apenas no momento da recepção e no caso do discurso pragmático normal, nos atos de fala, a recepção é restrita ao momento de recepção. Zumthor oferece nessa perspectiva a definição mais aguda do texto literário, caracterizando-o pelo fato de estabelecer um contraste forte e duradouro entre recepção e performance, uma diferença que ganha importância particular em função da longevidade da recepção. Ou seja, a recepção e a performance se desdobram em duas perspectivas temporais diferentes. Para a recepção a perspectiva é do tempo social da construção de sentido em que pode continuar ativa para sempre, e para a performance é a temporalidade momentânea da realização no espaço sensível e exclusivo da sua presença. No caso da leitura, a performance opera no ritmo corporal imposto pela escrita e que depende não só das palavras, mas também dos silêncios, das interrupções e dos cortes que acentuam a emergência da presença. Zumthor reconhece esse elemento performativo, de modo privilegiado, no uso das repetições poéticas e da enumeração linguística, sem nenhuma perspectiva descritiva, que na poesia funciona na criação de um espaço de conexão emocional coletiva para o qual as energias vivas são absorvidas como por uma espécie de função fantasmática de presença. Se certos textos medievais são incapazes de descrever as coisas vivas e os objetos sem recorrer às listas enumerativas e às repetições, não é devido a certa estratégia de representação nem à rejeição da representação, mas à presença que causa e que rompe com a ausência precedente. Em outras palavras, estamos diante de um recurso poético cujo aspecto performativo se deve à presença produzida dentro de um corpo coletivo e com uma temporalidade própria que toma conta de todos os sentidos e cria uma unidade indivisível entre sentido e percepção sensível.

Expressão e agenciamento

A contribuição mais radical às novas estratégias de leitura e análise literária provavelmente vem da obra de Gilles Deleuze e Felix Guattari, que juntos ou separados têm atacado sistematicamente as abordagens interpretativas da leitura em favor de uma pragmática particular que aborda a literatura como uma maneira singular e sensível de pensamento. Para Deleuze e Guattari, a tarefa não é interpretar os textos para entender seus significados escondidos e profundos sobre seus temas e seu tempo. O esforço é descobrir como funcionam, o que podem fazer, assim como se descobre o funcionamento de uma máquina, desmontando-a para logo remontá-la teoricamente, evidenciando sua real performance. É só na interação, no uso, que se descobre o fundamento pragmático do texto literário, seu funcionamento experimental e seus efeitos. E aqui não se trata apenas dos efeitos poéticos epifânicos, suprassensíveis, sublimes, transgressivos, nem dos cognitivos e edificantes, isto é, os efeitos restritamente individuais e subjetivos não são de particular interesse, senão os coletivos e políticos. Descobrir a máquina do texto significa situá-lo entre o nível individual da psicologia, da memória e da imaginação e o nível abstrato e objetivo da estrutura, do sentido e do símbolo, para descobrir e articular o que faz, como cria conexões e agenciamentos e como transmite e transforma intensidades inseridas em outras multiplicidades. Trata-se, em outras palavras, de articular os protocolos de experiência, os repertórios de vida, contidos na máquina de expressão que é a literatura. Aqui, a teoria tem um papel decisivo, não só como descrição de um objeto alheio a si, mas também como afirmação positiva daquilo que já está presente virtualmente no texto. Nesse sentido, a teoria, ou seja, a leitura analítica que se desdobra da obra, se mostra positiva e afirmativa em relação à máquina, uma vez que ela a desmonta e remonta ludicamente, procurando a continuidade da força encontrada no texto. Força esta que basicamente se revela como intensidades, linhas de fuga e metamorfoses, principalmente no "devir animal". Percebemos que a teoria, desenvolvida por Deleuze e Guattari como prática de leitura, se propõe a afirmar o movimento experimental detectado na máquina de expressão que é a obra. Por um lado, mostra, por meio de uma descrição objetiva, uma "mecânica da leitura",[11] revelando como a obra produz certos efeitos. Por outro, desenvolve uma "pragmática experimental",[12] que aborda a obra como agenciamento maquínico, avaliado segundo os valores e objetivos da própria leitura. Logo de início, Deleuze e Guattari evocam o estatuto particular que atribuem à literatura como objeto de estudo. Para eles, a literatura não é apenas um objeto para a teoria literária ou para o pensamento filosófico. Ela é uma prática na língua, que agencia seu próprio desdobramento em teoria. Assim, a teoria não deve ser vista

---

[11] Bruce Baugh, "How Deleuze can help us make literature work", p. 35.
[12] Ibidem.

independentemente do seu objeto, pois ela se encontra virtualmente contida na literatura. A principal atividade do pensador e do leitor é desdobrá-la dinamicamente, afirmando sua real criatividade, sua força de realização, ou seja, seu devir-realidade, do qual a teoria é cúmplice, pois seu alvo principal será sempre explorar até onde a sensibilidade literária pode levar o pensamento.

Referências bibliográficas

Austin, John L. *How to Do Things with Words*. Oxford: Clarandon Press, 1975 (1962).

Bal, Mieke. *Travelling Concepts in the Humanities*. Toronto: University of Toronto Press, 2002.

Baugh, B. "How Deleuze can help us make literature work". In: Buchanan, Ian e Marks, John. *Deleuze and Literature*. Edimburgo: Edinburgh University Press, 2000.

Butler, Judith. *Gender Trouble: feminism and the subversion of identity*. Nova York: Routledge, 1990.

_____. *Bodies that Matter*. Nova York: Routledge, 1993.

Deleuze, Gilles. *Foucault*. Rio de Janeiro: Brasiliense, 1988.

Deleuze, Gilles e Parnet, Claire. *Diálogos*. São Paulo: Escuta, 1998.

Deleuze, Gilles e Guattari, Felix. *O que é a filosofia*. São Paulo: Editora 34, 1997.

DeMan, Paul. *Alegories of Reading: Figural Language in Rousseau, Nietzsche, Rilke and Proust*. New Haven: Yale University Press, 1979.

Derrida, Jacques. "Signature Event Context". In: *Margins of Philosophy*. Chicago: University of Chicago Press, 1982.

GUMBRECHT, Hans Ulrich. *Production of Presence: what meaning cannot convey*. Stanford, Califórnia: Stanford University Press, 2004.

GUMBRECHT, Hans Ulrich e KITTLER, A. F. *Materialities of Comunication*. Stanford, Califórnia: Stanford University Press, 1994.

GUMBRECHT, Hans Ulrich e ROCHA, João Cezar de Castro (orgs.). *Corpo e forma*. Rio de Janeiro: EdUerj, 1998.

ISER, Wolfgang. "Representation: A Performative Act". In: *Prospecting: from Reader Response to Literary Anthropology*. Baltimore: Johns Hopkins University Press, 1993.

_____. *O fictício e o imaginário*. Rio de Janeiro: EdUerj, 1996.

MARKS, John. "Percepts — Literature". In: PARR, Adrian (org.). *The Deleuze Dictionary*. Nova York: Columbia University Press, 2005.

MASSUMI, Brian. "That thinking feeling". In: MASSUMI, Brian (org.). *A Shock to Thought*. Nova York: Routledge, 2002.

ROCHA, João Cezar de Castro. "A materialidade da teoria." In: GUMBRECHT, Hans Ulrich e ROCHA, João Cezar de Castro (orgs.). *Corpo e forma*. Rio de Janeiro: EdUerj, 1998.

ZUMTHOR, Paul. "Body and performance". In: GUMBRECHT, Hans Ulrich e KITTLER, Friedrich Kittler. *Materialities of Comunication*. Stanford, Califórnia: Stanford University Press, 1994.

11. Para uma crítica do realismo traumático

> *De fato, escrevo curto e, sobretudo, grosso. Escrevo com urgência. Escrevo para me vingar. E esta vingança tem pressa. Não tenho tempo para nhe-nhe-nhens. Quero logo dizer o que quero e ir embora.*
>
> MARCELINO FREIRE

O escritor contemporâneo parece ser motivado por uma grande urgência. A urgência de se relacionar com a realidade histórica, mesmo reconhecendo a impossibilidade de captá-la na sua especificidade atual, em seu presente. Daí que os escritores se sentem anacrônicos em relação ao presente e passam a aceitar que sua "realidade" mais real só poderá ser refletida na margem e nunca enxergada de frente ou capturada diretamente. A crítica da literatura brasileira contemporânea ressalta insistentemente o traço da *presentificação* na produção atual. Expressa-se no imediatismo de seu próprio processo criativo, na facilidade de chegar da escrita à publicação por via da divulgação digital que muitas vezes antecipa a chegada ao papel. A prosa gira em torno de temas próximos no tempo e no espaço, daquilo que nos acontece agora, da experiência de pessoas e de grupos da atualidade com traços fortemente biográficos ou autobiográficos. Mas a procura do presente também é percebida na ansiedade de articular e de intervir de modo efetivo sobre uma realidade presente conturbada. Não se deve confundir, entretanto, esse traço com a busca modernista por um presente de novidade e inovação; a presentificação foi certamente um mote importante da literatura utópica que visava a arrancar o futuro embrionário do presente pleno recriado na literatura. Mas, para os escritores e artistas deste início de século XXI, o presente só é experimentado como um encontro falho, um "ainda não" ou um "já era", tal como formulou Lyotard,[1] para quem o sublime pós-moderno ganhava o sentido de um posicionamento existencial diante dessa impossibilidade. Na "agoridade" do presente estético, Lyotard viu uma potência que, em vez de se abrir como a moderna promessa utópica de algo melhor no horizonte da história, se presentifica no instante da experiência afetiva como pura possibilidade de mudança na relação entre o sujeito e sua realidade e, simultaneamente, como ameaça de que nada vai acontecer. Se o presente modernista oferecia um caminho para a realização de um tempo qualitativo que se comunicava com a história de maneira redentora, o presente contemporâneo é a quebra da coluna vertebral da história e não oferece repouso nem conciliação. O

---

[1] Jean-Françoise Lyotard, "Le sublime l'avantgarde", p. 121.

passado apenas se presentifica como perdido, oferecendo o testemunho de seus índices desconexos, matéria-prima da pulsão arquivista. Enquanto isso, o futuro só adquire sentido por meio de uma ação intempestiva capaz de lidar com os anacronismos.

Contrariando a historicidade moderna, o contemporâneo aponta para a simultaneidade entre tempos históricos em função da dilatação de um tempo presente extenso e em constante abertura para o passado que lhe é intrínseco. A premissa fundamental dessa reformulação é o diagnóstico de que o presente já não atua como ponte entre passado e futuro, mas como um corte descontínuo em uma história que não garante mais sentido aos fenômenos. Mesmo vivendo em um presente pleno de acontecimentos históricos, o contemporâneo produz a sensação de estarmos diante de um futuro incerto e ameaçador que de alguma maneira já se instalou, enquanto o passado invade o presente na forma de memórias, imagens, simulacros e índices. Assim, o presente se paralisa e fica amarrado à presença crescente de um passado que não passa, que não conseguimos elaborar, um passado que é uma imagem viva e incessantemente reatualizada, um tipo de imagem que convida a um grande projeto de resgate. Nesse sentido, a simultaneidade do presente contemporâneo é a presença simultânea de uma pluralidade de passados em um presente extenso e sem limites claros.

Um dos efeitos dessa situação é a sensação de certo vácuo histórico em termos políticos e estéticos para o escritor brasileiro. Perdeu-se a orientação de resistência em relação a um regime autoritário que orientava parte significativa da produção das décadas de 1970 e 1980, perdeu-se o entusiasmo possível da democratização dos anos 1990 alimentado pela queda do Muro de Berlim e perdeu-se até mesmo o rumo geopolítico que norteou a arte e a literatura em diálogo com os estudos culturais e pós-coloniais do final do século passado. Obviamente não faltam causas políticas e sociais no Brasil atual, mas é necessário entender de que maneira as artes, em geral, e a literatura, em particular, poderão recuperar relevância nesse contexto. Num mundo em que a leitura representa uma mínima parte da recepção cultural, é compreensível que a literatura perca relevância; mais grave é reconhecer que a literatura se mostrou incapaz de acompanhar e articular respostas à complexidade crescente dessa realidade, inclusive tomando consciência dessa perda de impacto sobre o conjunto da produção artística e cultural contemporânea.

Entretanto, há hoje escritores que apostam na reformulação direta do compromisso social e insistem numa ficção, frequentemente herdeira do realismo, que possa ter força de intervenção na realidade. Tais escritores pretendem criar testemunhos e escrever de modo a interpretar e refletir sobre a história contemporânea nacional e global, ocupando-se de temas que preocupam parte significativa da sociedade em formatos que facilmente encontram eco na mídia e na esfera pública. Essa ansiedade de presença é um sintoma de retomada do projeto realista e de uma vontade de estabelecer uma nova aliança entre a literatura e a sociedade e seus problemas e como isso explica uma série de fenômenos que devemos entender à luz de um projeto realista, porém um projeto que não aceita necessariamente as estreitas premissas representativas dos realismos históricos. O uso das formas breves e híbridas, a adaptação de uma linguagem curta e fragmentária e o namoro com a crônica jornalística aparecem claramente em escritores como Fernando Bonassi, Marcelino Freire e Luiz Ruffato, entre outros. A produção desses autores dá uma ideia dessa urgência contemporânea, do desejo de falar sobre e com o real como um modo de alcançar um efeito de presença crítica que supõe a retomada de projetos históricos de engajamento e intervenção. Para esses escritores, os efeitos de "presença" se aliam à conjunção de conteúdos históricos de uma tradição de narrativa urbana com origens na geração de contistas da década de 1970 e uma eficiência estética buscada numa linguagem e num estilo mais enfáticos. Para outros o caminho ficcional retoma certo memorialismo à procura da memória familiar íntima ou por encenação da história mínima de vivência biográfica. Nessa perspectiva a *presença* vira sinônimo de intimidade e aproximação literária do mais cotidiano, autobiográfico e banal, o estofo material da vida ordinária em seus detalhes mínimos. Entre essas duas vertentes parece haver uma polarização constante, que vem sendo inclusive aproveitada pela crítica midiática, sobretudo pela imprensa, como um modo de apresentar a produção contemporânea por meio do contraste entre duas estéticas literárias.

De um lado haveria a brutalidade do realismo urbano e marginal, que assume seu desgarramento contemporâneo, e de outro lado a graça dos universos íntimos e sensíveis que apostam na procura da epifania e na pequena história inspirada no cotidiano de cada um. Em ambas as tendências da narrativa mais recente, a insistência no presente temporal expressa entretanto a intuição de uma dificuldade ou impossibilidade, algo que impede a ficção de recuperar a aliança com o momento e que se encontra no desafio do imediato tanto na criação quanto na divulgação da obra, no contato com o leitor e no impacto no espaço público.

Nos escritos de Agamben esse anacronismo, essa fratura entre tempo e história que caracteriza o contemporâneo, aprofunda o dilema do homem moderno já discutido pelo filósofo italiano no livro *Infância e história*, de 1978.[2] Segundo o diagnóstico aqui elaborado, o dilema do homem contemporâneo é que, sem uma experiência do tempo adequada à experiência da história, encontra-se "angustiosamente dividido entre seu ser-no-tempo, como fuga inaferrável dos instantes, e o próprio ser-na-história, entendido como dimensão original do homem".[3] Agamben aqui fala de uma dimensão existencial do tempo que ele chama de "entre-tempo", uma experiência temporal em que o homem enxerga e agarra sua oportunidade histórica, sua liberdade e felicidade ao liberar o momento da continuidade vazia do pseudo-historicismo a favor do tempo cairológico da história autêntica. Se essa ideia do tempo qualitativo de *cairós* ainda se sustenta no ideário moderno de uma possibilidade de emancipação e de futuro, a perspectiva posterior de Agamben vai identificar esse tempo com o "tempo que nos resta", um tempo messiânico, inspirado no termo de Paulo para o evento messiânico: *ho nyn kairos* — "o tempo do agora". O

---
[2] Giorgio Agamben, *Infância e história*.
[3] Ibidem, p. 121.

tempo messiânico não é o "tempo por vir" nem o "fim dos tempos", mas "o tempo que se contrai e começa a terminar... o tempo que resta entre o tempo e seu fim".[4]

E é exatamente a presença crescente do passado que caracteriza o tempo dilatado do contemporâneo, um anacronismo que possa nos ajudar a entender o interesse pelo passado, pela memória e pela história, porém sempre da perspectiva de sua presença, da maneira pela qual se presentifica no cotidiano. Além de circunscrever a cumplicidade entre os modos por meio dos quais a ficção contemporânea tende a narrar o passado e as narrativas melodramáticas dos meios de comunicação e do cinema comercial, podemos arriscar a hipótese de que aí se expressa uma visão da história que não apenas celebra e revisa o passado em termos nostálgicos e melancólicos como ocorreu na reformulação modernista das grandes narrativas nacionais do século XX e até mesmo nos romances meta-históricos (pós-modernos) da década de 1980. No contemporâneo, rompeu-se o elo identitário com a história, e as narrativas procuram restituir essa perspectiva perdida a partir de um suposto desastre irreparável. O tempo não se dirige mais em direção ao futuro ou a um fim a ser realizado pelo progresso ou pela emancipação subjetiva; agora o tempo volta-se em direção à catástrofe que interrompeu o passado. Agravou-se a melancolia benjaminiana, e o sentido e a verdade do presente agora parecem se depositar numa experiência fora de alcance, uma espécie de trauma generalizado que se converte num siderante objeto de desejo. Tanto na indústria do

---

[4] Idem, *The Time that Remains*, p. 62.

entretenimento quanto na ficção literária e cinematográfica observa-se uma verdadeira "traumatofilia" que se tornou a forma heurística preferida de narrar o passado, uma procura do desastre inaugural (do qual todos de alguma maneira somos parte) que já não é o limite de toda experiência e identidade senão seu ponto de partida e o fundamento de sua possibilidade. De Bernardo Carvalho, Milton Hatoum, João Gilberto Noll e Cristóvão Tezza aos mais recentes Cecília Giannetti, João Anzanello Carrascoza e Michel Laub, a narrativa construída sobre a figura do trauma tornou-se a ficção psicanalítica preferida, pois permite que o incidente traumático pessoal remeta metonimicamente ao trauma da história e porque assim se justifica a necessidade de reconstrução da identidade individual numa identidade mais ampla, histórica, que o escritor trata de recuperar. A procura do passado na memória coletiva ou biográfica se intensifica por uma paixão do real que não mais distingue o que de fato aconteceu do que a imaginação criou sintomaticamente.

No romance recente de Michel Laub, o premiado *Diário da queda* (2011), encontra-se um exemplo de como a formação do protagonista se espelha no trauma do avô, sobrevivente dos campos de concentração. O relato de como o narrador participa de um episódio de *bullying* violento numa escola judaica de Porto Alegre contra seu amigo João, um menino pobre e não judeu que quase morre no incidente, ganha um peso de autenticidade na narrativa pelo seu paralelismo invertido com o holocausto vivenciado e silenciado pelo avô do protagonista. Mais ainda pela maneira sugestiva como o romance indica tratar-se de uma história real da família do autor. Todas as afinidades biográficas construídas na narrativa apontam nessa direção. Como o autor, Michel Laub, o protagonista é gaúcho e escritor, de quase 40 anos, e narra a história a partir de hoje. Não obstante, a divulgação do romance explica: "Nenhum dos avôs de Laub foi prisioneiro, mas ele tem um primo cujo avô foi mandado a um campo de concentração." Ou seja, a história não é realmente autobiográfica e, mesmo assim, não deixa de ser, pois o reflexo e a gravidade do trauma histórico alcançam a todos e se tornam a última referência para qualquer intenção de tocar o real. As fronteiras entre realidade e ficção são aqui apagadas, pois os efeitos reais e fantasmáticos são, na perspectiva do trauma, os mesmos. Entretanto, trata-se de uma apropriação indevida que, apesar de talvez ser movida por um interesse sincero e por uma empatia genuína com as vítimas da violência real, acaba explorando em nome das boas intenções a dor e o sofrimento dessas vítimas silenciadas pela história.

Nota-se que boa parte da produção literária atual, em particular aquela movida pelo interesse enfático na dimensão (auto)biográfica, pode ser compreendida na chave do testemunho como a encenação de uma autovitimação que almeja dar algum sentido à existência e em relação à qual o intimismo confessional adquire uma nova autoridade. Ao mergulhar no inexpressável da pequena dor, constrói-se uma relação metonímica com a dor em sua máxima e inimaginável realidade que sugere uma espécie de comunidade perversa autorizando a pequena voz na ausência da grande. Um dos sintomas da cultura traumática é uma espécie de inversão da esfera pública em que a intimidade privada é exposta como o interior de um casaco virado, exibida e vivida em público num constante curto-circuito entre o individual e a multidão. Trata-se de um *voyeurismo* espetacular que se nutre do fascínio da exposição de atrocidades grandes e pequenas, de uma patologização da esfera pública que empaticamente é compartilhada em torno de feridas traumáticas; sofrimentos que de alguma maneira se coletivizam, pois aglutinam e envolvem emocionalmente a todos num tempo em que o embrutecimento e a indiferença parecem atingir a esfera privada e a vivência particular. As consequências são notáveis e produzem uma ambiguidade que ameaça as fronteiras sólidas entre as formas coletivas de representação, exposição e testemunho e a singularidade ou a privacidade do sujeito. A generalização do trauma se expressa na confusão entre o psíquico e o social, entre o exterior, o mundo, e o interior, o sujeito. Cria uma esfera pública patologizada na qual o sofrimento é coletivo e a intimidade é conquistada por meio da sua exposição.

O impacto dessa cultura traumática se diferencia da cultura moderna do choque, analisada por Baudelaire e Benjamin no século XX. Se o choque era um impacto exterior sobre o sujeito, determinado pelas drásticas transformações da modernidade, a cultura traumática é uma cultura de interiorização do impacto, em que fica difícil discernir o exterior e o interior, a percepção e a fantasia, o físico e o psíquico e até mesmo a causa e o efeito. Essa dúvida se instala e se motiva pela temporalidade própria do trauma, que Freud chama de *nachträglich* ao caracterizar uma experiência tão chocante que é bloqueada pelo aparelho psíquico e apenas refletida *a posteriori* pelos sintomas deferidos de sua realidade original. Em português, *Nachträglichkeit* foi geralmente traduzido como "*a posteriori*" ou "ação diferida", termos que não dão conta efetivamente da ideia de um evento de ruptura no passado que se alastra para o presente em expressão sintomática sempre incompleta e indicial de algo que aconteceu e que para sempre é perdido, a não ser por um processo de aproximação e reconhecimento na análise.

Seltzer se associa aqui aos diagnósticos mais radicais da realidade contemporânea, dialogando com teóricos como Hal Foster e Slavoj Žižek, para os quais a exploração da violência e do choque, tanto na mídia quanto nas artes, é entendida como procura de um "real", definido como impossível ou perdido, que não se deixa experimentar a não ser como reflexo no limite da experiência própria, como o avesso da cultura e como aquilo que só se percebe nas fissuras da representação e nas ameaças à estabilidade simbólica.

Um exemplo pode ser retirado do romance de estreia de Cecília Giannetti, *Lugares que não conheço, pessoas que nunca vi* (2007), todo escrito na chave de um evento inominável que desintegra a própria expressão sintática e semântica. Na cena inaugural de violência, em que a repórter Doca se encontra com as vítimas, a descrição termina com as seguintes palavras: "Doca despertaria perdida num mundo que se esgota aos poucos para baixo e para dentro, engolida."[5] A partir dessa experiência radical com a violência urbana, a percepção da realidade se desintegra e abre caminho para uma expressão fragmentada e delirante de um real para sempre perdido.

---

[5] Cecília Giannetti, *Lugares que não conheço, pessoas que nunca vi*, p. 23.

O que organiza a narrativa é esse evento supostamente inominável que corrói a própria expressão linguística numa simulação de um trauma que assim se converte no eixo de uma visão da realidade descrita. É óbvio que se trata de uma ficção, porém autorizada por um evento cuja realidade cruel é inquestionável, talvez não para nós, mas para alguém que a sofreu. Há certo cinismo nessa apropriação que, em nome de um testemunho, se vale da dor de vítimas reais para capitalizar os efeitos desse sofrimento em um projeto literário discutível.

Mas a análise de Seltzer serve também para entender a afinidade intrínseca entre a estética que explora os efeitos de choque dessa realidade radical, a estética da transgressão e do abjeto e uma tendência que se posiciona contra a primeira, contra a estética da crueldade, reivindicando o cotidiano, o íntimo, o privado e o comum como fonte de uma vivência conciliada no tempo, mais viva e mais real. Um exemplo disso pode ser encontrado nos textos do premiado escritor João Anzanello Carrascoza, cujo realismo, às vezes com claras entonações autobiográficas, traz de volta um Brasil sonâmbulo e pré-moderno, em tons rurais, revivido e recuperado pela linguagem melancólica do autor. Ora o passado aparece perdido e distante, ora se recupera pelo feitiço da escrita, como, por exemplo, no último conto da coletânea *Duas tardes*, intitulado "Preto e branco", sobre o avô do narrador:

> Revivendo-o agora, colando sua fita à minha e enrolando-as na mesma bobina, vejo a cada palavra que escrevo a tinta preta manchar a folha branca do papel e saboreio a alegria das tardes que vivemos juntos, fazendo

coisas tão banais, em preto e branco, como insinuava tio Júlio. Mas, inesperadamente, vejo brotar dessas linhas um imenso arco-íris. E ao fim dele sei que está meu avô, com a bengala no braço, fumando seu cachimbo, à minha espera.[6]

De repente, desaparece o ceticismo diante das possibilidades realistas de recriar o passado em sua plenitude e um novo memorialismo abre um caminho otimista, com promessas de epifania e redenção. É claro que aqui não se trata propriamente de um trauma em seu sentido ortodoxo; é a irrupção de um afeto embebido virtualmente no cenário e que nesse instante se atualiza como a presença do passado na temporalidade específica do virtual. Em seu momento histórico o narrador não reconhecia essa realidade, entretanto ela opera latentemente em sua melancolia e emerge de repente trazida por um afeto concreto que é provocado pela constelação do cenário da vivência e expresso na emoção de alegria ao abrir caminho para a redenção do perdido num futuro de conciliação. A intimidade subjetiva justifica-se agora na exploração dos caminhos do corpo e da vida pessoal, de seus recursos de presença e de afirmação criativa de dispositivos privados numa cultura massificada, inumana e alienante. Trata-se de uma consagração do comum e do banal por trás do qual se esconde o fantasma da realidade verdadeira ligada aos sentimentos íntimos que agora reivindicam pertinência pública numa cultura em que o sentimentalismo virou matéria-prima dos processos simbólicos.

---
[6] João Anzanello Carrascoza, *Duas tardes*, p. 107.

A noção de "traumatofilia" — o que J. G. Ballard[7] chamou de "ansiedade contemporânea de tornar-se vítima" — serve assim para ajudar a entender a afinidade intrínseca que existe entre um estilo literário que explora os efeitos de choque dessa realidade radical, com referências a uma estética da transgressão e do abjeto, por um lado, e uma tendência que se posiciona contra a primeira, contra a estética da crueldade, reivindicando o cotidiano, o íntimo, o privado e o comum como fontes de uma vivência ancorada num tempo mais vivo e mais real. Assim, o mergulho no cotidiano e nos processos íntimos que envolvem afetos básicos de dor, medo, melancolia e desejo aparecem de novo na ficção contemporânea sem o estigma que atingia a tendência psicológica ou intimista das décadas de 1950 e 1960, pois agora se legitimam pela via da exploração das experiências sofridas do corpo e da vida pessoal, de seus recursos de presença e de afirmação criativa de dispositivos privados numa cultura inumana, massificante e alienante. O trauma assim apropriado oferece, por um lado, um sentido aos extremos de experiências excepcionais, sempre próximos aos objetos explorados pela mídia sensacionalista, e, por outro, a volta ao universo íntimo em que um confessionalismo tradicional ressuscita com uma nova legitimidade na exploração do diferencial (auto) brográfico que define o indivíduo na medida em que o converte em vítima de sua condição particular.

A fusão das duas perspectivas coincide tipicamente com a inversão entre espaço público e esfera privada que acontece quando a figura do artista ou do escritor aparece na mídia

---

[7]James Graham Ballard, *Crash*, p. 8.

relegando o trabalho a um segundo nível, sempre na sombra da vida íntima e biográfica. Chegamos a uma situação em que os produtos íntimos, diários, cartas ou relatos autobiográficos ganham interesse superior às obras mesmo de artistas e escritores altamente respeitados e reconhecidos pela atração das histórias de vida. De certo modo, o trauma ficou "chique", virou matéria de capa dos cadernos culturais, e sua enorme visibilidade na mídia atual expressa uma banalização do sofrimento. Essa superexposição das vivências de teor biográfico, que se confunde com a estratégia geral da mídia, indica uma promiscuidade "contemporânea" entre o psíquico e o social — entre o exterior, o mundo, e o interior, o sujeito — numa esfera pública patologizada em que o sofrimento individual é vivido como coletivo e a intimidade só é conquistada por meio da sua exposição pública. Infelizmente, uma parte da literatura contemporânea corrobora essa tendência e explora, na tentativa de ganhar credibilidade, legitimidade e atenção, sua atração pública na medida em que, real ou ficcionalmente, toma a vida íntima como material preferencial de criação.

Referências bibliográficas

AGAMBEN, Giorgio. *Infância e história*. Belo Horizonte: Ed. UFMG, 2008.

_____. *O que é o contemporâneo e outros ensaios*. Chapecó: Argos, 2009.

_____. *The Time that Remains: A Commentary on the Letter to the Romans*. Palo Alto, Califórnia: Stanford University Press, 2005.

BALLARD, J. G. *Crash*. Londres: Verso, 1995.
CARRASCOZA, João Anzanello. *Duas tardes*. São Paulo: Companhia das Letras, 2002.
FOSTER, H. *The Return of the Real*. Cambridge: MIT Press, 1994.
GIANNETTI, Cecília. *Lugares que não conheço, pessoas que nunca vi*. Rio de Janeiro: Agir, 2007.
LAUB, Michel. *Diário de uma queda*. São Paulo: Companhia das Letras, 2011.
LYOTARD, J.-F. "Le sublime et l'avant-garde". In: *L'inhumain: Causeries sur le temps*. Paris: Galilée, 1988.
SCHØLLHAMMER, K. E. *Ficção brasileira contemporânea*. Rio de Janeiro: Civilização Brasileira, 2009.
SELTZER, Mark. *Serial Killers: Death and Life in America's Wound Culture*. Nova York/Londres: Routledge, 1998.

*O texto deste livro foi composto em Sabon,
desenho tipográfico de Jan Tschichold de 1964
baseado nos estudos de Claude Garamond e
Jacques Sabon no século XVI, em corpo 11/15.
Para títulos e destaques, foi utilizada a tipografia
Frutiger, desenhada por Adrian Frutiger em 1975.*

*A impressão se deu sobre papel off-white
pelo Sistema Cameron da Divisão Gráfica
da Distribuidora Record.*